Der Philosoph im Topf

Klaus Ebenhöh • Wolfgang Popp

Der Philosoph im Topf

Essende Denker
Denkende Esser

Residenz Verlag

Für Doktor Markus Klenner

Bibliografische Information der Deutschen Bibliothek
Die Deutsche Bibliothek verzeichnet diese Publikation in
der Deutschen Nationalbibliografie; detaillierte bibliografische Daten
sind im Internet über http://dnb.ddb.de abrufbar.

www.residenzverlag.at

© 2008
Residenz Verlag
im Niederösterreichischen Pressehaus
Druck- und Verlagsgesellschaft mbH
St. Pölten – Salzburg

Alle Rechte, insbesondere das des auszugsweisen Abdrucks
und das der fotomechanischen Wiedergabe, vorbehalten.

Lektorat: Afra Margaretha
Umschlagillustration: Joe Berger
Illustrationen: Silvia Wahrstätter
Umschlag/Grafische Gestaltung: www.buchgestaltung.at
Gesamtherstellung: CPI Moravia

ISBN 978 3 7017 3099 5

Inhalt

007 Vorwort

010 Essen auf der Seelenwanderung:
Der Missionar des Vegetarismus – Pythagoras

025 Dem Schlemmer verblüht das Leben:
Auf dem Markt mit dem Bettlerphilosophen Diogenes

038 „Man sollte die Lüste willkommen heißen":
Die kulinarischen Kuren des Michel de Montaigne

058 „Feinschmeckerei ist das Laster leerer Herzen":
Zum Picknick im Grünen mit Jean-Jacques Rousseau

073 „Gut Essen und Trinken ist die wahre Metaphysik des Lebens":
Am Mittagstisch mit Immanuel Kant

088 „Mit allen Sinnen sperrweit offen":
Der Selbstbeobachter Georg Christoph Lichtenberg
beim Auskosten seines Lebens

106 Durch Essen zum Gott werden:
Zu Gast bei Jean-Anthèlme Brillat-Savarin
und seiner Muse Gastera

124 Das „diätetische Laboratorium":
Zur Probemahlzeit bei Carl Friedrich von Rumohr

140 Ein „Fremdling auf Erden":
Der Misanthrop Arthur Schopenhauer
beim opulenten Mahl

156 „Der Mensch ist, was er isst":
Am Wirtshaustisch mit dem
erbsenverliebten Ludwig Feuerbach

172 „Alles will in langsamen Zügen genossen sein":
Der christliche Hedonist Sören Kierkegaard

187 „Man schaffe mir eine Köchin!":
Friedrich Nietzsche auf der Suche
nach seiner Denkersmahlzeit

206 Auf dem Weg zum mechanischen Menschen:
Filippo Tommaso Marinetti und die Küche der Futuristen

223 Die Lust an der Einfachheit:
Ludwig Wittgenstein, ein Meister
der kulinarischen Reduktion

238 Deftige Kost als Brennstoff für den Geist:
Ein Rendezvous mit Selbstausbeuter Jean-Paul Sartre

252 Die Rezepte

253 Bibliographie

Vorwort

„Denn erst muss man leben – dann kann man auch philosophieren", schrieb Ludwig Wittgenstein in einem seiner Tagebücher und folgte damit den Fußspuren vieler Philosophen, die mit offenen Augen durch den Alltag gingen, bevor sie sich an ihren Schreibtisch setzten. Gerade die vermeintlich einfachen und banalen Dinge des Lebens beobachteten und untersuchten sie mit größtem Interesse. Und gaben das auch unumwunden zu. Kierkegaard etwa, dessen Vorbild die „Straßenphilosophen" Sokrates und Christus waren, empfahl: „Ganz buchstäblich die Alltäglichkeit des Lebens zu seiner Bühne machen, ausgehen und auf der Straße lernen."

Will man die Gedankenläufe der großen Denker verstehen, kann es also nicht ganz falsch sein, ihnen beim Leben zuzusehen. Und der Punkt im Leben, der nachhaltig dokumentiert ist und für bestimmte Philosophen bewiesenermaßen von großer Relevanz war, ist nun einmal das Essen.

Damit spricht eigentlich nichts dagegen, sich erst den Gourmet oder Gourmand hinter dem Denker zu er-lesen, dessen Lieblingsspeise zu kochen und erst anschließend, wenn man im wahrsten Sinn des Wortes Geschmack an ihm gefunden hat, dessen Werk zur Hand zu nehmen.

Von der Antike bis ins 20. Jahrhundert, vom Vegetarier Pythagoras, der auf seinen Leib acht gab, bis zum Rohkostverächter und Wurstfetischisten Jean-Paul Sartre, dem das Essen in erster Linie Energielieferant war, spannt sich der Bogen der speisenden Denker quer durch die Geschichte der Philosophie.

Während sich etwa manch philosophischer Zeitgenosse des Diogenes, des Enfant terrible seiner Zeit, darüber ärgerte, dass ihn das Knurren des Magens vom Denken abhält, ließ sich dieser nicht vom Hunger beirren. Er stillte ihn einfach, egal wo er war, und nahm nicht besonders wählerisch das zu sich, was er „gerade zur Hand" hatte.

Der große Essayist Montaigne aß, wie er dachte. Auf seinen ausgedehnten Kurreisen durch Frankreich, Deutschland, Österreich und Italien hat er vorbehaltlos von allen lokalen und nationalen Delikatessen gekostet, genauso wie er sich im Denken jede noch so ungewöhnliche Assoziation und jeden noch so ausgefallenen Gedankensprung erlaubte.

Eher dem Ländlichen und Einfachen zugetan war Rousseau, der die damaligen kulturellen Werte auf den Kopf stellte und die Natur der Zivilisation vorzog. Dementsprechend konnte er sein ideales Mahl in einem Picknickkorb unterbringen.

Zum humorvollen Unterhalter wurde der „dunkle Denker" Kant, wenn eine illustre Gesellschaft aus Weitgereisten und Vielgebildeten seiner Mittagseinladung folgte und während der Gespräche deftiger Hausmannskost frönte. Lichtenberg wiederum konnte sich weder beim Heidelbeerkuchen noch bei seinen Dienstmägden zurückhalten und dokumentierte seine Schwächen in seinen Sudelbüchern.

Den Zeitgeist ihrer Epoche trafen Brillat-Savarin und Rumohr, die man zu den ersten wirklichen Gastrosophen zählen darf. Ganz Franzose seiner Zeit ließ Ersterer keinen Gaumenkitzel aus und huldigte einer „Masthuhndiät", während der nicht gerade schlanke Deutsche die Antike zum Vorbild nahm und in seinen Kochworkshops das richtige Maß predigte.

Ebenso wie sein Landsmann war auch Arthur Schopenhauer auf dem Blatt ein Verfechter der Askese, während er im wirklichen Leben seine Mahlzeiten im besten Haus vor Ort, ganz Menschenfeind, im Alleingang hinunterschlang.

Mit Arbeitern und Bauern am Wirtshaustisch war Feuerbach zu finden, der heftig gegen die Genuss- und Körperfeindlichkeit der abendländischen Philosophie wetterte. Nicht im Kopf, sondern im Bauch begann für ihn die Philosophie.

Ein keusches Leben führte hingegen Sören Kierkegaard. So zurückhaltend er im Kontakt mit Frauen war, so genusssüchtig war er bei Tisch. Entschuldigend meinte er dazu einmal, dass er ohne seine „Verschwendungssucht" nie hätte so produktiv sein können.

Weit schwerer tat sich Nietzsche mit der selbstgewählten Einsamkeit. Auch er saß meist allein bei Tisch, litt aber oft darunter. Hoch oben in den Alpen bei Sankt Moritz genauso wie in Nizza an der Côte d' Azur suchte er nach dem sanftesten Klima und der perfekten Mahlzeit, um sein Denken ins Laufen zu bringen.

Verliebt in Maschinen jeglicher Art, versuchte der Italiener Marinetti eine technoide Diät zu finden, die ihn nach und nach zum Maschinenmenschen machen sollte. Mit seinem Automobil raste er zu seinen futuristischen Soiréen, bei denen er unter großem Publikums-Hallo seine kulinarischen Ausschweifungen vorstellte.

Äußerste Zurückhaltung am Essenstisch zeigte dafür Ludwig Wittgenstein. Sein Menü war so karg wie die Sprache seines Tractatus. Wenn es das richtige war, konnte auch jeden Tag das gleiche Essen auf den Tisch kommen.

Essen auf der Seelenwanderung:
Der Missionar des Vegetarismus – Pythagoras

Crotone, im süditalienischen Kalabrien gelegen, eine Hafenstadt direkt am Ionischen Meer. Die Stadtteile haben kulinarische Namen, heißen Cipolla, die Zwiebel, Farina, das Mehl, oder Margherita, wie die einfache Tomaten-Mozzarella-Basilikum-Pizza (oder eher wie die Frau des italienischen Königs Umberto I., nach der diese Pizza benannt ist). Es ist eine alte Stadt, noch eine Gründung der Griechen, die lange vor den Römern hier in der Gegend mehrere Stadtstaaten errichteten. Kroton, wie sie damals hieß, stand im Schatten des viel wohlhabenderen und mächtigen Sybaris. Vor gut 2500 Jahren musste die Stadt darüber hinaus eine empfindliche militärische Niederlage gegen die Lokrer hinnehmen, nur kurz bevor eine kleine Exilantengemeinde von der Insel Samos kommend hier an Land ging. Die Niederlage hatte die Stadt in eine seltsame Endzeitstimmung versetzt.

Die Obrigkeit prasste und genoss, als ob es kein Morgen gäbe. Man trug luxuriöse Gewänder und gab sich opulenten Gelagen hin. Die Gruppe der Neuankömmlinge wollte in ihre neue Umgebung nicht so recht passen, lehrte ihr Führer, ein gewisser Pythagoras, doch Maßhalten und war zudem Vegetarier.

Und dennoch feierte er, will man seinen Biografen glauben, einen fulminanten Einstieg. Gleich mit seiner ersten Rede soll er 2000 Anhänger gewonnen haben, die fortan in einer Gütergemeinschaft zusammenlebten. Die Menschen „waren so tief ergriffen, dass sie nicht mehr nach Hause zurückkehrten, sondern zusammen mit Frauen und Kindern ein ‚Haus der Hörenden' erbauten."

Das Zusammenleben der Pythagoreer hatte Kommunencharakter, sie teilten alles, „privat besaß keiner etwas." Innerhalb der Gemeinschaft wurde eine enge Freundschaft gepflegt: „Die Freunde aber liebte er über die Maßen, wobei er als erster die Auffassung vertrat, dass unter den Freunden alles gemeinsam und dass der Freund ein alter ego sei."

Gleichzeitig hatte die Gruppe aber auch den Nimbus einer Geheimgesellschaft, das Wissen des Pythagoras durfte nämlich nur an Auserwählte weitergegeben werden. Ohne Initiation wurde man in die Gemeinschaft nicht zugelassen. Und im ‚Haus der Hörenden' galt eine strenge und von genauen Vorschriften geprägte Lebensführung. Um das dort unterrichtete geheime Wissen nicht nach außen dringen zu lassen, unterlagen die Mitglieder zudem einer Schweigepflicht.

Zu Gesicht bekamen Adepten Pythagoras zunächst nicht. Sie mussten hinter einem Vorhang seinen Vorträgen zuhören. Diese so genannten Akusmatiker mussten fünf Jahre lang schweigen, bevor sie zu Esoterikern aufstiegen, die dann Pythagoras von Angesicht zu Angesicht hören durften. Wurden sie aber abgewiesen, schüttete die „Gemeinschaft der Hörenden" ihnen einen Grabhügel auf und behandelte sie fortan, als wären sie tot.

Es ging das Gerücht um, dass es sich bei Pythagoras um einen Sohn des Gottes Apollo handeln sollte, andere hielten ihn „für einen der Daimonen, die den Mond bewohnen" oder „für einen Olympier, der den damals Lebenden in Menschengestalt erschienen sei, um dem todgeweihten Leben aufzuhelfen." Von seinen Leuten wurde er jedenfalls wie ein Heiliger verehrt, was neben seiner Herkunft und seinem besonderen Charisma vor allem mit seinem großen und geheimnisvollen Wissen und seinen besonderen Fähigkeiten zusammenhing.

So glaubte er an die Seelenwanderung und damit die Wiedergeburt der Seele in einem neuen Körper, egal ob Tier oder

Mensch. Darüber hinaus besaß er die Fähigkeit, in frühere Existenzen zurückzublicken. Er selbst soll einst der in der Ilias erwähnte Euphorbos gewesen sein, ein griechischer Held vor den Toren Trojas, der dort als Verbündeter des Gottes Apollo geschildert wird. Der Euphorbos passt gut zu Pythagoras, dessen Lehre durch viele Speisevorschriften gekennzeichnet ist, bedeutet sein Name doch „der mit der guten Nahrung."

Alle Menschen sollten sich laut Pythagoras ihrer früheren Existenzen bewusst sein und sich mit ihnen auseinandersetzen. Pythagoras selbst verbrachte gern seine Zeit damit, begleitet von der Leier, die Grabrede des Euphorbos zu singen.

Da menschliche Seelen seiner Überzeugung nach aber eben auch in Tieren wiedergeboren werden konnten, hatte Pythagoras eine besondere Beziehung zu ihnen. Ebenso wie der mythische Sänger Orpheus soll er die Fähigkeit besessen haben, mit ihnen zu sprechen. Mit einer Bärin, einem Stier und einem Adler soll er sich den verschiedenen Überlieferungen nach unterhalten haben.

Dieses Nahverhältnis zu den Tieren war auch ausschlaggebend für Pythagoras' Fleischverzicht. Er war damit im europäischen Raum die erste historisch belegte Figur, die für die vegetarische Ernährungsweise eintrat. Homer und Herodot erwähnten zwar schon früher das Volk der Lotophagen, das sich nur von Früchten ernährt haben soll, und Diodor erzählte von vegetarisch lebenden Völkern in Äthiopien. Diese Berichte gehören aber in den Bereich der Legenden.

Der Begriff „Vegetarier" ist eigentlich erst im Jahr 1839 in England belegt, davor sprach man von pflanzlicher oder „pythagoräischer Diät".

In der Antike blieb der Vegetarismus immer Außenseiterprogramm. Der Großteil der Bevölkerung ernährte sich zwar fleischarm, aber nicht aus Überzeugung, sondern notgedrungen, da Fleisch knapp und teuer war. Deshalb war man auch nicht sonderlich wählerisch. Vorrangig wurde im antiken Griechenland das Fleisch von Schwein, Schaf und Ziege gegessen.

Schweinefleisch machte man gerne durch Pökeln haltbar. Eine besonders delikate Art des Pökelschinkens war nach dem hedonistischen Philosophen Aristoxenos von Kyrene benannt.

Ziegenfleisch roch zwar, galt aber als äußerst nahrhaft. Ein Athlet aus Theben, der kaum etwas anderes als Ziegenfleisch gegessen haben soll, habe alle seine Kontrahenten übertroffen, sei von ihnen aber gleichzeitig wegen des Geruchs seines Schweißes verspottet worden.

Daneben waren Innereien sehr begehrt. So galt der Uterus einer Sau in klassischer Zeit als Delikatesse, der einer Sau, die gerade eine Fehlgeburt erlitten hatte, als überhaupt das Feinste.

An ausgefallenen Fleischsorten wurden Hundefleisch, Wildeselfleisch oder Fuchs gegessen. Man aß sogar das Fleisch von Bären und auch Löwen, die damals in Epirus noch in freier Wildbahn lebten, Zikaden und Schnecken.

Wesentlich billiger und deshalb auch als Volksnahrungsmittel weit verbreitet war Fisch. Auch der wurde durch Pökeln haltbar gemacht und galt neben den Oliven als wichtiges Handelsprodukt.

Eine bedeutende Rolle in der griechischen und römischen Küche spielte die Fischsauce, Garos. Zur Herstellung wurden Sardellen oder Makrelen gut mit Salz vermischt und über Nacht in einem Topf gelagert. Anschließend wurde diese Mischung in einem offenen Tonkrug in der Sonne stehen gelassen und nur gelegentlich umgerührt. Diese durch die Fermentation der Fische entstandene Sauce hat ihre heutige Entsprechung in der thailändischen Nam Pla-Sauce oder der vietnamesischen Nuoc Mam-Sauce.

Käse wurde meist aus Schaf- oder Ziegenmilch hergestellt. Man aß ihn nicht nur mit Brot, sondern auch mit Honig, Feigen oder Oliven. Außerdem wurde Käse auch in Brot – eine Frühform der Pizza – eingebacken.

Pythagoras' Erscheinung wird als beeindruckend und erhaben geschildert. Er war hoch gewachsen und von noblem Aussehen und überzeugte mit stimmlichem und charakterlichem Charisma. Auffällig war auch seine Kleidung, denn ähnlich wie Orpheus trug er, für Griechen unüblich, Hosen, und zwar stets in reinem Weiß.

Der Tagesablauf der Gemeinschaft war recht genau geregelt. Zum Frühstück empfahl Pythagoras ein Honigbrot. Dann begab man sich auf einen Morgenspaziergang an ruhige Orte, meist Heiligtümer, blieb dazu aber unbedingt alleine, weil nach der Nacht erst das Denken geordnet werden sollte, bevor man mit anderen Menschen redete: „Denn sich sogleich nach dem Aufstehen in die Menge zu stürzen, erachteten sie als Unruhe stiftend." Derart mit sich selbst ins Reine gekommen, traf man sich dann zum Lehrgespräch. Später stand, ganz nach antikem Ideal, das Training des Körpers auf dem Programm: „Die meisten salbten sich und liefen um die Wette, eine kleinere Gruppe übte sich in Gärten und Hainen im Ringkampf, andere im Schwingen von Sprunggewichten, wieder andere im Faustkampf mit einem unsichtbaren Gegner." Zu Mittag aß man wieder „Brot mit Honig oder einer Wabe, Wein tranken sie tagsüber nicht." Anschließend widmete man sich öffentlichen Angelegenheiten und politischen Themen, bevor man wieder spazieren ging, diesmal jedoch in Gruppen, um das Gelernte zu diskutieren. Nach dem Spaziergang nahmen sie ein Bad und trafen sich dann zur gemeinsamen Abendmahlzeit, die „bis Sonnenuntergang zu Ende sein musste. Sie nahmen Wein zu sich, Gerstenkuchen, Brot, Zukost und gekochtes und rohes Gemüse." Letzteres wurde wahrscheinlich in damals gebräuchlichen Garglocken zubereitet, die im Aussehen stark der in Nordafrika noch heute gern verwendeten Tajine ähnelten. Zu den gebräuchlichsten Gemüsesorten zählte die Linse. Linsensuppe war ein nahrhaftes Alltagsessen, das auch häufig von den zu freiwilliger Armut verpflichteten Kynikern gegessen wurde, aber kaum von den Reichen.

Was das Brotgetreide anbelangte, stand im antiken Griechenland die Gerste an erster Stelle. Auf Attika machte sie 90

Prozent des Getreideanbaus aus, gefolgt vom Weizen. Sie bietet auch die Grundlage zum damaligen Nationalgericht, der Maza. Vom Römer Plinius erfahren wir die Zubereitungsart: „Die Griechen feuchten die Gerste mit Wasser an, trocknen sie eine Nacht lang, rösten sie am folgenden Tag und mahlen sie dann." Das so gewonnene Mehl wird gesalzen und abschließend mit Wasser, Wein, Honig oder Milch zu einem Brei verrührt, der sofort gegessen werden oder als Teig für Brotfladen oder Nockerl verwendet werden kann.

So sehr sich Pythagoras mit dem von ihm propagierten Gerstenbrot und Gerstenkuchen im Einklang mit den Speisegewohnheiten seiner Zeit befand, so sehr brach er mit ihnen, wenn es um den Genuss von Alkohol ging. Er selbst soll vollständig abstinent gelebt haben, und auch die Besten unter seinen Schülern hielt er dazu an, „überhaupt keinen Wein zu trinken." Und das, wo der Wein als eine der Säulen der damaligen Zivilisation galt. So meinte der griechische Historiker Thukydides: „Die Völker des Mittelmeerraumes entwickelten sich aus der Barbarei zu einem zivilisierten Volk, als sie lernten Oliven und Wein anzubauen."

Mit dem Begriff Wein wurde damals eine große Bandbreite an alkoholischen Getränken bezeichnet. Neben dem Wein, wie wir ihn kennen, gab es da verschiedenartigst versetzte Weine. So wurden dem „Geschenk des Dionysos" gerne Honig, Zimt, Lorbeer, Minze oder Thymian beigefügt. Der griechische Wein enthielt bis zu 18 Prozent Alkohol, weshalb er auch meist mit Wasser vermischt getrunken wurde. Daneben war auch Met, Honigwein, sehr beliebt.

Pythagoras soll hellseherische Fähigkeiten besessen und ein Erdbeben, einen Schiffsuntergang und die Eroberung einer Stadt vorhergesagt haben. Außerdem soll er mit den Göttern gesprochen und sich an mehreren Orten gleichzeitig aufgehalten haben. Und auch noch andere übermenschliche Fähigkeiten wurden ihm zugeschrieben: Er habe sogar Pestepidemien beendet und Stürme besänftigt.

Heute ist Pythagoras ja hauptsächlich für ganz weltliche Dinge bekannt, allen voran sein Lehrsatz $a^2 + b^2 = c^2$, mit dem sich die Seiten eines gleichwinkligen Dreiecks berechnen lassen. Sein Interesse an der Mathematik ging aber noch viel weiter, ja nahm esoterische Dimensionen an. Denn Pythagoras' Leitsatz war „Alles ist Zahl", damit meinte er, dass sich alle Erscheinungen in Zahlen übersetzen ließen. Die Methoden dazu waren aber teils recht primitiv. So legte man die Konturen der Dinge mit Kieseln nach und zählte diese anschließend ab. Gefinkelter waren damals auch schon gebräuchliche gematrische Techniken. Dazu nahm man die Wörter her, belegte jeden Buchstaben mit einer Zahl und zählte sie einfach zusammen.

Geboren wurde Pythagoras 570 vor Christus als Sohn eines reichen und angesehenen Kaufmanns auf der Insel Samos. Dieser ließ ihm auch eine umfassende Erziehung zukommen. Weil damals Ägypten als überlegene, weil viel ältere Kultur galt, gegenüber der die Griechen sich als „Kinder" sahen, führte ihn sein Studium zunächst an den Nil. Bei seiner Fahrt übers Meer verharrte er zwei Tage und drei Nächte lang „in ein und derselben Stellung ohne Speise, ohne Trank und ohne Schlaf." Die Seeleute, die ihn anfangs eigentlich auf dem Sklavenmarkt verkaufen wollten, waren von seiner Art so beeindruckt, dass sie nach dem Aussteigen einen Altar vor ihm aufbauten und ihm Obst als „eine Art Erstlingsopfer" brachten: „Als sie ihn verlassen hatten, enthielt er sich auch nicht mehr lange der Früchte, die vor ihm lagen, sondern griff tüchtig zu."

Wie vor ihm auch Orpheus oder Homer ließ sich Pythagoras durch die ägyptischen Priester unterweisen. Deren harte und strenge Lebensführung bereitete ihm keinerlei Probleme, weshalb er als einziger Fremder auch zu den Opferriten an die Götter zugelassen wurde. Viele der strengen rituellen Vorschriften, die Pythagoras auch in seiner Schule verbindlich machte, sollen aus Ägypten stammen. 22 Jahre soll er in Ägypten verbracht haben, „in den allerheiligsten Gemächern bei Sternkunde und Geometrie".

Weitere zwölf Jahre soll Pythagoras in Babylon studiert haben, vor allem Götterverehrung, Zahlenlehre und Musik. Daneben erhielt er von den Phönikern Unterricht im Bereich der Arithmetik, von den Chaldäern in der Astronomie und die Juden unterwiesen ihn in Traumdeutung.

Bedeutsam war auch seine Lehrzeit bei dem großen Wissenschaftler und Philosophen Thales von Milet. Der soll ihn auch den sorgfältigen Umgang mit der Zeit gelehrt haben. Bei seinem Biografen Jamblich heißt es deshalb: „Darum hatte Pythagoras dem Weintrinken, der Fleischnahrung und vorher schon der Völlerei entsagt, sich auf feine, leichtverdauliche Kost eingestellt und daher geringes Schlafbedürfnis, Wachsamkeit, Seelenreinheit und eine unfehlbare, unerschütterliche Gesundheit des Leibes erworben."

Bei den Geschichten, die sich um seine Lehrjahre ranken, vermischen sich häufig Realität und Legende. So soll Pythagoras einmal auf Abaris, einen Priester der Hyperboreer, getroffen sein. Eine interessante Begegnung, wenn man bedenkt, dass dieses mythische Volk in paradiesischen Zuständen lebte. Hyperborea war das nördlichste den antiken Griechen bekannte Land. Die Sonne schien dort rund um die Uhr, so dass selbst Gott Apollo den Winter dort verbrachte. Von dort stammten auch die Ölbäume, die Herakles schließlich nach Griechenland gebracht haben soll. Legendär waren Gesang und Musik der Hyperboreer. So sorgenfrei waren sie, dass sie jeden Tag ein Fest feierten. Wundertätig waren sie zudem, sollen sie Perseus doch ein Paar geflügelter Sandalen, einen Beutel, der seine Größe dem anpasste, was man hineinzustecken gedachte, und einen Mantel, der unsichtbar machte, geschenkt haben.

Nach den Lehr- und Wanderjahren kehrte Pythagoras in seine Heimat Samos zurück. Er begann zu lehren, unterrichtete zwar in der Stadt, lebte sonst aber zurückgezogen: „Außerhalb der Stadt aber habe er eine Höhle, wie sie für seine eigene Philosophie angemessen war, eingerichtet und darin den größten

Teil des Tages und der Nacht zusammen mit wenigen Freunden verbracht", berichtete ein Biograf.

Dass er seiner Heimat schließlich endgültig den Rücken kehrte und nach Unteritalien ging, dürfte politische Gründe gehabt haben. Damals regierte auf Samos der Tyrann Polykrates, was „zu beklemmend war, als dass es für einen freien Mann richtig wäre, die despotische Herrschaft zu erdulden." Friedrich Schiller hat sich mit dem Tyrannen in seiner Ballade „Der Ring des Polykrates" auseinandergesetzt.

Pythagoras verfocht also durchaus demokratische Ideen und trat für diese in seiner neuen Heimat Kroton auch ein. Die Obrigkeit wies er an, „den Staat als gemeinsames Pfand" zu betrachten, das sie von der Menge der Bürger erhalten" habe. Auch sonst scheint er in die dekadente Lebensweise der Krotoner Bürger eingegriffen zu haben, er verbot außereheliche Beziehungen und brachte die Männer dazu, sich von ihren Nebenfrauen zu trennen.

In seiner Schule waren die Frauen, angefangen von seiner eigenen Frau und seiner Tochter, in Unterricht und Leben eingebunden, während in der griechischen Tradition die Frauen der freien Bürger oft auf das Haus beschränkt waren.

Er setzte auf Disziplin und Besonnenheit und verurteilte die Trägheit. Wichtig für das Tun sei es, sich nicht gegen die anderen zu wenden, sondern die eigenen Fähigkeiten zu erweitern: „Wer sich eifrig einsetzen will, der wird nicht fehlgehen, wenn er sich die Sieger im Wettlauf zum Vorbild nimmt. Denn auch sie tun den Gegenspielern nichts Böses, sondern trachten nur danach, selbst den Sieg zu erlangen." Außerdem predigte er, dass es für jede Tat den richtigen Augenblick (kairos) zu erkennen gelte. Und er stellte den moralischen Imperativ auf, dass man so sein soll, wie man den anderen scheinen will.

Pythagoras hatte aber nicht nur Freunde. Der Philosoph Heraklit etwa, der weniger ein Freund der breiten Bildung, als vielmehr einer der tiefgehenden Analyse war, warf Pythagoras vor, „Vielwisserei" betrieben zu haben, ohne aber zu Erkenntnis gelangt zu sein. Und der „Vielwisserei" vertraute er auch nicht besonders, er ging noch weiter und nannte Pythagoras einen „Ahnherren der Schwindeleien". Dennoch kommt Pythagoras das Privileg zu, der Schöpfer des Wortes Philosoph, also „Weisheitsliebender" zu sein. Für ihn war das „diejenige Menschenart, welche das Anschauen der schönsten Dinge" als Lebensinhalt gewählt habe. Sie waren die Reinsten und standen über den Menschen, die „von der Gier nach Geld und Schwelgerei" getrieben oder „von der Sehnsucht nach Macht und rasendem Ehrgeiz" bestimmt waren.

Obwohl die Pythagoreer der Obrigkeit Dekadenz vorwarfen, waren sie bei ihr doch gern gesehen, weil sie sich für politische Stabilität einsetzten. Die Anarchie galt ihnen „für das allergrößte Übel, denn der Mensch – so liege es in seiner Natur – könne nicht erhalten bleiben, wenn keiner mehr über ihm stehe." Außerdem waren sie erzkonservativ und hielten sich an „die väterlichen Sitten ... auch wenn diese etwas schlechter sein sollten als andere."

Die politische Führung Krotons dankte es Pythagoras, indem sie auf seinen Wunsch ein Musenheiligtum errichten ließ. Denn die Musen förderten nach Meinung Pythagoras' den Einklang und die Harmonie zwischen allem Seienden. Sie waren damit das Gegengewicht zum „männermordenden Gesang der Sirenen", der für die gewöhnlichen sinnlichen Gelüste stand.

Harmonie war überhaupt ein ganz grundlegendes Prinzip für Pythagoras. Im Kosmos wirkte sie, seiner Ansicht nach, weil der musikalisch aufgebaut war und „die Bewegung der sieben Gestirne auf Rhythmus und Melodie" zurückgeführt werden konnte. Der Kosmos war aber nicht nur nach musikalischen Prinzipien aufgebaut, er erzeugte auch Musik, und als einziger Mensch soll Pythagoras fähig gewesen sein, diese Musik auch zu hören: „Er pflegte der harmonischen Musik des Alls zu lauschen, da er die umfassende Harmonie der Sphären und der in ihnen umlaufenden Gestirne vernahm, die wir wegen der

Beschränktheit unserer Natur nicht hören." An sich selbst erfuhr er die heilende Wirkung dieser Klänge: „Von dieser Musik ließ er sich gleichsam durchtränken, ordnete seinen Geist in diesen reinen Verhältnissen und übte ihn darin – wie ein Athlet seinen Körper trainiert."

Deshalb versuchte Pythagoras diese Klangeindrücke auch an seine Schüler weiterzugeben, indem er sie mit Stimme und Instrumenten nachahmte. Darüber hinaus komponierte er eigene Heilmusiken, durch die er „die Affekte der Seele leicht umkehren und ins Gegenteil verwandeln konnte." Schmerz, Zorn, Eifersucht, Wut und Depressionen heilte er „durch die passenden musikalischen Weisen wie durch heilsam gemischte Arzneien." Es gab Lieder zum Einschlafen, die das „von den Wogen der Erregung" gereizte Denken beruhigten, und Lieder zum Aufwachen, die Schlaffheit und Benommenheit vertrieben.

Es ging Pythagoras darum, „den uns zugeteilten Geist von den körperlichen Käfigen und Fesseln zu retten und ganz freizumachen. Ohne diesen kann wohl niemand weder irgendetwas Vernünftiges oder Wahres überhaupt herausfinden noch wahrnehmen, welchen Sinn auch immer er bemüht. Denn der Geist für sich selbst, sieht alles und hört alles, das übrige aber ist taub und blind."

Und die gleiche tief greifende und befreiende Wirkung, welche die Musik auf den Geist hatte, schrieb er auch der Nahrung zu.

Alles, was man zu sich nehme, verursache demnach „eine ganz bestimmte Seelenverfassung" und die Pythagoreer waren nun die Ersten, die deshalb die Zubereitung der Speisen genau untersuchten und regelten. Bei Nahrungsmitteln wie etwa Wein war die Wirkung leicht einsichtig, bei anderen Nahrungsmitteln gehörte aber „tiefe Weisheit dazu, zu erkennen und einzusehen, was und wie viel man zur Ernährung verwenden soll."

Generell sollte man sich der Nahrungsmittel enthalten, „die zuchtlos machen", „die der Wachsamkeit und Reinheit des Denkens im Wege stehen" und solcher, die „der Seele die

Fähigkeit nehmen, durch Träume und Weissagungen mit der Götterwelt zu kommunizieren."

Eine leichte Diät schärfe die spirituelle Wahrnehmung, während Fleischgenuss die Seele schwer mache. Das galt ihm auch für Speisen, die blähend wirkten oder schwer verdaulich waren: „Grundsätzlich verwarf er alle solchen Speisen, die Gase entwickeln und Unruhe im Leibe stiften. Umgekehrt billigte und empfahl er alles, was das Körperbefinden in Ordnung bringt und was zusammenziehend wirkt. Daher hielt er auch die Hirse für ein notwendiges Nahrungsmittel."

Die Abneigung gegenüber blähenden Nahrungsmitteln erklärt vielleicht auch eines der sonderbarsten kulinarischen Verbote, das Pythagoras durchsetzte. Es betraf die Bohnen, und Pythagoras scheint diese Abneigung aus Ägypten mitgebracht zu haben, zumindest erzählt Herodot, dass dort niemals Bohnen gepflanzt wurden: „Die Ägypter aßen sie weder roh noch gekocht; die Priester hielten sich sogar vor deren Anblick in Acht, weil sie die Bohnen als unrein erachteten."

Zum Verbot der Bohnen gibt es noch andere, teils recht obskure Erklärungen. Bohnen galten da etwa als „Tore des Hades", also als Verbindung zur Unterwelt. So sollen die Seelen Verstorbener durch Bohnenblüten zurück auf die Erde gelangen. Andere wiederum behaupteten, dass Bohnen die Seelen Verstorbener enthalten oder dass Bohnen und Menschen aus derselben Materie bestehen. Wieder andere meinten, dass Bohnen den menschlichen Genitalien ähnelten und außerdem nach Sperma röchen.

Bohnen durften nicht einmal berührt werden. Als einmal eine Gruppe von Pythagoreern in einen Hinterhalt geriet, fielen sie den Feinden nur deshalb in die Hände, weil ein Bohnenfeld sie an der Flucht hinderte.

Die Ernährung sollte einem also zu Ausgeglichenheit verhelfen. Wurde ein Pythagoreer dennoch einmal von Gefühlen wie Zorn oder Trauer übermannt, zog er sich zurück und „versuchte, in der Einsamkeit den Affekt zu verdauen und zu heilen."

Was Pythagoras betraf, so gab es Legenden, wonach er wenig bis gar nichts gegessen haben soll: „Und er pflegte sich in den Heiligtümern aufzuhalten und man sah ihn nie etwas trinken oder essen."

Auf jeden Fall soll er ein ausgeklügeltes Rezept für eine Kraftnahrung erfunden haben, die er vor längeren Fastenaufenthalten in Heiligtümern zu sich nahm, weil sie hunger- und durstfrei machte. Hungerfrei wurde man durch einen Brei aus „Mohnsamen, Sesam und Meerzwiebelschalen, ferner aus Asphodillstengeln und Malvenblättern, Gerstenmehl und Kichererbsen", die zerschnitten und mit Hymettoshonig verrührt wurden.

Durstfrei machte eine Mixtur aus „Gurkensamen und prallen Rosinen, ferner aus Korianderblüten und Malvensamen, Portulak und Reibkäse, feinstem Weizenmehl und Milchfett", vermischt mit Inselhonig.

Alles, was wir über Pythagoras wissen, ist übrigens von seinen Schülern festgehalten oder von Biografen gesammelt worden. Er selbst hatte nämlich wie Buddha, Sokrates oder Jesus keine Schriften hinterlassen, sondern seine Lehren ausschließlich mündlich erteilt.

Zuletzt hatte Pythagoras in dem Aristokraten Kylon einen missgünstigen Feind gefunden, der eine Verfolgung der Pythagoreer veranlasste. Zu Pythagoras' Tod gab es mehrere Versionen. Nach einer soll er sich versteckt im Musenheiligtum 40 Tage lang zu Tode gehungert haben, nach einer zweiten im Kampf gestorben und nach einer dritten von seinen Verfolgern ohne sich zu wehren niedergemetzelt worden sein.

Pythagoras' Haus wurde nach seinem Tod in ein Heiligtum der Demeter umgewandelt, der Göttin, die für Fruchtbarkeit und Getreide stand. Sie trug den Beinamen „Gerstenmutter" und wurde häufig mit Getreideähren und Früchten dargestellt.

Menü

Bei diesem Abendessen im Zeichen des Pythagoras sollte unter den Anwesenden kommunenhafte Eintracht herrschen. Für die Dauer des Zusammenseins gilt Güterteilung. Gesprächsthemen sind Musik und Mathematik. Zu trinken gibt es Wasser oder stark gewässerten Wein. Im Hintergrund sind leise Klänge aus dem Universum zu hören, von Radioteleskopen aufgefangene Geräusche aus dem All, die mittlerweile zur Verfügung stehen. Musikalisch ambitionierte Gäste können dazu singen oder ein Instrument spielen. Bis Sonnenuntergang sollte das Mahl beendet sein.

Linsen-Tajine mit Hirse

- 1 TL gemahlener Kreuzkümmel
- 1½ TL Zimtpulver
- 2 TL edelsüßes Paprikapulver
- 1 Prise Cayennepfeffer
- ½ TL gestoßene Koriandersamen
- 1 TL gehackte Minze
- 300 g Linsen
- 3 Zwiebeln
- 4 Knoblauchzehen
- 4 Tomaten
- 4 Karotten
- 1 grüner Paprika
- 2 EL Olivenöl
- Salz
- Pfeffer
- ⅛ l Gemüsefond
- 250 g Hirse
- 1 l Wasser

Kreuzkümmel, Zimt, Paprikapulver, Cayennepfeffer und Koriandersamen vermengen, danach die Minze sowie eine fein gewürfelte Zwiebel und zwei klein gehackte Knoblauchzehen untermischen. Das so entstandene Kefta-Gewürz beiseitestellen.

Die Linsen in einem Topf mit Wasser bedecken, aufkochen und danach eine Viertelstunde garen. Den Topf vom Herd nehmen und die Linsen darin eine Stunde quellen lassen.

Zwei Zwiebeln und zwei Knoblauchzehen schälen und fein würfeln. Die Tomaten würfeln, die Karotten in Scheiben und den Paprika in Streifen schneiden. Alles vermischen und mit dem beiseitegestellten Kefta-Gewürz, Salz und Pfeffer würzen.

Das Olivenöl in einer Tajine (Garglocke) erhitzen, Zwiebeln und Knoblauch darin bei mittlerer Hitze glasig anbraten. Die Gemüse-Gewürz-Mischung dazumischen und fünf Minuten anbraten.

Jetzt die Linsen abgießen, ebenfalls salzen und pfeffern und mit dem Gemüsefond in die Tajine geben. Den Deckel aufsetzen und das Ganze 45 Minuten lang garen.

Etwa zwanzig Minuten vor Ende die Hirse waschen, in einem Liter Wasser zum Kochen bringen, fünf Minuten kochen und anschließend zehn Minuten ausquellen lassen.

Die Hirse als Beilage zusammen mit der Linsen-Tajine servieren.

Teigbällchen mit Honig

(Als Alternative zum Honigbrot oder einer mit Honig bestrichenen Maza.)

Zutaten für ca. 14 Bällchen
3 dl Milch
2 EL Grießmehl
3 EL Honig

120 g Ricottakäse
90 g angeröstete Sesamsaat
Olivenöl

Die Milch aufkochen, das Grießmehl unter Rühren dazugeben und das Ganze anschließend in einer Schale abkühlen lassen. Honig, Ricotta und den Großteil des gerösteten Sesams hinzufügen. Die Masse zu Kugeln formen, im restlichen Sesam wälzen und dann in Olivenöl herausbacken. Die Bällchen können heiß oder kalt gegessen werden.

Dem Schlemmer verblüht das Leben:
Auf dem Markt mit dem Bettlerphilosophen Diogenes

Man nennt ihn Hund: Diogenes, der Kyniker. Zu Homers Zeiten noch eine schwere Beleidigung, ist „kyon", „Hund" im 4. Jahrhundert vor Christus Ausdruck für einen dreisten, frechen und schamlosen Menschen. Dem unangepassten Philosophen Diogenes ist der Titel nur recht: Er versteht das Schimpfwort als Auszeichnung. Denn das vierbeinige Wesen zeigt, worauf es ankomme – ein unabhängiges Leben führen und sich nicht darum scheren, was die Menschen von einem denken. Reichtum oder Ehren interessieren ihn nicht. Nur den Grundbedürfnissen entsagt er nicht, denn diese würde man erst los, wenn sie befriedigt seien. Er nimmt dazu seine eigene Hand, denn der Verkehr mit Frauen beanspruche viel Zeit. So onaniert er in aller Öffentlichkeit und rechtfertigt sich nicht einmal, als er darauf angesprochen wird.

Seine Antwort zeigt seine Sehnsucht nach völliger Unabhängigkeit von äußeren Umständen: „Wie schön wäre es doch, wenn man auch durch das Reiben des Bauches das Hungergefühl vertreiben könnte!" Hat er Hunger, stillt er ihn, sei es auf der belebten Straße oder dem bevölkerten Marktplatz. Für die Griechen seiner Zeit ein Affront, allein schon das Tragen von Lebensmitteln ist verpönt. Angesehene Bürger essen niemals öffentlich, auch nicht in Gasthäusern, sondern zu Hause oder bei Freunden. Diogenes schert sich nicht um gesellschaftliche Konventionen und isst sowohl in Kneipen als auch auf dem Markt. Seine Argumentation ist denkbar simpel: „Wenn Essen nichts Absurdes ist, dann ist es auch nicht absurd, auf dem

Marktplatz zu essen." Als er in Korinth Brot und Käse isst und darauf angesprochen wird, warum er nicht zu Hause speise, antwortet er, dass er deshalb auf dem Markt esse, weil er hier auch Hunger bekommen habe. Auch in der Säulenhalle des Hauptplatzes nimmt er seine Mahlzeit ein und erklärt: „Ich sehe, dass auch die Lotsen und die anderen Berufsleute das Essen an ihrem Arbeitsplatz einnehmen."

Diogenes ist einzig der Bekämpfung des Hungers verpflichtet, nicht dem Gaumenkitzel. „Hunger als Zukost" ist ein kynischer Leitsatz. Exquisite Speisen sind dem Kyniker zwar nicht verboten, doch würde Diogenes auf einer reich gedeckten Tafel einfaches Brot dem Teuren und Delikaten vorziehen. „Aus einem, der Gerstenbrot isst, ist noch nie ein Tyrann geworden, wohl aber aus einem, der üppig tafelt", pflegt er zu sagen. Als ein Reisender die teuren Speisen in Athens Gasthäusern beanstandet, führt ihn Diogenes auf den Markt und bleibt bei einem Lupinenverkäufer stehen, wo der Scheffel nur einen Bruchteil des Kneipenmenüs kostet. „Wahrhaft eine billige Stadt", ruft der Philosoph aus und zeigt ihm noch frische Feigen und Myrtenbeeren, die ebenfalls um einen sehr günstigen Preis zu erstehen sind.

Diogenes' Ideal der Einfachheit gilt auch Besteck und Geschirr. Wäre es zu seiner Zeit üblich gewesen, mit Messer und Gabel zu essen, so hätte er darauf bestimmt verzichtet. Als Diogenes einen Jungen sieht, der aus seinen Händen Wasser trinkt, wirft er zerknirscht seinen Becher weg, aus dem er bisher trank. Dem Philosophen ist die einfache Geste eine Erleuchtung: „Nun hat mich ein Kind an Bedürfnislosigkeit übertroffen!"

Dabei ist Diogenes schon vorher ein beispielloses Vorbild an Selbstgenügsamkeit. Während sich die Pythagoreer etwa ganz in Weiß kleiden, sich täglich salben und Bäder nehmen, kümmert sich der Kyniker nicht um die tägliche Hygiene und trägt nichts außer einen einfachen Umhang aus grobem, dunklem Tuch, ein Bündel, einen Stock. Seine Habe ist Programm: Der

Ranzen, in dem er sein Essen mit sich trägt, steht für Autarkie, ein Leben also, in dem er seine Lebensbedingungen beherrscht, und nicht umgekehrt. Der Mantel für Genügsamkeit (er trägt ihn ohne Unterkleid und verwendet ihn als Bett) und der Stock für seine Ortsunabhängigkeit (mit dem er auch schon mal Prügel verteilt). Gefragt nach seiner Heimat, antwortet er: „Ich bin Weltbürger."

Diese seine Welt ist im Sommer Korinth und im Winter Athen, wo er im Exil lebt. Denn Diogenes stammt aus der von Milet gegründeten Kolonialstadt Sinope am Schwarzen Meer. Sein Vater ist Geldwechsler. Warum er die kleine Küstenstadt verlassen muss, ist nicht ganz klar. Es gibt einige Versionen über seine Verbannung. Eine besagt, sein Vater habe Geld gefälscht, laut einer anderen habe er es selbst getan. Es wird auch erzählt, er sei dazu angestiftet worden und das Orakel von Delphi habe es gutgeheißen. Möglicherweise ist ihm das, wie vieles andere, nachträglich zugeschrieben worden, denn der Orakelspruch, den er bekommen haben soll, ist zweideutig: „Du musst die Währung fälschen!" beziehungsweise „Du musst die geltenden Gesetze und Bräuche ändern!" Eine Aufforderung, der er konsequent nachkommen wird. Wie es auch gewesen sein mag, aus Sinope wird er vertrieben. Ein Umstand, der ihn nicht sonderlich stört, denn der Weg zum Hades, dem Reich des Todes, sei von überall gleich weit. Selbst sagt er über sein Vergehen: „Es gab eine Zeit, da pisste ich unbeherrscht, jetzt aber nicht mehr."

Diogenes geht nach Athen, wo er als Ausländer gilt, freier Grieche zwar, aber ohne Besitz von Bürgerrechten. Mittellos wird er auf eine umherlaufende Maus aufmerksam, die ruhelos durch die Nacht streift und kein Interesse an irgendwelchen Leckerbissen zeigt. Für Diogenes eine Offenbarung: Mit der Bedürfnislosigkeit wächst die Freiheit.

Im damaligen intellektuellen Zentrum trifft er auf die Schüler von Sokrates, unter denen neben Platon und Aristipp auch Antisthenes zu finden ist. Begeistert von dessen Lehren beschließt er, sich ihm anzuschließen. Antisthenes weist ihn anfänglich ab, da er nicht an Schülern interessiert ist. Doch die Entschlossenheit des jungen Mannes aus Sinope setzt sich durch. Als Antisthenes ihm mit dem Stock droht, hält er seinen Kopf hin: „Schlag nur zu, denn du wirst kein Holz finden, das hart genug wäre, mich fortzutreiben, solange ich dich noch reden höre." Von da an nimmt ihn Antisthenes zum Schüler. Bei ihm lernt Diogenes die Prinzipien der kynischen Philosophie kennen: „Er lehrte mich, was mein ist und was nicht. Besitz ist nicht mein. Verwandte, Hausgenossen, Freunde, Ruhm, Vertraute, Orte, Aufenthalte – das alles hat nichts mit mir zu tun." Nicht einmal seinen Körper nennt Diogenes sein eigen. Was ihm gehöre, sei einzig der Gebrauch seiner Vorstellungen. Niemand könne ihn hindern oder nötigen, sie zu gebrauchen. Kein König könne ihn unterjochen. Auch vor Alexander dem Großen zeigt er keine Scheu. Dieser sucht ihn auf, da Diogenes dem Herrscher nicht seine Aufwartung macht. Alexander fragt ihn, als Diogenes sich gerade die Sonne auf den Bauch scheinen lässt, was er wünsche, und Diogenes antwortet kurz: „Geh mir aus der Sonne!" Nie würde er sich vor so genannten wichtigen Leuten anbiedern, wie es ein Spruch verdeutlicht: „Aristoteles frühstückt, wenn es Philipp passt, Diogenes, wenn es Diogenes passt." Und die Einladung von Alexanders mächtigem Feldherrn Krateros lehnt er mit den Worten ab: „Lieber will ich in Athen Salz lecken, als beim Krateros an der prunkvollen Tafel sitzen."

Diogenes ist bestimmter, radikaler als sein philosophischer Ziehvater, dessen Lehren er zwar bewundert, dessen Lebensweise damit aber nicht im Einklang steht. Er vergleicht ihn daher einmal mit einer Trompete: „Soviel Lärm er auch mache, sich selber könne er nicht hören." Der wiederum streut ihm Rosen und setzt ihn einer Wespe gleich, da sie zwar wenig Lärm mache, aber umso schärfer steche.

Während sich die Barbaren im Norden, Kelten und Germanen etwa, dem Fleisch von Wild und vergorenem Gerstensaft hingeben, verwandelt sich die griechische Küche in eine wahre Kunst. Die Landwirtschaft ist klimatisch begünstigt, es floriert der Getreide- und Weinanbau, ebenso Fischfang und Viehzucht. Wer sich über Lebensmittel unterhält, spricht nicht nur über die Zubereitungsmöglichkeiten, sondern auch, aus welcher Region das Nahrungsmittel kommt. Zur Zeit der beiden Kyniker frönen die wohlhabenden Athener einem üppigen Lebensstil, der sich neben schönen Kleidern und Häusern in der Kulinarik manifestiert. Die gesellschaftliche Oberschicht genießt eine Vielfalt an erlesenen Speisen und ausländischen Leckereien, darunter vor allem Fleisch, das sie übermäßig konsumiert. Wohin zu viel Fleischgenuss führe, macht Diogenes' abfälliges Urteil über Kraftsportler anschaulich: „Ich weiß, woher die Dummheit der Athleten kommt. Sie bestehen nur aus Schweine- und Ochsenfleisch."

Nicht nur Fleisch, auch Süßigkeiten sind in Athen beliebt. Die attische Backkunst blüht, die Vielfalt, von grobem Schwarzbrot bis feinstem Weißmehlgebäck, ist über die Region hinaus gerühmt. Dem stellen sich die Kyniker – Diogenes weit mehr als sein Lehrer – entgegen. Ihre Nahrung ist so einfach wie möglich. In der Regel essen sie Brot, Käse oder Oliven. Auch Gemüse und Früchte, etwa Feigen oder Äpfel, die billig auf dem Markt zu haben sind. Wie bereits erwähnt, ist grundsätzlich nichts verboten – gelegentlich, wenn „etwas gerade zur Hand" ist, essen sie auch Fleisch oder Fisch. Wasser dient als das Getränk schlechthin, aber auch Milch und natürlich Wein, der damals mit Wasser und Aromen wie Honig, Kräutern oder Gewürzen verbessert wird, werden nicht verschmäht. Auf die Frage, an welchem Wein er sich am liebsten labe, antwortet er: „Ich trinke am liebsten den Wein, der mich nichts kostet und den ich von den anderen bekomme." Da Diogenes sich nicht um etwaige Einkünfte kümmert, geht er betteln oder nimmt das, was Zuhörer und Schüler ihm als freiwillige Spende hinterlassen. Als Diogenes einmal Gemüse bekommt und es am Brunnen wäscht, ätzt Platon über ihn. Zwar ist der Koch in Athen ein angesehener Beruf, der nur von freien Männern ausgeübt werden darf, doch für einen Philosophen zieme sich diese Arbeit, die besser bei Frauen oder Sklaven aufgehoben wäre, nicht. „Wenn du Dionysius den Hof gemacht hättest", lässt ihn Platon wissen, „brauchtest du nicht Gemüse zu putzen." Darauf antwortet der als schlagfertig bekannte Diogenes: „Ja, und wenn du Gemüse gewaschen hättest, hättest du es nicht nötig gehabt, Dionysius den Hof zu machen." Diogenes spielt damit auf den Tyrannen von Syrakus im heutigen Sizilien an, mit dem Platon Verbindung aufnahm und dem er einen Besuch abstattete.

Mit Platon liegt er im philosophischen Dauerstreit. Obwohl beide von Sokrates' Lehren beeinflusst sind, stehen sie sich nicht nahe. Diogenes würdigt wie Sokrates die einfachen Dinge im Leben und war wie dieser freier Philosoph. Doch im Gegensatz zum Vater der abendländischen Philosophie, der als trinkfest galt und sich gern beim Essen dem sinnlichen Genuss hingab, lebt Diogenes auch seine Lehren – und zwar auf radikale Weise. Platon soll ihn daher „rasenden Sokrates" genannt haben. Sokrates war es auch, der das Symposium ins Leben rief, ein rituelles Zusammentreffen von Denkern (ohne Frauen!), die gemeinsam aßen, tranken, sich mit Knaben vergnügten und natürlich philosophierten. Platon führt diese Tradition in seinem Sinne fort, gründet eine eigene Akademie und wird so zum ersten Berufsphilosophen. Diogenes kann dieser Haltung nichts abgewinnen.

Er ist gegen Saufgelage und Ausschweifungen aller Art, da sie ihm Ausdruck der menschlichen Abhängigkeiten sind. Deshalb übt sich Diogenes auch immer wieder in Askese – körperlich wie geistig. Im Sommer wälzt er sich in heißem Sand, im Winter umarmt er schneebedeckte Säulen. Platon kritisiert er wegen dessen Körperfülle, auch andere bekommen diesbezüglich ihr Fett ab. So ruft er einem wohlbeleibten Redner zu: „Gib doch auch uns armen Teufeln etwas von deinem Bauch. Dich wird es erleichtern, und uns kann es nützen." Einem anderen Übergewichtigen, dessen Haut besonders glänzt, schreit er nach: „He, du da! Du trägst ja ein Kleid, das du mit deinen Zähnen gewoben hast." Auf die Frage, ob der Weise auch Kuchen esse, antwortet er: „Kuchen jeder Sorte, aber nicht wie die anderen Menschen." Und als er einmal bei einem Gastmahl Wein wegschüttet, erklärt er: „Wenn ich austrinke, ist es nicht nur schade um den Wein, sondern auch um mich!"

Diogenes nimmt sich kein Blatt vor den Mund, subversiv beherrscht er das ironische Statement, ist dabei zuweilen bissig bis beleidigend. Doch es geht ihm immer um Zivilisationskritik. Nur Charakterbildung zählt. Zur Verfeinerung der Persönlichkeit brauche es in seinen Augen nur praktische Unterweisung in Ethik, aber keine Akademie, in der Geometrie, Musik, Logik oder Mathematik als Theorie gelehrt wird. Als ihm jemand eine Uhr zeigt, meint er trocken: „Ganz nützlich, das Ding, damit man nicht zu spät zum Essen kommt." Er wundert sich, dass die Gelehrten Odysseus' Leiden erforschen, nicht aber ihre eigenen, dass Musiker ihre Instrumente stimmen, nicht aber ihre seelischen Anlagen, dass die Astronomen das Weltall betrachten, aber nicht vor ihre eigenen Füße sehen. Einen Dozenten der Astronomie bringt er dazu, wortlos abzudrehen, als er ihn fragt, wie lange es denn her sei, dass er von seiner Reise in den Kosmos zurück sei. Was Diogenes von Schriften hält, die zum Studium dienen sollen, zeigt sich, als Hegesias ihn bittet, ihm seine Schriften zum Lesen zu geben: „Du kommst mir doch töricht vor", belehrt ihn der Straßenphilosoph, „denn wenn es sich um getrocknete Feigen handelt, da willst du keine gemalten, sondern wirkliche haben; wo es sich aber um Geistesübung handelt, da willst du von wahrer Übung nichts wissen und wendest dich der geschriebenen zu." Oft benutzt er Lebensmittel, um die Berufsphilosophen zu belehren. Er liefert seine bissigen Kommentare dabei nicht ohne Sachverstand. In einem Vortrag von Anaximenes hält er plötzlich einen Hering hoch, was die Zuhörer ablenkt. Der Redner ärgert sich, doch Diogenes meint bloß: „Ein elender Salzfisch, der nur einen Obolos kostet, hat genügt, der Rede des Anaximenes ein Ende zu machen!"

Am Theoretiker Platon scheint er sich besonders gern zu reiben. Als dieser den Menschen als „zweibeiniges unbefiedertes Lebewesen" definiert, bringt der Praktiker Diogenes einen gerupften Hahn mit, den er der versammelten Menge vor die Füße wirft: „Das ist Platons Mensch." Worauf dieser die Definition erweitern muss. Platon ist vor allem seinen Ideen verhaftet, das einzelne Ding sei nur eine Entsprechung der dahinter steckenden reinen Idee. Als er das in einem Vortrag ausführt und die Begriffe „Tischheit" und „Becherheit" benutzt, entgegnet ihm Diogenes, dass er zwar einen Tisch und einen Becher sehe, „eine Tischheit und Becherheit aber nie und nimmer".

Was Diogenes das Körperliche, ist Platon das Geistige. Essen und Trinken schenkt Platon wenig Beachtung, vielmehr noch ärgert ihn seine Leiblichkeit. Der Hunger lasse ihn nicht in Ruhe denken. Der hungrige Körper, so Platon, sei das gefesselte „wilde Tier" im Menschen, das ernährt werden müsse. Was macht Diogenes? Er gibt seinem Hungergefühl nach, isst etwas und löst die Begierde damit in Nichts auf. Der asketische Hedonist hört auf seinen Bauch, statt Begierden mit dem Kopf zu bekämpfen.

Auch Feigen spielen eine Rolle, wenn Diogenes seinen philosophischen Widerpart aufs Korn nimmt. Er will ihm zeigen, dass dieser sich in seinen abstrakten Ideen verliere, während er das konkret Sinnliche vernachlässige und damit unbedacht der Maßlosigkeit Tür und Tor öffne. Der Feigen essende Diogenes trifft Platon und lädt ihn ein, daran teilzunehmen. Als dieser zulangt, unterbricht ihn Diogenes: „Teilnehmen, sagte ich, nicht aufessen." Ein anderes Mal spottet er über Platon, als ihm dieser auf seine Bitte um Feigen eine ganze Schüssel bringen lässt: „Wenn man dich fragte: Wie viel sind zwei und zwei? Würdest du dann antworten zwanzig? Du gibst ja nicht das, worum man dich bittet und beantwortest nicht die Fragen, die man dir stellt." Der im Leben stehende Bettelphilosoph erteilt mit seiner Pointe Platons Liebe zu geistigen Konzepten eine klare Absage. Während Platon die Philosophie denkt, verkörpert Diogenes sie, indem er sie lebt. Tag für Tag wendet er seine moralischen Ansichten an, passt sie neuen Situationen an und nimmt, wie es kommt. Auch als er auf einer Überfahrt von Athen nach Ägina von Piraten gefangen genommen und auf dem Sklavenmarkt verkauft wird. Von der Grausamkeit der Seeräuber unbeeindruckt, sagt er nur listig: „Es ist doch sehr sonderbar: Schweine und Schafe, die man verkaufen will, mästet man sorgfältig, bis sie schön fett sind, aber das edelste Lebewesen, den Menschen, hungert man aus, lässt es ihm an allem fehlen, bis er nur noch aus Haut und Knochen besteht – und dann verkauft man ihn zu Schleuderpreisen!" Die Worte wirken und er bekommt genug zu essen, wobei er auch seinen Mitgefangenen teilhaben lässt. Als einer dennoch über die ausweglose Situation jammert, lässt ihn Diogenes hören: „Hör doch auf, Trübsal zu blasen; halt dich lieber an das, was du hast; denn auch die schöngelockte Niobe dachte ans Essen, sie, die ihre zwölf Kinder in ihrem Palaste verloren."

Auf dem Sklavenmarkt zeigt sich ein weiteres Mal seine Unbeugsamkeit. Auf die Frage des Marktschreiers, was er denn könne, antwortet er: „Über Männer herrschen! Ruf aus, ob einer gewillt ist, einen Herrn zu kaufen?" Daraufhin zeigt er auf einen gut gekleideten Herrn und sagt: „Verkauf mich an diesen: Er braucht einen Herrn!" Als Xeniades aus Korinth ihn tatsächlich kauft, mahnt er diesen: „Du musst mir gehorchen, auch wenn ich dein Sklave bin, denn wenn du einen Arzt oder einen Steuermann als Sklaven hättest, würdest du ihm auch gehorchen." Diogenes wird für die Erziehung der Kinder und den Haushalt zuständig. Er lehrt sie, sich selbst zu bedienen, sich mit einfacher Nahrung zu begnügen und Wasser zu trinken. Als ihn Freunde loskaufen wollen, schimpft Diogenes sie Einfaltspinsel und sagt: „Löwen sind doch auch nicht Sklaven derjenigen, die ihnen zu fressen geben, sondern diese sind Sklaven des Löwen." Xeniades muss ein gelehriger Herr gewesen sein, denn die provokanten Äußerungen und seine unangepasste Lebensweise machen Diogenes nicht nur zu einer schillernden Figur, sondern auch zu einer höchst umstrittenen Person. So bestraft Diogenes einen Erzieher mit einer Ohrfeige, weil dessen Zögling zu gierig Leckerbissen verschlingt.

Bei den Bürgern von Athen stoßen seine Methoden auf wenig Gegenliebe, zu radikal hinterfragt er unvernünftige Sitten und Bräuche, rüttelt er an der öffentlichen Ordnung.

Respektlos bricht er Tabus und bedient sich an den Hekate-Mahlzeiten, die als Speiseopfer für die Göttin jeden letzten Mondtag an den Straßenecken platziert werden. Für Diogenes ein erweiterter Speiseplan, bestehend aus Eiern, Käse und Fischen, aus Ferkeln und Hunden, aber auch aus Kuchen. Doch diese kulinarische Übertretung ist noch harmlos. Richtig erregt werden die Gemüter der Athener durch seine Tabubrüche, mit denen er die Regeln der Zivilisation als das entlarvt wissen will, was sie sind: Nichts weiter als menschliche Übereinkünfte. So fordert er, sich über die Verbote des Kannibalismus oder des Inzests hinwegzusetzen. Die Toten zu verzehren, wie es in anderen Kulturen praktiziert werde, betont er, unterscheide sich nicht vom Fleischessen im Allgemeinen. Es zeigt damit auch seine Abneigung, an ein Leben nach dem Tod zu glauben. Daher wettert er auch gegen die Bestattung, was in der antiken griechischen Kultur einem Sakrileg gleichkommt und als Gipfel der Barbarei gilt. Seine Entscheidung, nach seinem Tod einfach liegen gelassen zu werden, löst unter seinen Freunden Bestürzung aus: „Was?" fragen sie, „den Vögeln und wilden Tieren zum Fraß vorsetzen?" „Nein, nein!" entgegnet ihnen Diogenes, „ihr müsst meinen Stock neben mich legen, damit ich sie vertreiben kann." „Wie soll das möglich sein?" fragen sie erneut. „Du bist ja tot und regungslos." „Eben", belehrt er sie, „was kann es mir schaden, von wilden Tieren gefressen zu werden, wenn ich nichts mehr spüre?" Das Diesseits ist ihm wichtiger, der Tod ist ihm kein Übel, denn dessen Gegenwart ist nicht spürbar. „Es gibt nur einen Kunstgriff, die Freiheit zu erlangen", führt er aus,

„heiter zu sterben." Inzest findet Diogenes ebenso wenig verdammenswert, Ödipus sei ein Narr, weil er sich verstümmelte, statt den Beischlaf mit seiner Mutter in Theben zum Gesetz zu erheben: „Die Hähne regen sich über solche Beziehungen nicht auf, nicht die Hunde noch die Esel, nicht einmal die Perser, die doch als die Vornehmsten in Asien gelten."

Seine schockierende Philosophie ist überall zu hören. Während Platon in seiner Akademie, Aristoteles in einem Hain und Epikur in seinem Garten lehrt, ist die Lehranstalt von Diogenes die Straße, der Markt oder auch der Tempel. Leicht verdaulich sind seine Lehren, die er dem Publikum zumutet, nicht. Einmal geht er am helllichten Tag mit einer Laterne über den Markt von Athen. Darauf angesprochen erwidert er: „Ich suche einen Menschen." Oder er fängt wie ein Vogel zu pfeifen an, weil niemand an seiner Rede Interesse zeigt. Als er damit Aufmerksamkeit erregt und sich Zuhörer einstellen, bricht er ab und rügt sie, da sie Vergnügen und Unterhaltung den ernsten Dingen vorzögen.

Ein ungenießbarer Zeitgenosse, der auch kein Haus sein Eigen nennen will. Denn der Selbstgenügsame, betont er, sei der Reichste unter den Menschen. Daher findet man ihn nachts in einem nicht mehr benutzten liegenden Pithos. Es ist kein Holzfass, in dem er fälschlicherweise oft bildhaft in Szene gesetzt wird, sondern ein mannshohes, bauchiges Vorratsgefäß aus Steingut oder Ton, einer Amphore nicht unähnlich. Er haust materiell gesehen als Bettler, lebt jedoch das sorgenfreie Leben eines Königs. Der römische Satirendichter Juvenal meint über Diogenes' Wohnstätte: „Zerschlägst du es, so hat er morgen ein neues Haus oder das gleiche, nur mit etwas Blei ausgebessert."

Seinem hündischen Leben bleibt er treu: „Für diejenigen, die mir etwas geben, wedle ich mit dem Schwanz; diejenigen, die mir nichts geben, belle ich an, und die Bösen beiße ich." Nicht ohne Witz reagiert Diogenes, als er mitten auf dem Markt sein Essen auspackt und die Umstehenden zu rufen beginnen:

„Du Hund! Du Hund!" Unbeeindruckt ruft er zurück: „Ihr selbst seid die Hunde, wie ihr mich hier beim Essen umlagert!" Und als ihm jemand einen abgenagten Knochen hinwirft, springt er auf, hebt sein Bein und pisst ihn an wie ein Hund.

Wer Diogenes als Schüler folgen will, muss sich einer Prüfung unterziehen, in der nicht nur bisher Gelerntes, sondern auch Eitelkeit abgestreift werden muss. Wer sich aus Scham nicht dazu überwinden kann, ein Stück Käse oder einen Hering hinter sich herzuziehen, ist es nicht wert, den Kynismus gelehrt zu bekommen. Ist der Adept wohlhabend, muss er sein Vermögen loswerden, wie etwa sein Schüler Krates, der seine Reichtümer verschenkt. In Bezug auf Essen bekommt Krates einiges zu hören. So soll der Weise essen, um zu leben, nicht leben, um zu essen: „Die Menschen essen, weil es ihnen Freude macht, aber aus diesem Grund mit Essen aufhören, kommt ihnen nicht in den Sinn." Hat man Hunger, ist Mundraub gestattet. Wird man von einem Bäcker erstaunt angesehen, weil man zwei Tage hintereinander ohne zu bezahlen Brot nimmt und verspeist, so sei ihm zu antworten: „Ich will auch heute essen, denn du bäckst jeden Tag, und ich habe jeden Tag Hunger." Auf die Frage, wann die richtige Stunde zum Frühstücken sei, antwortet er: „Der Reiche mag frühstücken, wenn er Lust hat, der Arme, wenn er etwas zu beißen hat."

Auch im Alter ist Diogenes noch ein aktiver Bürgerschreck. Einer Aufforderung, in seinem Alter etwas leiser zu treten, setzt er entgegen: „Wie? Wenn ich auf der Rennbahn um die Wette laufe, sollte ich nahe dem Ziel nachlassen, anstatt meine Kraft nur noch mehr zusammenzunehmen?" Er hört nicht auf, seine pädagogischen Spielchen zu treiben, sei es ins Theater zu gehen, wenn das Stück zu Ende ist und die Zuschauer gerade herausströmen, sei es, sich auf den Füßen statt am Kopf zu parfümieren.

Die Umstände seines Todes passen da genau ins Bild. Es kursieren darüber mehrere Versionen. Eine besagt, er habe bewusst den Atem angehalten und damit nicht einmal dem Tod erlaubt, über ihn zu verfügen. Eine andere erzählt, er sei von einem Hund tödlich gebissen worden, als er einen Tintenfisch an ein Rudel verfütterte. Und wieder eine andere behauptet, er sei an den Folgen einer Beweisführung gestorben. So wollte er zeigen, dass das Braten von Fleisch eine überflüssige Sitte sei – beim Abnagen eines Ochsenfußes habe er sich die Cholera geholt, woran er auch gestorben sei. Der Überlieferung nach wurde er nicht unbeerdigt den wilden Tieren zum Fraß vorgeworfen, sondern – gegen seinen Wunsch – begraben.

Es ist nicht abschätzbar, welche historischen Details und überlieferten Anekdoten seines Lebens authentisch sind und welche erst im Laufe der Jahrhunderte dazugekommen sind. Die Tradition der kynischen Lebensweise überdauerte schließlich ein ganzes Jahrtausend. Die erste ausführliche Biografie fällt in diese Zeit und stammt vom Namensvetter Diogenes Laertius, einem spätantiken Historiker des dritten nachchristlichen Jahrhunderts. Wie immer es um die Quellen über Diogenes von Sinope bestellt ist, der Kynismus steht für eine stets aktuelle Geisteshaltung, die nichts von ihrer kritischen Kraft eingebüßt hat.

Menü

Man kommt nicht umhin: Will man essen wie Diogenes, muss man betteln. Vielleicht sind Freunde ja so nett und bringen dem Gastgeber etwas für ein gemeinsames Mahl mit. Auch das ist erlaubt. Was es dann letztlich zu essen gibt, ist nicht so wichtig. Wird ausschließlich Exquisites gereicht, muss es nicht abgelehnt werden. Wichtig ist das richtige Maß – um das Stillen des Hungers geht es, nicht um die Lust am Geschmack. Stehen mehrere Speisen zur Auswahl, dann ist die einfachere Kost zu wählen. Wer nah am Original dran sein will, greift am besten zu Brot, Käse und Oliven. Zu trinken gibt es Wasser, vielleicht auch Wein, und als Nachtisch Äpfel und Feigen.

„Man sollte die Lüste willkommen heißen":
Die kulinarischen Kuren des Michel de Montaigne

„Alle lothringischen Städte haben im Essen vorzüglichere Gasthäuser als ganz Frankreich ... Die Schweizer sind ausgezeichnete Köche, zumal verstehen sie Fisch zuzubereiten ... In Augsburg vergehen wenig Mahlzeiten, ohne dass einem nicht Zuckerwerk und Büchsen mit Eingemachtem angeboten würden."

Der Verfasser dieser Reisenotizen ist wahrscheinlich der erste Gastronomiekritiker der frühen Neuzeit. Mit Sicherheit ist er jedoch einer der außergewöhnlichsten Denker und Schriftsteller der Renaissance. Wir schreiben das Jahr 1580 und Michel de Montaigne ist mit Verwandten und Freunden auf großer Europareise.

Grund dafür ist sein Nieren- und Blasenleiden, das er in den Heilbädern Italiens kurieren will. Eilig hat er es allerdings nicht, dorthin zu kommen. Zu groß ist die Neugier auf die fremden Regionen und zu breit gefächert sind seine Interessen, als dass er auf direktem und schnellstem Weg zu den berühmten Bädern von Lucca reisen würde. Von der Reise wird er umfangreiche Aufzeichnungen, das Tagebuch einer Badereise, mit nach Hause bringen, in dem er mit wachem Blick den fremden Alltag beobachtet.

Alles Mögliche kann da seine Aufmerksamkeit wecken. Offensichtliche Dinge wie der Städtebau etwa: So zeigt er sich von Augsburg, das durch das Kaufmannsgeschlecht der Fugger zu ungeheurem Reichtum gekommen ist, begeistert. Die damals schönste Stadt Deutschlands hatte Häuser „schöner, größer und höher als in irgendeiner französischen Stadt." Und die Mahlzeiten standen der städtischen Pracht um nichts nach: „Es wurden uns Pasteten, große und kleine, in irdenen Gefäßen ... serviert."

Ebenso interessieren ihn architektonische Spielereien, die sich Adlige auf ihren Landsitzen errichten ließen. Auf dem Landsitz des Herzogs von Florenz begeistert ihn eine aus Bimsstein gefertigte Grotte mit Brunnenanlagen. Da sieht er von Wasserkraft bewegte Tierfiguren und Sitze, die „einem das Wasser in den Hintern spritzen lassen." Ebenso interessieren ihn seltsame Kreaturen, die er in den Ställen eines Großherzogs entdeckt, so „ein Tier von der Größe eines sehr starken Schäferhundes, weiß und schwarz gestreift, das ‚Tiger' genannt wird."

Häufig Erwähnung finden auch die Frauen, ein Thema, bei dem er sich als strenger Beobachter zeigt: „Die Stadt (Fano) ist vor allen italienischen Städten für die Schönheit ihrer Frauen berühmt. Wir sahen keine anderen als ganz hässliche und als ich deswegen einen Ehrenmann aus der Stadt fragte, meinte er, die Zeiten seien vorüber."

Worauf er aber immer wieder zurückkommt, ist er selbst, ist sein Körper, mit seinen Begierden und Wehwehchen, denn was Montaigne neu in die Literatur einbringt, ist eine unverblümte Selbstbetrachtung: „Jedermann schaut von sich weg, ich schaue in mich hinein ... Die Anderen gehen immer anderswo hin ... ich kreise in mir selbst."

Auch andernorts ist in der Renaissance die Neuentdeckung des Selbst zu beobachten. Wer es sich leisten kann, lässt sich jetzt porträtieren und die Maler wiederum beginnen, ihrer selbst bewusst, sich im Bild zu unterschreiben. Und auch bei Tisch nimmt man sich mehr und mehr als eigenständiges Individuum wahr. So beginnt man vom eigenen Teller statt von einer gemeinsamen Platte zu essen und dabei auf Stühlen statt auf Bänken zu sitzen.

In einer Zeit, in der Martin Luther den Körper noch als „Madensack" abwertet, will Montaigne dem Leib zu seinem Recht verhelfen und sagt den Sinnesfeinden den Kampf an: „Die Philosophie betreibt meines Erachtens Kinderei, wenn sie uns glauben machen will, die Sinnenlust sei etwas Tierisches, nicht wert, dass der Weise davon koste: Dass den Adepten solcher Philosophie doch bei der Entjungferung ihrer Frauen der Steife ausbleibe und ihre Lenden nicht mehr Saft und Kraft aufbrächten als ihre Lehre." Und an anderer Stelle schreibt er nicht weniger scharf: „Warum verzichten sie nicht gleich aufs Atmen? Womöglich tüfteln sie, während sie auf ihren Frauen liegen, die Quadratur des Kreises aus! Mich stößt es ab, dass man uns vorschreibt, wir müssten mit dem Geist in den Wolken schweben, während unser Körper bei Tische sitzt."

Bei Montaigne sitzt deshalb der Geist gemeinsam mit dem Körper bei Tisch. Und beobachtet, reflektiert und vermerkt Dinge, die andere als banal abtun würden. So fallen ihm in Basel die Tischsitten auf, die sich von den französischen gleich in mehrfacher Hinsicht unterscheiden. So wird der Wein hier stets ohne Wasser serviert und noch „die geringsten Mahlzeiten dauern hier drei oder vier Stunden …, und sie essen auch in der Tat weit weniger hastig und viel gesünder als wir. Sie haben großen Überfluss an allen möglichen Fleisch- und Fischsorten und überhäufen ihre Tafel."

Auch in Konstanz wurde das Essen ohne Hast zelebriert: „… oft reichte man uns, nachdem das Tischtuch bereits abgehoben war, neue Gänge zu den verschiedenen Gläsern Wein: Zunächst etwas, was die Gaskogner Canaulos (Kranzkuchen) nennen, darauf Pfefferkuchen und zum dritten ein zartes Weißbrot … mit Gewürz und viel Salz."

Wie er schon in seinem Hauptwerk, den Essais, gezeigt hat, gibt es kein Thema, das ihm zu minder wäre, um darüber eingehend nachzudenken. Ganz im Gegenteil, ihn fesseln genau die Dinge, über die von anderen geflissentlich hinweggesehen wird. Und immer bestehen seine Versuche (die wortwörtliche

Übersetzung des französischen Essai), wie er selbst sagte, aus „Fleisch und Blut", weil sie von seiner unmittelbaren Körpererfahrung ausgehen: *Über die Traurigkeit, Über den Müßiggang* und *Über die Physiognomie* verfasst er Texte, ebenso sind ihm Kleidung, der Schlaf und sogar Menschenfresser eingehende Betrachtungen wert.

Charakteristisch sind diese Texte wegen ihres mäandernden Voranschreitens, ihres assoziativen Springens zwischen ausgeklügelten Gedanken und spontanen Ideen und ihres permanenten Wechsels zwischen tagebuchartigen Einträgen, philosophischen Analysen und erzählerischen Passagen. Es ist ein niedergeschriebenes, ein mitdokumentiertes Denken, ein Frage-und-Antwort-Spiel mit anderen Autoren und mit sich selbst, „ein wüstes und ausschweifendes Vorhaben." Dass es chaotisch zugeht in seinen Schriften und in seinem Denken, das ist Montaigne nicht peinlich, das ist für ihn Programm:

„Ich habe keinen anderen Feldwebel, um meine Stücke in Reih und Glied zu stellen, als den Zufall. So wie meine Einfälle sich einfinden, so staple ich sie auf; zuweilen drängen sie sich zu Haufen, zuweilen schleichen sie im Gänsemarsch daher. Ich will, dass man meinen natürlichen Gang sehe, so stolpernd er auch ist."

Der Mensch ist eben nun einmal „ein wundersames ... wandelbares ... Ding." Nichts war da fix und auf nichts Verlass, auch nicht auf die eigenen Stimmungen und Gefühle, denn „in uns gibt es ständig unregelmäßige und unergründliche Veränderungen. Rettiche zum Beispiel fand ich anfangs bekömmlich, dann unbekömmlich, und jetzt bekommen sie mir wieder. Auch bei manch anderen Dingen stelle ich fest, dass Geschmack und Magenverträglichkeit sich bei mir wandeln. So bin ich erst von Weiß- auf Rotwein übergegangen, dann von Rot- zurück auf Weißwein."

Da er in seinen Texten seine Lebenswirklichkeit abbilden wollte, stolperte er also im Schreiben genauso dahin wie im Leben und begründete damit gleich eine literarische Gattung, eben den Essay. Was ihn neben seinem wilden Denken noch auszeichnete, war die einfache Sprache, in der er seine Schriften verfasste und die mehr an eine zwanglose Unterhaltung als an einen wissenschaftlichen Text denken ließ: „Ich rede mit dem Papier wie mit dem ersten besten, der mir über den Weg läuft." Tatsächlich schreibt Montaigne als einer der ersten Denker seines Landes Französisch statt Latein und will sich „keiner anderen Wörter bedienen, als man sie in den Markthallen von Paris gebraucht."

Als Mensch der Renaissance waren die Denker der Antike seine Lehrmeister und Heroen. Die Verehrung des Altertums stand damals in voller Blüte. Künstler und Gelehrte unternahmen Reisen zu römischen Ruinenfeldern, spielten dort richtiggehend Antike und sprachen sich mit römischen Titeln an. Andere wiederum gaben sogar das Christentum auf und kehrten zur antiken Götterverehrung zurück. So weit ging Montaigne nicht. So sehr er die Denker auch verehrte, blieb er sich doch selbst die höchste Autorität.

Wie das dann aussah, zeigt die folgende Stelle, in der er die Tischsitten auf seinem Anwesen mit denen der antiken Denker vergleicht: „Sie widmeten dem Essen etliche Stunden, ja den besten Teil der Nacht, aßen und tranken weniger hastig als wir es zu tun pflegen, die wir alles in Windeseile erledigen, und zogen dieses natürliche Vergnügen durch mehr genussreiche Muße in die Länge, indem sie allerlei nützliche und angenehme, der Geselligkeit dienende Unterhaltungen einflochten."

Wenn er dann auf sich zu sprechen kommt, gibt er immer ungeniert und offen Auskunft über seine Angewohnheiten und Schwächen: „Es ist ungehörig und beeinträchtigt die Gesundheit, ja den Genuss, so gierig zu essen, wie ich es tue: Vor lauter Hast beiße ich mir oft in die Zunge, zuweilen gar in die Finger. Als Diogenes einen Jungen sah, der auf gleiche Weise aß, verpasste er dessen Erzieher dafür eine Ohrfeige. In Rom gab es Leute, die nicht nur die Grazie des Ganges, sondern auch des Kauens lehrten."

Wie es damals in Frankreich mit den Tischsitten bestellt war, davon konnte übrigens Katharina von Medici ein Lied singen. Die feine Florentinerin war mit dem französischen König verheiratet worden und hatte nicht nur ihre italienischen Leibköche mitgebracht, sondern auch versucht, am Pariser Hof die in Florenz längst übliche Gabel einzuführen. Was anfangs, wie ein Chronist schadenfroh notierte, gewisse Schwierigkeiten mit sich brachte: „... diejenigen, die nicht so geschickt waren wie die anderen, ließen ebensoviel auf den Teller, die Schüssel und auf den Boden fallen, wie sie in den Mund brachten."

Katharina galt aber nicht nur als Feinschmeckerin, sondern auch als Vielesserin. Sie aß, wie zeitgenössische Quellen berichteten, oft „so viel, dass sie beinahe platzte." Belegt für ein Festbankett im Jahr 1549 sind folgende Zahlen: „33 Rehbraten, 33 Hasen, 66 Kaninchen und 6 Schweine. 9 Kraniche, 21 Pfauen, 33 Graureiher und 33 Silberreiher, 99 Wald- und 99 Turteltauben, 66 Suppenhühner, 66 Truthähne, 66 Birkhühner, 30 Kapaune und 99 in Essig gelegte Hähnchen, 3 Scheffel Bohnen, 3 Scheffel Erbsen und 12 Dutzend Artischocken." Selbst bei knapp tausend Gästen war das eine beträchtliche Menge. Was auffällt: Die Anzahl der Speisen mussten der streng katholischen Königin wegen durch die heilige Zahl Drei teilbar sein.

Wie hoch aber dennoch die neuen, verfeinerten Umgangsformen bei Tisch geschätzt wurden, zeigt der Umstand, dass ein Haushofmeister – damals nicht viel mehr als ein besserer Butler – allein für sein Geschick beim Tranchieren der Fleischspeisen von Kaiser Karl V. mit dem Titel eines Pfalzgrafen belehnt wurde.

Woran sich Katharina von Medici neben den rauen französischen Essenssitten wohl noch gewöhnen musste, waren die anderen Zeiten, zu denen die Mahlzeiten eingenommen wurden. Denn Montaigne berichtet von seiner Italienfahrt Folgendes: „Die Vergnügungen im Freien, die in Frankreich nach dem Abendessen stattfinden, werden hier vor Tisch gelegt. An den längsten Tagen isst man hier oft erst um Mitternacht zu Abend."

Italien sei, so meint Montaigne keineswegs boshaft, ein Land für Faulenzer, denn man steht dort sehr spät auf. Ein Grund dafür, dass er sich dort recht wohl gefühlt haben muss, erfahren wir doch aus den Essais, dass Montaigne den Müßiggang schätzte: „Ich verändere ungern meine Lage und komme überall zu spät. Beim Aufstehen, beim zu Bette gehen und zur Stunde des Essens."

Und auch Mäßigung oder gar Askese waren Montaignes Sache nicht: „Man sollte den Lüsten weder nachlaufen noch vor ihnen wegrennen – man sollte sie willkommen heißen … Daher muss man mich, will ich Diät essen, von den andern wegsetzen … sonst vergesse ich sogleich meinen Entschluss."

Aber das kam wohl nicht allzu oft vor: „Lasst uns … feste zugreifen, sobald sich eine günstige Gelegenheit bietet! Überlassen wir die täglichen Diätempfehlungen den Ärzten und den Kalendermachern!"

Und wenn Montaigne doch einmal fastet, dann nicht, um sich zu kasteien: „Von Jugend an pflege ich gelegentlich eine Mahlzeit auszulassen …, um meinen Appetit auf die darauf folgende Mahlzeit zu steigern, denn anders als Epikur, der fastete …, um seiner Fresslust den Genuss am Schlemmen abzugewöhnen, tue ich es, um der meinen einen noch größeren und fröhlicheren daran anzugewöhnen."

Die Mahlzeit, die Montaigne zumindest auf der Reise immer ausließ, war das Frühstück. Er „ließ sich nur ein Stück trocknen Brotes geben, das er dann unterwegs verzehrte, manchmal fügte er ein paar Trauben hinzu." Dafür dürften aber weniger irgendwelche Diätvorschriften, als viel mehr Montaignes bereits erwähnte Neugier und Rastlosigkeit verantwortlich gewesen sein, die ihn morgens immer zum baldigen Aufbruch drängten.

Die Neugier gab auch bei Tisch den Ton an. Unbekannte Speisen bedeuteten neue Erfahrungen und vor solchen verschloss man sich nicht, wenn man Michel de Montaigne hieß. Feinspitz und wählerisch durfte man mit dieser Einstellung natürlich nicht sein. Aber solche Allüren hatte ihm seine Erziehung schon beizeiten ausgetrieben, hatte ihn der Vater doch schon in früher Kindheit zu einer Bauernfamilie gegeben, damit er das einfache Leben kennen und schätzen lerne: „Bei mir hat es die Erziehung geschafft, dass ich unterschiedslos an allem Geschmack finde, was ess- und trinkbar ist – außer an Bier."

Bier trank er vielleicht keines, Wein dafür aber regelmäßig: „Für einen Mann der gewöhnlichen Art trinke ich … recht ordentlich. Im Sommer und wenn mir ein Gericht besonders mundet, überschreite ich nicht nur das Maß des Augustus, der niemals mehr als genau drei Glas trank, sondern, um keinen Verstoß gegen die Regel des Demokrit zu begehen, der es verbot, bei der Unglückszahl vier einzuhalten, schaffe ich gegebenenfalls auch deren fünf, also etwa drei Viertelliter."

Eine Flasche Wein zu einer Mahlzeit, das war in der Renaissance, die als „Saufzeitalter" gilt, durchaus üblich, kam den Berechnungen der Historiker zufolge der Renaissancemensch im Durchschnitt doch auf einen Liter Wein täglich. Schon knapp 50 Jahre vor Montaigne hatte Martin Luther, selbst ja auch kein Kostverächter, schon halbherzig moniert, dass in Deutschland der Durst so groß sei, „dass er mit großem Saufen Weins und Biers nicht kann gekühlt werden. Uns wird solcher ewiger Durst deutschen Landes Plage bleiben, hab ich Sorg, bis an den jüngsten Tag."

Eine Beobachtung, die Montaigne auf seiner Reise nur bestätigen kann: „Die Deutschen trinken fast jeden Wein mit gleichem Genuss. Sie trachten eher danach, ihn durch die Kehle zu jagen, als ihn auf der Zunge zergehen zu lassen, und hiermit fahren sie wesentlich besser: Ihre Lust wird so auf viel üppigere und schnellre Weise befriedigt."

Aber auch in Frankreich wurde gerne gezecht. Und zwar gerade an den Universitäten, wo das Lehrer-Schüler-Verhältnis ein ganz anderes war als heutzutage. Die großen Gelehrten wurden von den jungen Leuten wie Pop-Stars gefeiert. Dazu gehörte auch, dass sie nach den Vorlesungen von den Studenten auf den Schultern aus dem Hörsaal getragen wurden. Und dann ging es, laut Montaigne, feucht-fröhlich weiter: „Der theologische Wein der Sorbonne und die dortigen Gelage sind mittlerweile sprichwörtlich. Ich finde, dass die Studenten und Professoren gut daran tun, um so lockerer und lustiger zu tafeln, je ernsthafter und erfolgreicher sie am Morgen die Übungen ihrer Fakultät betrieben. Das Bewusstsein, die vorausgegangenen Stunden sinnvoll verbracht zu haben, ist ein zu allen Speisen passendes schmackhaftes Gewürz ... Selbst bei den ordentlichsten und gesittetsten Völkern ist der Versuch, wer am meisten trinken könnte, stark im Gebrauche gewesen. Ich habe von Silvius, einem vortrefflichen Arzte in Paris, sagen hören, man müsste, wenn man verhüten wollte, dass die Fibern unseres Magens nicht nach und nach schlaff würden, sie monatlich einmal durch diese Ausschweifung aufmuntern und reizen, damit sie nicht steif würden."

Und deshalb empfahl Montaigne: „Wir sollten wie die Kramdiener und Tagelöhner keine Gelegenheit zu trinken ausschlagen, und diese Begierde beständig im Kopfe haben ... Denn vom vollendeten Weisen wird verlangt, dass er sich auf den Genuss der natürlichen Lüste ebenso wie auf jede andere Lebensaufgabe verstehe. Wessen Herz verständig ist, dessen Gaumen ist es auch."

Hochprozentiges erwähnt Montaigne auf seiner Reise selten. Nur einmal in Vicenza, in einem Kloster der Heiligen Jesuaten von Hieronymus, scheint Montaigne gehörig zugeschlagen zu haben: „Wir sahen uns auch ihren Likörladen an ... wo sie ausgezeichnete Liköre von Orangenblüten und ähnliche Getränke brennen ... und öffentlich verkaufen." Montaigne erstand dort zwei Sorten für einen Taler, mit einer Begründung so alt wie der Schnaps selbst: Der Likör könne, meinte Montaigne „als Medizin gegen alle Krankheiten" benützt werden.

Ebenso exotisch wie der Orangenlikör muss Montaigne auch der Brauch erschienen sein, Weine mit Kräutern zu versetzen, dem er in Norditalien begegnete: „Der Salbeiwein", so schreibt er, „war nicht schlecht, wenn man sich daran gewöhnt hatte."

Um uns von Montaigne ein Bild machen zu können, wenden wir uns kurz seiner Selbstbeschreibung zu. Dass er ein genauer Selbstbeobachter war, haben wir ja bereits erwähnt, dass er dabei mit Humor und Ironie vorging, darf als besonderes Markenzeichen gelten. Er war klein gewachsen – seine Statur lag „etwas unter dem Mittelmaß" –, dabei aber kräftig und gedrungen, mit einem vollen Gesicht und starker Körperbehaarung, mit „Brust und Bein voll Borsten wie ein Stachelschwein."

Von seinen Untergebenen wurde er wegen seines gewöhnlichen Aussehens oft gar nicht erkannt: „Es ist doch recht ärgerlich, wenn ich unter meinen Bedienten dastehe und man sich mit der Frage an mich wendet: ‚Wo ist der Herr?'"

Außerdem ist er, eigenen Angaben zufolge, unsportlich, unmusikalisch und besitzt eine schreckliche Handschrift, die er selbst kaum lesen kann. Und dann ist er noch „in höchstem Maße faul: Zur Verhinderung von Schweiß gäbe ich mein Leben preis!"

Was in seinen Texten außerdem auffällt: Hier spricht ein sturer Bock, ein Mann mit einer Seele, die es gewohnt ist, „ihren eigenen Weg zu gehen." Autoritäten erkannte Montaigne nicht an und dreinreden ließ er sich auch von niemandem. Am allerwenigsten übrigens von den Ärzten. Medizinischen Ratschlägen gegenüber stellte er sich taub und versuchte sein Glück lieber im Selbstversuch. Im französischen Heilbad von Plombières, wo Montaigne erste Kurtage verbringt, bricht er gleich alle Regeln. Statt, wie dort Sitte, das Wasser hauptsächlich zum Baden zu verwenden und wenn, dann nur „ein oder zwei Gläser" zu trinken, leerte Montaigne morgens auf nüchternen Magen neun (!) Gläser.

Über diese halsbrecherischen Experimente führte er ebenso Buch wie über deren Folgen. So war die Verdauung ein Thema, zu dem der geplagte Montaigne immer wieder zurückkehrte. Und sich dabei, wie bei allen anderen Themen auch, kein Blatt vor den Mund nahm. Die Einnahme des Abführmittels Kassia (China-Zimt), brachte ihm „drei- oder viermal Stuhlgang unter großen Bauchschmerzen: die Blähungen, welche die Ursache waren, quälten mich fast vierundzwanzig Stunden lang, und ich nahm mir vor, von diesem Mittel nichts mehr zu nehmen. Ein Kolikanfall ist mir noch lieber, als durch dieses Kassia meinen Magen derart zu rebellieren, meinen Geschmack zu verderben und mein ganzes Wohlbefinden aufs Spiel zu setzen."

Da schon damals geteiltes Leid halbes Leid bedeutete, erzählt Montaigne mit großer Lust die Krankengeschichte eines Mannes, der noch mehr als er selbst unter seinen Flatulenzen litt: „Die Winde verließen seinen Körper aus den Ohren, und zwar mit solcher Heftigkeit, dass er fast keine Nacht schlafen konnte. Wie er erzählte, bestand sein vorzüglichstes Mittel, um sich den Bauch zu öffnen, darin, das er vier recht große, eingemachte Korianderkörner in den Mund nahm, sie mit Speichel benetzte und etwas kaute und dann in den After brachte: die Wirkung träte sofort und in aller Stärke ein."

Als Montaigne in Rom unter einem „fieberhaften Anschwellen der Nieren" litt, verschrieb man ihm „venezianischen Terpentinbalsam, der von den Tiroler Bergen kommen soll: Zwei große Stücke, in Oblaten eingewickelt, auf silbernem Löffel, der mit ein paar Tropfen eines wohlschmeckenden Sirups befeuchtet war: er verspürte davon keine andere Wirkung, als dass der Urin nach Märzveilchen roch."

Der Ballast der Winde – ein Thema, das Montaigne im gesamten Verlauf der Reise nicht losließ: „Eine Wirkung des Bades schien darin zu bestehen, dass, wenn ich den Schamberg unter den Sprudel hielt, die Winde nach außen getrieben wurden. Und ganz unzweifelhaft nahm die Schwellung meines rechten Schellens (Hodens) ab, an der ich manchmal leide. Daraus möchte ich beinahe schließen, dass diese Schwellung von Winden verursacht wird, die sich hier verfangen."

Wer von seinem Körper so gequält wird wie Montaigne, kann gar nicht anders, als sich auch eingehend mit dem Tod zu beschäftigen. Einen seiner zentralen Essays nennt er „Philosophieren heißt Sterben lernen", und ähnlich wie die japanischen Samurai denkt er den Tod in jeder Lebenssituation mit: „Es gibt nichts, womit ich mich von jeher mehr beschäftigt hätte, als mit der Vorstellung des Todes ... selbst inmitten der Frauen und Spiele."

Seine Todesnähe ufert aber nie in eine Todessehnsucht oder Lebensverachtung aus, ganz im Gegenteil, meint er, solle man das Leben gerade im Angesicht des Todes bis zur Neige auskosten: „Es steht nur denen zu, sich des Sterbens nicht zu grämen, die sich des Lebens freuen."

Gut gefiel ihm da ein Brauch der alten Ägypter, von dem er in antiken Quellen gelesen hatte. Dort nämlich ließ man bei opulenten Gastmahlen ein großes Bild des Todes an die Tafel bringen, während die Träger ausriefen: „Trink und sei fröhlich, denn tot wirst du sein wie dieser."

Dass Montaigne dem Tod wirklich mit stoischer Gelassenheit ins Auge blickte, dafür sorgte eine Nahtoderfahrung, die er nach einem Reitunfall gemacht hatte. Als er damals nach Stunden aus seiner Bewusstlosigkeit erwachte, bemerkte er beruhigt, dass er nicht nur „frei von allem Unbehagen war, sondern auch von jener wohligen Süße durchdrungen, die einer empfindet, der sich in den Schlaf gleiten lässt."

Kur und Körper nahmen Montaigne auf seiner Reise aber nicht so in Anspruch, dass er darüber vergessen hätte, seine Umgebung zu beobachten und die lokalen Sitten aufzuzeichnen. Über die französischen Bäder von Plombières berichtet er da Folgendes: „Allen Huren und unzüchtigen Frauenzimmern ist untersagt die Bäder zu betreten ... auf Gefahr, an allen vier Ecken gestäupt (i.e. geschlagen) zu werden ... Unter derselben Strafe ist jedermann verboten, gegen adlige Frauen, Edelfräulein und andere Frauenzimmer ... unkeusche Reden zu führen oder sie auf eine unehrenhafte Weise zu berühren."

Da damals die Pest durch Europa zog, war man in den Bädern, so erzählt Montaigne, um Hygiene und Sauberkeit bemüht. So war der Bademeister dazu angehalten, „die Badegäste zu untersuchen, bevor sie die Bäder betreten, bei Tag wie bei Nacht."

Seine Reise gab Montaigne auch die Gelegenheit, die kulinarischen Vorlieben, wie sie nördlich und südlich der Alpen herrschten, zu vergleichen. Denn da gab es große Unterschiede, die in satirischen Texten immer wieder zur Sprache kamen. So waren Franzosen und Deutsche für ihre Maßlosigkeit und ihren hohen Fleischverzehr verschrien.

„Die Franzosen bleiben „am Wein und am Essen ... hängen wie der Fisch am Köder" und die Fresssucht ist „bei den Galliern Natur", lauteten etwa die Spitzen, die von Italien aus Richtung Norden geschossen wurden. Die Antwort kam postwendend und bezog sich auf die Liebe der Italiener für Gemüsegerichte. „Die Speise der Salate", heißt es da, ist „den gierigen Italienern eigen ..., die den unvernünftigen Tieren, welche rohe Gräser essen, die Nahrung weggenommen haben."

Montaigne spielt das chauvinistische Spiel nicht mit, Nationengrenzen und Vorurteile interessieren ihn nicht. Er ist Beobachter, nicht Polemiker, und dazu braucht es einen vorbehaltlosen Blick auf die Kultur der anderen: „Der heimatliche Himmel ist mir nicht der blaueste ... Ich betrachte alle Mitmenschen als meine Mitbürger und umarme einen Polen so innig wie einen Franzosen."

Wenn Montaigne also mit seinen Notizen bestimmte Unterschiede bestätigt, darf man ihm wohl glauben: „Ein Festessen in Italien ist nichts anderes als ein sehr leichtes Mahl in Frankreich. Mehrere Stück Kalbfleisch und ein paar Hühnchen, das ist alles."

Das sagt viel über Italien, noch mehr aber über die Völlerei, die damals im Norden herrschte. Mitverantwortlich dafür soll die Reformation gewesen sein, die zusätzlich zu den klimatischen Unterschieden die Kluft zwischen den Esskulturen vertieft hatte. Denn Luther hatte die Essvorschriften der katholischen Kirche verworfen und damit Schluss gemacht mit Enthaltsamkeit und der Bekämpfung des Fleisches.

Sein Schlaraffenland fand Montaigne deshalb gleich im ersten Teil seiner Reise. Von der vorzüglichen lothringischen Küche war schon die Rede, eine andere kulinarische Hochburg entdeckte Montaigne in Lindau am Bodensee: Die Gerichte waren mit großem Aufwand zubereitet und so wohlschmeckend und abwechslungsreich, „dass die Küche des französischen Adels kaum damit verglichen werden kann … Uns bekannt waren Quittensuppe, Suppe, in die gebackene Äpfel geschnitten waren, und Krautsalat, ferner dicke Suppen ohne Brot … Bemerkenswert ist der Reichtum an guten Fischen, die mit Fleisch in einer Schüssel aufgetragen werden … Wild, Schnepfen und junge Hasen sind reichlich vorhanden. Wir sahen niemals so zarte Fleischspeisen, wie sie dort täglich aufgetragen werden. Mit dem Fleisch werden gekochte Pflaumen, Birnen- und Apfelschnitze gereicht; bald wird der Braten zuerst und die Suppe zuletzt aufgetragen, bald umgekehrt … Zum Fleisch wird ein Ständer aus Silber oder Zinn mit vier Behältern aufgestellt, der verschiedene gestoßene Spezereien enthält, darunter Kümmel oder etwas Ähnliches, das pikant und scharf schmeckt, und das auf das Brot gestreut wird."

Die erwähnten unbekannten Spezereien oder Gewürze waren aus dem Nahen Osten oder der Neuen Welt nach Europa gekommen und sorgten damals für eine kulinarische Revolution.

Man begann, Gerichte auf – wie man es nannte – „heidnische Art" zuzubereiten. Von den Arabern kamen neue Zutaten wie Anis, Datteln, Granatäpfel und Bitterorangen und der Brauch, Saucen mit Rosinen, Zwetschken oder Trauben zuzubereiten. Reis und Risotto verfeinerte man mit exotischen Zutaten, darunter Safran, Ingwer oder Zimt, während Eigenes wie Knoblauch und Zwiebeln abschätzig als unfein und Bauernkost betrachtet wurde. Daneben griff man aber auch auf antike Kochbücher wie das des Apicius zurück. Im Mittelalter war es üblich, nur alte Tiere zum Fleischverzehr zu schlachten. Dementsprechend zäh war das Fleisch und wurde deshalb erst gekocht, dann noch gebraten und schließlich durch die Zugabe sehr intensiver Saucen einigermaßen genießbar gemacht. Die Renaissance-Küche wird da sanfter in ihrer Zubereitung und versucht, den Speisen ihren Eigengeschmack zu lassen.

Waren die Mahlzeiten in Italien auch weniger opulent, so wartete die Küche aber ohne Frage mit vielen, Montaigne unbekannten Delikatessen auf. Gleich südlich von Trient in Rovereto gab es „Trüffel, die geschält und in ganz kleinen Schnitten mit Essig und Öl angemacht werden." Neu und ganz nach dem Geschmack Montaignes waren außerdem die vielen Orangen, Zitronen und Oliven, die es in Norditalien gab: „Auf genuesische Art wurden die Oliven ohne Kerne, mit Essig und Öl angemacht und an Stelle von Salat aufgetragen, was sehr gut schmeckt."

Beim Hauptgang zeigte sich Montaigne besonders vom zarten Kalbfleisch beeindruckt, das ihm in Italien mehrmals serviert wurde, war er bei den Fleischspeisen doch um einiges wählerischer als bei anderen Gerichten: „Sämtliche Fleischarten, die es vertragen, liebe ich schwach gebraten, und ich liebe sie gut abgehangen, bei manchen sogar, bis sie schon stark riechen. Ganz allgemein stört mich lediglich Zähigkeit. Das liegt keineswegs an meinen Zähnen, die stets gut bis ausgezeichnet gewesen sind und denen das Alter erst jetzt zuzusetzen beginnt. Von Kindesbeinen an habe ich gelernt, sie morgens sowie vor und nach jeder Mahlzeit mit meiner Serviette abzureiben."

Seine Lieblingsspeise war aber Fisch, der ihm „die mageren Tage zu fetten, die Fasten- zu Festtagen" machte. Nur wurde der leider „weniger als in Frankreich gegessen; zumal der Hecht taugt gar nichts und wird dem Volk überlassen: Scholle und Forelle sind selten, die Barbe ist sehr gut und viel größer als in Bordeaux, aber teuer, Goldbrassen stehen gleichfalls hoch im Preis, und die Seebarben sind größer und fester als bei uns."

Rom muss damals eine kulinarische Hochburg gewesen sein. Bis etwa 1570, also etwa zehn Jahre, bevor Montaigne ankam, hatte dort Bartolomeo Scappi als Leibkoch insgesamt dreier Päpste gedient. Er galt gemeinhin als „Michelangelo der Küche" und hatte ein sechsbändiges Kochbuch mit rund tausend Rezepten veröffentlicht. Montaigne erwähnt ihn nicht in seinem Reisebuch und man darf vermuten, dass er einer derart überfeinerten Küche eher mit Spott als mit Interesse begegnet ist. Dafür spricht auch, dass er ein anderes Gespräch mit einem Küchenheiligen der damaligen Zeit, dem Haushofmeister eines römischen Kardinals, äußerst ironisch kommentiert. Der hielt ihm „einen langen Vortrag über die Gaumenwissenschaft, und dies mit derart wichtiger und Ehrfurcht gebietender Miene, als hätte er mir einen Kernpunkt der Theologie darlegen wollen. So weihte er mich in die Rangordnung der Appetite ein: jener, den man bei nüchternem Magen hat, ist anders als der nach dem ersten, der nach dem zweiten, der nach dem dritten Gang …; dann in die Einteilung und Zubereitung seiner Saucen …; dann in die Unterschiede zwischen den Salaten je nach Saison … All das war von großartigen und wohl tönenden Worten aufgebläht, wie man sie zu verwenden pflegt, wenn es um das Erörtern der Regierung eines Weltreichs geht." Zu finden ist diese Stelle in einem Essay mit dem vielsagenden Titel *Über die Eitelkeit der Worte*.

In Rom war Montaigne zu mindestens einem Festessen geladen. Über besondere Geschmackserlebnisse hat er nichts geschrieben, wohl aber über die Präsentation der Speisen. So gab es gebratenes Geflügel, „das wieder mit seinem natürlichen Gefieder bekleidet worden war und wie lebend aussah."

Mit seinem Sammeln der so verschiedenen kulinarischen Erfahrungen ist Montaigne sicherlich nicht zu den großen Theoretikern der Küche, wie später Kant oder Nietzsche, zu zählen. Was ihn zu einem Ausnahmefall macht, ist, dass er gegessen hat, wie er gedacht hat. Alles ausprobierend, neugierig suchend.

Menü

Eine Mahlzeit im Kreise von Freidenkern, bei der über Gott und die Welt gesprochen wird, wobei die wildesten Assoziationen die willkommensten sind. Besonders das eigene Leben sollte zur Sprache kommen, vor Themen wie Verdauung sollte man dabei nicht zurückscheuen. Als Getränke gibt es Salbei- oder Götterwein. Die passende Hintergrundmusik geben Madrigale oder Chansons von Orlando di Lasso ab.

Brotsuppe

200 g altes Vollkornbrot
60 g Butter
1 TL Pastetengewürz
1½ TL getrockneter Majoran
1 TL Kräutersalz
2 Eigelb

½ TL Hefeextrakt
1 Gemüsebrühwürfel
¾ l heißes Wasser
3 EL Schlagobers
3 EL feingehackte Kräuter (Petersilie, Kerbel, Liebstöckel, Schnittlauch)

Das Brot in Stücke schneiden, kurz in kaltem Wasser einweichen, anschließend ausdrücken und im Mixer pürieren. Die Butter zergehen lassen und anschließend mit den beiden Eigelb, Pastetengewürz, Majoran, Kräutersalz, Hefeextrakt und Brotmasse gründlich verrühren. Die Gemüsebrühwürfel im heißen Wasser auflösen. Die Brotmasse in der Brühe gut verquirlen, die Suppe mit Schlagobers verfeinern und anschließend die Kräuter untermischen. Vor dem Servieren noch einmal erwärmen, aber nicht mehr aufkochen.

Seezunge an Birnensauce

4 Seezungenfilets
1 Birne
20 g Weißbrot ohne Rinde
1 dl Wein

1 dl Wasser
1 EL Butter
1 Messerspitze Ingwer
Salz und Pfeffer

Die Birne schälen, in Stücke schneiden und zusammen mit dem Weißbrot 10 Minuten in Wasser und Weißwein kochen. Danach passieren, nochmals aufkochen, bei Bedarf mit Wasser verdünnen und mit Salz und Pfeffer abschmecken. Die Seezungenfilets dazugeben und 5 Minuten leicht kochen. Die Butter heiß werden lassen, den Ingwer darin kurz anrösten und die Sauce vor dem Servieren über das Fleisch gießen.

Quittenmus mit Koriander

1 kg Quitten
3 dl süßer Weißwein
2 Eier

½ TL Zimt
100 g Zucker
1 Messerspitze Korianderpulver

Die Quitten nicht waschen, sondern nur mit einem Tuch abreiben, ungeschält in Viertel schneiden und das Kerngehäuse entfernen. Die Früchte in feine Scheiben schneiden und im Wein langsam weichkochen, dabei öfter umrühren, damit sie nicht anbrennen. Durch ein Gazetuch drücken oder mit dem Mixer pürieren. Eier, Zimt, Zucker und Koriander untermischen und das Mus nochmals erwärmen, aber nicht kochen, warm servieren.

Getränke: Salbeiwein

1 Flasche Rotwein
7 Zweige Salbeiblüten
1½ Zweige Rosmarin

In ein Gefäß legt man 7 Zweige Salbeiblüten und einenhalb Zweige Rosmarin, gießt eine Flasche Rotwein hinzu und stellt es zwei Wochen ins Helle. Danach wird der Inhalt gründlich filtriert und in die Rotweinflasche zurückgefüllt. Nach Anbruch sollte die Flasche innerhalb einer Woche verbraucht werden, da das Aroma sonst verloren geht.

Götterwein

2 Zitronen
2 Äpfel
1 Flasche roter Burgunderwein
50 g Staubzucker

6 Nelkenköpfe
½ TL Orangenblüten
1 EL Cynar (fakultativ)

Zitronen und Äpfel schälen und in dünne Scheiben schneiden. Mit Rotwein, Staubzucker, Nelken und Orangenblüten mischen und zugedeckt für mindestens 3 Stunden in den Kühlschrank stellen. Abseihen und kalt servieren. Auf Wunsch kann etwas Cynar zugegeben werden.

„Feinschmeckerei ist das Laster leerer Herzen":
Zum Picknick im Grünen mit Jean-Jacques Rousseau

„Man gab mir ... Sauermilch, und zwei Stangen von dem ausgezeichneten Piemonteser Brot, das mir lieber als jedes andre ist, und so bekam ich für meine fünf bis sechs Sous [ehemalige französische Münze] eine der besten Mahlzeiten, die ich je in meinem Leben erhalten habe", erinnert sich Jean-Jacques Rousseau in den *Bekenntnissen*, seiner spät verfassten Autobiografie. Es ist ein heißer Sommertag um seinen sechzehnten Geburtstag, an dem er diesen kulinarischen Höhepunkt erlebt. Der Junge aus Genf durchstreift neugierig Turin, seine Erkundungstouren machen ihn müde, er bekommt Hunger und ist knapp bei Kasse. Der Milchladen, in dem er seinen Einkauf macht, kommt ihm gerade gelegen.

Die Mahlzeit ist einfach. Es ist genau diese Eigenschaft, die Rousseau seiner Philosophie zu Grunde legt. Zurück zum Natürlichen, zum Rohen, zum Einfachen. Ihm geht es nicht darum, in einen vorzivilisatorischen Zustand zurückzukehren. Seine Kritik richtet sich gegen verworrene Sitten, die die Gesellschaft verderben. Was er will, ist ein neues Denken, das vom Unmittelbaren und Einfachen ausgeht. Egal ob in der Familie, im Staatswesen oder eben beim Essen. So schreibt er in *Emile oder Über die Erziehung*, dem für ihn wichtigsten Werk: „Der verbreitetste Widerwille besteht gegen zusammengesetzte Gerichte. Hat man jemals jemanden gesehen, der sich vor Wasser und Brot ekelt?" Er hält nichts von kunstvoll arrangierten Speisen, an die man sich erst gewöhnen muss und die in den besseren Häusern Frankreichs gang und gäbe sind. Dass man da gut essen könne, sei für ihn ein „seltsames Lob": „Ich würde im Gegenteil sagen, dass die Franzosen nichts vom Essen verstehen, da es so einer besonderen Kunst bedarf, ihnen die Speisen schmackhaft zu machen." Verwöhnte Gaumen seien aus bloßer Gewohnheit zu dem geworden, was sie sind. Wer immer nur stark gewürzte Speisen zu sich nehme, der verliere die Natürlichkeit des Geschmackssinns. „Wenn ein Wilder zum ersten Mal Wein trinkt", so Rousseau, „verzieht er das Gesicht und spuckt ihn aus", denn „wer ... bis zum 20. Lebensjahr ohne gegorene Getränke gelebt hat, kann sich später nicht mehr daran gewöhnen".

In Turin hat er eben seinem protestantischen Glauben abgeschworen. Nicht aus Überzeugung, sondern um sich einen Vorteil zu verschaffen. Da er von Genf, von seiner Lehre als Graveur und vor allem von seinem tyrannischen Meister davongelaufen ist, sichert ihm sein Übertritt in die katholische Kirche, die einen Glaubenswechsel mit Geld belohnt, vorübergehend das finanzielle Auskommen. Doch abgesehen davon fühlt er sich zum prächtigen Ritus des Katholizismus durchaus hingezogen. Zwar flößt ihm das Sakrament der letzten Ölung Furcht ein, doch die „Vergnügungen und Tafelfreuden", die ihm dabei in den Sinn kommen, regen ihn kulinarisch an – die Maß- oder Vesperglocke erinnern ihn „an ein Frühstück, an ein Vesperbrot, an frische Butter, Früchte, Milchspeisen".

Schon als Kind ist Jean-Jacques ein „Leckermaul", der dafür alle Mittel einsetzt: „Ich mag Früchte, Bonbons, Esswaren gestohlen haben, aber nie fand ich Freude daran, Böses zu tun ..." Später wird man ihm oft unterstellen, böswillig zu sein, nach eigenen Aussagen ist er es aber nur einmal: „Ich erinnere mich ... in den Kochtopf unserer Nachbarin, Frau Clot, gepisst zu haben, während sie der Predigt beiwohnte." Er müsse darüber immer noch lachen, gibt er in den *Bekenntnissen* zu, weil diese „die grämlichste Alte" war.

Seine Kindheit verbringt er zunächst bei seinem Vater, einem Uhrmacher, der Jean-Jacques' Mutter nach dessen Geburt verliert. Und doch ist diese Kindheit eine heitere Zeit, in der er unerschrocken allem Neuen gegenübertritt. Seiner Ungezwungenheit verdankt er die „glücklichen Einfälle", die ihm trotz manch Vergehens die Strafen ersparen. Einmal schickt ihn der Vater wegen eines Schelmenstreichs ohne Abendessen zu Bett. Nur mit einem „armseligen Stück Brot" in der Hand muss er den Anwesenden, die in der Küche um den Braten am Spieß stehen, eine gute Nacht wünschen: „Als ich die Runde durch war und dem Braten, der so gut aussah und so prächtig roch, einen verstohlenen Blick zuwarf, konnte ich mich nicht enthalten, ihm auch meine Reverenz zu machen und kläglich zu ihm sagen: ‚Adieu, Braten!' Dieser kindliche Einfall erschien so komisch, dass man mich zum Nachtmahl bleiben ließ." Seine Gedankenblitze nutzen ihm in seiner Lehrzeit nichts mehr. Der Meister verprügelt ihn bei jedem Fehltritt. In Rousseau „keimen" seine Laster, wie das „Lügen, Faulenzen und Stehlen". So erinnert er sich, dass er von seinem Meister „keine ganz schlechte Kost" bekommt, doch die Sitte, die jungen Leute vom Tisch zu schicken, wenn etwas Köstliches aufgetragen wird, macht ihn zum Dieb.
Den Anweisungen des grausamen Meisters folgt er nur widerwillig, flüchtet sich ins Lesen. Bereits als Kind haben ihn Bücher in den Bann gezogen. Mit seinem Vater liest er damals regelmäßig nach dem Abendessen. Romane der Mutter etwa, doch am liebsten Plutarch. Nie können sie vor Beendigung eines Bandes aufhören. Manchmal lesen sie noch, wenn das morgendliche Zwitschern der Schwalben bereits zu hören ist. Durchs Lesen, so meint er rückblickend, bildete sich sein „unzähmbarer, stolzer Charakter", nicht fähig, „Joch und Knechtschaft" zu ertragen. Doch es fördert auch seine Phantasie und Einbildungskraft, die er später nicht nur lustvoll einsetzen wird, sondern die sich zu einem leidvollen Verfolgungswahn

auswachsen werden. So berichtet er: „Während meiner Lehrzeit und später bin ich tausendmal ausgegangen in der Absicht, irgendwelche Leckerei zu kaufen. Ich nähere mich dem Laden eines Weißbäckers, ich bemerke Frauen am Zahltisch. Ich glaube schon zu sehen, wie sie lachen und sich untereinander über das kleine Leckermaul lustig machen. Ich gehe an einer Obsthändlerin vorüber, mein verstohlener Blick fällt auf schöne Birnen, ihr Duft ist verlockend."

In Turin lebt er sparsam vom bisschen Geld, das ihm sein neuer Glaube beschert. Weniger aus Klugheit, wie er betont, sondern aufgrund seines Gaumens. Dieser beschert ihm eine Vorliebe für schlichte Kost. Eine Leidenschaft, „die selbst heute durch die Gewohnheit, an einem reich gedeckten Tisch zu sitzen, nicht anders ist." Seine Erinnerung daran ist ein Plädoyer für das ländlich Einfache, von dem er in den *Bekenntnissen* sagt, er habe noch kein Mahl kennen gelernt, das besser sei: „Meine Birnen, meine saure Milch, mein Käse, meine Brotstangen und ein paar Gläser von einem Montferrater Wein, der so dick war, dass man ihn schneiden konnte, machten mich zum glücklichsten der Feinschmecker."

Zum Weintrinker wird Rousseau nicht des Geschmacks wegen: „Wir wären alle Abstinenzler, wenn man uns nicht in jungen Jahren Wein gegeben hätte." Gewohnheit also, die ihn aber nicht davon abhält, Wein zu genießen. Richtig betrunken habe er sich in seinem Leben nie. Angeheitert ist er zumindest einmal, als er knapp 50-jährig in Montmorency weilt und mit zwei Professoren einen nachmittäglichen Spaziergang unternimmt. „Wir nahmen … einen kleinen Imbiss mit, den wir mit großem Appetit verspeisten. Wir hatten Gläser vergessen und ersetzten sie durch Strohhalme, mit denen wir den Wein aus der Flasche sogen. Wir bemühten uns, die dicksten Halme zu wählen, um die Flüssigkeit besser aussaugen zu können. Ich bin nie in meinem Leben so ausgelassen gewesen." Zuweilen wirkt Wein aphrodisierend auf ihn. Als er in Lyon als Hauslehrer zweier Kinder arbeitet, ist er vernarrt in einen „sehr angenehmen weißen Wein von Arbois", der ihn „lüstern" macht. Rousseau befindet sich damals in einer schwierigen Phase, seine „Maman", Madame de Warens, die ihm Ersatzmutter und Geliebte war, zieht ihm einen anderen Mann vor. So erwacht seine Neigung zum Diebstahl erneut und er entwendet einige Flaschen, um ihn in seiner kleinen Kammer „nach Belieben zu trinken". Rousseau bedauert, dass er keinen Wein trinken kann, ohne dabei etwas zu essen, auch wenn es nicht einmal mehr Brot ist, sondern Kuchen, mit dem er Vorlieb nehmen muss. Eine andere vergnügliche Kombination ist ihm Essen und Lesen, wenn ihm „ein Tischgenosse fehlte": „Ich verschlinge abwechselnd eine Seite und einen Bissen. Es ist, wie wenn mein Buch mit mir speiste." Dem Lesen, wie später dem Schreiben, ist er immer wieder manisch ausgeliefert. Dass er sich erst mit 30, wie er zugibt, schlüpfriger Literatur zuwendet, „die eine schöne Frau von Welt deshalb für unbequem erklärt, weil man sie, wie sie sagt, nur mit einer Hand lesen kann", verwundert nicht, gilt doch das Genf seiner Zeit, in der er aufwächst, als Hort protestantisch-puritanischer Erziehung.

Seine erste Lust, „zweifellos ein frühzeitiger geschlechtlicher Instinkt", gilt dem Geschlagenwerden. Fräulein Lambercier, bei der er lebt, nachdem sein Vater wegen eines Streits mit einem Hauptmann aus Genf flüchten muss, züchtigt den 8-jährigen Jean-Jacques nach einem Vergehen. Es bereitet ihm „mehr Lust als Furcht". Sein Leben lang sehnt er sich danach und malt es sich aus: „Mein erhitztes Blut füllte unaufhörlich mein Hirn mit Mädchen und Frauen, aber da ich keine Ahnung hatte, was man wirklich mit ihnen macht, beschäftigte ich sie in der Einbildung seltsamerweise nach meinen Phantasien." Er macht aus seinen masochistischen Zügen ein Geheimnis, das er erst in den *Bekenntnissen*, seiner Lebensbeichte, öffentlich macht. In Turin schwärmt er für eine Kaufmannsfrau, bei der er kurz arbeitet. Da sie ihn nicht erhört und er seine Begierden nicht stillen kann, sucht er Befriedigung „durch die sonderbarsten Manöver". In dunklen Alleen und abgelegenen Orten lässt er seinem Exhibitionismus gegenüber Frauen freien Lauf, die sein Hinterteil zu sehen bekommen. „Das dumme Vergnügen, das ich empfand, mich vor ihren Augen zu entblößen, lässt sich nicht beschreiben."

Um seine Schüchternheit bei Frauen zu überwinden, ist ihm Wein eine Hilfe, hat er Liebeskummer, fehlt ihm der Appetit und er magert ab. Er schließt sich dann mit seinen Büchern ein oder geht „tief in den Wald, um nach Herzenswunsch zu seufzen und zu weinen". Die Verbindung zwischen Essen und Liebe ist eng: „An meinen Gaumen habe ich immer nur gedacht, wenn mein Herz müßig war, und das ist mir in meinem Leben so selten begegnet, dass ich nicht viel Zeit hatte, an gute Bissen zu denken." Und in *Emile* schreibt er: „Die Feinschmeckerei ist das Laster leerer Herzen. Die Seele eines Feinschmeckers sitzt im Gaumen."

Sonst isst er gern, „ohne gierig zu sein". Als „sinnlich" beschreibt er sich, sieht sich aber als Erwachsener nicht als „Leckermaul", da er, wie erwähnt, von seinen vielen Interessen abgehalten wird: „Sie wachsen, werden zur Leidenschaft, und bald sehe ich nichts mehr auf der Welt als das Vergnügen, das mich beschäftigt." Auf seine Besessenheit führt er auch so manche Kränklichkeit zurück, da er alles andere um sich vergisst, auch das Essen. In der Musik etwa oder auch beim Schach, das ihn vollkommen gefangen nimmt. Wochenlang tut er nichts anderes, als in seiner Kammer Spielzüge auswendig zu lernen. Immer der Beste in einer Sache zu sein, ist sein Ziel, sein Lerneifer immer sehr groß. Da er sich als einen Menschen „ohne Gedächtnis" betrachtet, der sich beim Studieren schwer tut, trainiert er es immer wieder unentwegt. Richtig manisch ist er in der Musik, beim Schreiben oder auch in der Botanik, wenn er einmal die Feder aus der Hand legt. Obwohl erst spät, als junger Mann, die Begeisterung für Musik erwacht und er „nur ein Pfuscher" sei, wie er es selbst ausdrückt, bringt ihn sein Eifer weit. Er nimmt Unterricht in Flöte und Chorgesang, arbeitet als Musiklehrer und versucht sich als Komponist, wo er einmal mehr verspricht, als er halten kann, und als Hochstapler entlarvt wird. Doch er gibt nicht auf: „Allmählich lernte ich die Musik, indem ich sie lehrte." In seinen späten 30ern entwickelt er schließlich ein neues Notensystem auf Zahlenbasis und verfasst die Oper Der Dorfwahrsager, die großen Erfolg hat.

Autodidakt ist er auch im Schreiben und Philosophieren. Es sind die Jahre bei seiner „Maman", Madame de Warens in Charmettes, in der er als 30-Jähriger fünf seiner glücklichsten Jahre verbringt. Er genießt die Zeit des Studiums und seiner Liebschaft mit seiner Förderin: „Mein noch junges Herz überließ sich allem mit einer kindlichen Freude ... Mittagessen im Grünen in Montagnole, Abendessen in der Laube, das Einsammeln des Obstes, die Weinlese, das nächtliche Beisammensein mit unsern Leuten, um Hanf zu brechen, all das ergab für uns ebenso viele Feste, an denen Maman die gleich Freude wie ich hatte." Zum Frühstück gibt es meist Milchkaffee: „Wir saßen gewöhnlich ziemlich lange zusammen, und daher ist mir eine lebhafte Vorliebe für die Frühstücksmahlzeiten geblieben; und ich ziehe die Sitte der Engländer und Schweizer, bei denen das Frühstück ein wirkliches Mahl ist, zu dem sich alle versammeln, unendlich jener der Franzosen vor, wo jeder allein in seinem Zimmer frühstückt oder meist gar nicht frühstückt." Danach studiert er bis vor dem Mittagessen: „Wenn das Essen noch nicht fertig war, besuchte ich meine Freundinnen, die Tauben, oder arbeitete im Garten." Dann gibt es Mittagessen, an deren Länge er sich erst gewöhnen musste: „Am wenigsten gefiel mir, so lange bei Tisch sitzen zu müssen." Madame de Warens ekelt sich vorm ersten Geruch der Speisen, was sich erst nach einer halben Stunde legt. Rousseau war dann bereits fertig und so begann er nochmals zu essen: „So aß ich für zwei und fand mich nicht übel dabei." Nach den Mittagessen macht er Pause, wo zwei- oder dreimal die Woche bei Schönwetter der Kaffee in „einer kühlen und dichten Laube", die er mit Hopfen bepflanzte, eingenommen wird. Danach kehrt er zurück zu seinen Büchern, die „weniger Arbeit und Studium als

Erholung und Unterhaltung" sind, da ihm „jede Anstrengung während der Tageshitze lästig" ist.

Rousseau schätzt einsame Wanderungen, aber auch das Reisen. Eine besondere Liebe zu Bergen und Fußwanderungen erwachte in ihm bereits auf seiner ersten Reise nach Turin. Schon vorher ist er von Genf bis fast nach Bern gegangen, doch diesmal sind die Umstände weitaus angenehmer: „Dazu kam noch unsre häufige Einkehr in guten Gasthöfen, ein großer Appetit und die Mittel, ihn zu stillen." Angeregt von dieser Erfahrung wird er später einmal seinen beiden Freunden Denis Diderot und Friedrich Baron von Grimm (mit denen er sich später überwirft) vorschlagen, ein Jahr lang durch Italien zu wandern „ohne andre Begleitung als die eines Dieners", der ihnen den „Nachtsack" trägt.

Als er als 30-Jähriger nach Paris reist, tut er das wieder zu Fuß und allein: „Meine süßen Traumbilder leisteten mir Gesellschaft, und nie hat die Glut meiner Einbildungskraft reizendere erzeugt." Obwohl er Hühneraugen hat und gewohnt ist, auf Fersen zu gehen (daher kann er auch nicht tanzen oder fechten), scheint ihm nichts höher zu sein als das Wandern: „Der Anblick des freien Feldes, der Wechsel angenehmer Aussichten, die frische Luft, der gute Appetit, das Wohlbefinden, das sich beim Wandern einstellt, die Ungebundenheit des Gasthauslebens, die Entfernung von allem, was mich meine Abhängigkeit fühlen lässt ... all das befreit meine Seele, gibt mir eine größere Kühnheit der Gedanken, schleudert mich gewissermaßen hinein in die unendliche Mannigfaltigkeit der Wesen ..." Dass er dabei keine Reisetagebücher führt, bereut er nachträglich nur deshalb, weil er viele Erinnerungen daran verloren hat. Denn Wandern vertrage sich nicht mit dem Schreiben: „Warum mich der Lust des gegenwärtigen Genusses berauben ...? Bei der Ankunft dachte ich nur an eine gute Mahlzeit, beim Aufbruch nur daran, frisch drauflos zu marschieren." So ist es auch ein Mittagessen, das ihm von einer Reise nach Lyon als einziges Erlebnis in deutlicher Erinnerung bleibt. Er bekommt „Schwarzbrot aus reinem Roggen", einen

„sehr einladenden, wenn auch schon angeschnittenen Schinken" und eine Flasche Wein, dazu noch einen „ziemlich dicken Eierkuchen". Nach seinen Worten war es ein „Mahl, wie es nur ein Wanderer halten kann".

Von seinem ersten Parisbesuch ist er enttäuscht, weil er sich die Stadt während der Wanderung – im Vergleich zu Turin – in den schönsten Farben ausmalt: „Als ich die Vorstadt Saint-Marceau betrat, sah ich nur kleine, schmutzige und stinkende Straßen, hässliche, schwarze Häuser, Unsauberkeit, Armut, Bettler, Fuhrleute, Flickerinnen, Ausruferinnen von Heiltränken und alten Hüten." Ein Eindruck, den das prachtvolle Paris, das er später zu sehen bekommt, nicht mehr wettmacht. Von einer anderen Reise, die er wieder einmal als Hochstapler antritt – diesmal als „Mr. Dudding" aus England –, schwärmt er in höchsten Tönen. Im südfranzösischen Remoulins, wo er zum Frühstück „ausgezeichnete Feigen" isst, nimmt er sich einen Fremdenführer und besucht den Pont du Gard, ein Aquädukt aus der Römerzeit, der seine Erwartungen bei weitem übertrifft – „und das war das einzige Mal in meinem Leben", wie er betont. „Ich verweilte hier mehrere Stunden in einer entzückten Betrachtung". In Nîmes ist es dann nicht die Arena, die ihn beeindruckt, sondern ein Gasthaus. Angeregt durch seine „in Tätigkeit versetzte Sinnlichkeit" (er hatte davor eine Affäre mit einer mitreisenden Dame), macht er Halt im Pont de Lunel, für Rousseau das „beste Gasthaus Europas". „Es war wirklich merkwürdig, in einem allein stehenden und mitten auf dem Lande gelegenen Haus eine Tafel zu finden, die mit See- und Süßwasserfischen, ausgezeichnetem Wild, feinen Weinen bestellt war und wo man mit jener Aufmerksamkeit und Sorgfalt bedient wurde, die man nur bei den Großen und Reichen findet."

Ist er in jungen Jahren auf Reisen, muss er sich immer wieder mit allerlei Berufen durchschlagen, um seine leiblichen Bedürfnisse zu befriedigen, wobei er lieber auf Schlaf als auf Essen verzichtet. Einmal etwa als Übersetzer eines orthodoxen Christen, der eine gute Tafel schätzt: „Seit langem hatte ich schlecht gegessen; ich hatte sehr nötig, mich wieder zu Kräften zu bringen, und benutzte jetzt die Gelegenheit dazu." Ein anderes Mal als Notenkopierer, worin er, wie er zugibt, nicht sehr gut ist: „... der Überdruss an einer sich lang hinziehenden Arbeit macht mich so zerstreut ..." Er bleibt einige Tage und isst, wenn er nicht gerade schreibt, „denn nie in meinem Leben war ich so hungrig und nie besser ernährt".

Obwohl Rousseau „Damen" bevorzugt, nicht wegen des „Prunks des Standes", sondern weil sie eine „geschmackvollere Art im Benehmen" und insgesamt ein erfreulicheres Äußeres haben („die besser gepflegte Haut ..."), verliebt sich der 33-Jährige in die 11 Jahre jüngere Wäscherin Thérèse Levasseur. Er lernt sie in einem Pariser Wirtshaus kennen, wo er Quartier hält. Sie kann zwar weder gut lesen noch rechnen, doch wird er von ihr sagen, an ihrer Seite „ebenso angenehm wie mit dem schönsten Genius des Weltenrunds" gelebt zu haben. Rousseau versucht sich als Schriftsteller, während das Paar in materieller Unsicherheit ein einfaches Leben führt. Sie genießen die kleinen Abendessen an seinem Fenster, wo sie auf zwei kleinen Stühlen sitzen, die auf einem Koffer stehen. Das Fensterbrett dient ihnen als Tisch: „Wir atmeten die frische Luft und konnten auf die Umgebung und auf die Passanten hinabsehen und, obschon im vierten Stock, am Straßenleben teilnehmen, während wir aßen. Wer kann die Reize dieser Mahlzeiten beschreiben und fühlen, die als einzige Gerichte ein Viertel groben Brots, einige Kirschen, ein kleines Stück Käse und einen halben Schoppen Wein umfassten, den wir gemeinsam tranken!"

Als er eines Tages auf dem Weg zu seinem Freund Diderot ist, erblickt er in einem Buch eine Aufgabenstellung der Akademie in Dijon: „Hat der Fortschritt der Wissenschaften und Künste dazu beigetragen, die Sitten zu veredeln?" Er gerät in eine plötzliche Erregung, die „an Wahnsinn" grenzt. Diderot ermutigt ihn, teilzunehmen. „Ich tat es, und von diesem Augenblick an war ich verloren", schreibt er später, „all mein übriges Leben und meine Leiden waren die unvermeidliche Folge dieses Augenblicks der Verwirrung". Er spielt damit auf die Anfeindungen an, die seine zukünftigen Werke auslösen und ihn zum politischen Flüchtling machen. Doch vorerst arbeitet er an der Aufgabe, wie er es immer tut, auf „sonderbare Weise": „Ich widmete ihr die schlaflosen Stunden meiner Nächte." Seiner Schwiegermutter diktiert er morgens vom Bett aus, da er immer alles vergisst, wenn er aufsteht und sich ankleidet. Rousseau verneint die Frage und gewinnt damit den ersten Preis. Seine Ansicht, wonach die Sitten zunehmend verrohen und der Mensch von Natur aus gut sei, steht im Gegensatz zu der Meinung vieler Intellektueller seiner Zeit. Das Werk löst eine Diskussion aus, die ihn über Nacht berühmt machen. Im nächsten Jahrzehnt, dem produktivsten seines Lebens, reitet er mit seinen Schriften weiterhin scharfe Attacken auf das Establishment, sei es in der Kunst, der Philosophie oder in der Pädagogik. Er lebt vorerst noch in Paris, zieht später aber aufs Land nach Montmorency: „Ich fühlte mich für die Einsamkeit und das Landleben geschaffen; es war mir unmöglich, anderswo glücklich zu leben." Die Zurückgezogenheit in seiner Eremitage zieht er der feinen Gesellschaft in Paris vor: „So sehr langweilten mich Salons, Wasserspiele, Lustwäldchen, Blumenbeete …, dass ich, wenn ich nur einen verstohlenen Blick auf einen armseligen einfachen Dornenstrauch warf, eine Hecke, Scheune, Wiese, wenn ich, ein Dorf durchschreitend, den Duft eines guten Eierkuchens mit Kerbel roch … ich Schminke, Falbeln und Ambra zum Teufel wünschte; und wenn ich mich nach Hausmannskost und Landwein sehnte, hätte ich am liebsten dem Herrn Küchenchef und dem Herrn Tafelmeister eine hinter die Ohren gegeben." Vom Herzog von Luxemburg, einem seiner Bewunderer und Gönner, bekommt er in Montmorency ein Schlösschen im Park zu Verfügung gestellt, wo er sich wie im „irdischen Paradies" fühlt. „Wie eilte ich doch alle Morgen, bei Sonnenaufgang die balsamische Luft in der Säulenhalle zu atmen! Welch guten Milchkaffee trank ich dort allein mit meiner Thérèse! Meine Katze und mein Hund leisteten uns Gesellschaft. Dieses Gefolge hätte mir für mein ganzes Leben genügt, ohne dass ich je einen Augenblick Langeweile empfunden hätte." Hier verfasst er auch die kritischen Werke *Gesellschaftsvertrag* und *Emile*, die nach ihrem Erscheinen im Frühling 1762 sofort verboten werden. Ein Haftbefehl zwingt ihn zum Exil. Kurz kommt er bei einem Freund in der Schweiz unter, doch auch in Genf erregt das Buch Widerstand. Er bekommt viele Beinamen: „Ich war ein Gottloser, ein Atheist, ein Verrückter, ein Rasender, ein wildes Tier, ein Wolf." Asyl findet er in Môtiers in der preußischen Enklave Neuchâtel, wo er seine Kleidung gegen armenische Tracht wechselt.

Auch von Môtiers muss er schließlich weg, wegen seines Rufs, wegen seines „Kaftans" und seiner „verbrämten Mütze" hagelt es Schimpf und Steine: „Meine armenische Tracht diente dem Volk als Kainszeichen."

Es sind seine Widerspenstigkeit in vielen Belangen und sein zunehmender Verfolgungswahn, aber auch seine „Tölpeleien", wie er seine unüberlegten Wortmeldungen nennt, die ihm „in jedem Augenblick in der Unterhaltung entschlüpften" und ihn zum Außenseiter stempeln. Vor Publikum eine gute Rede zu schwingen, gelingt ihm nach eigener Aussage nur einmal wirklich gut. Es ist im Zuge seiner Übersetzertätigkeit für den orthodoxen Christen, wo er vor dem Senat in Bern spricht. Als er dagegen als 50-Jähriger vor einer Abordnung reden soll, deren Bibliothek er seine Bücher überlässt, gerät sein Kopf so in Verwirrung, dass er stecken bleibt: „Je mehr ich die Welt kennen lernte, desto weniger habe ich mich in ihrem Ton finden können." Ein andermal antwortet er in einem Kreis von Damen auf die Frage, wo er die letzte Nacht gewesen sei – „nach meiner löblichen Gewohnheit zu reden ohne zu denken" –, dass er es nicht wisse. „Diese Antwort ließ sie glauben, dass ich ein Narr wäre." Über sich selbst behauptet Rousseau, er sei ein Gefühlsmensch, der „kaltes Blut" zum Denken braucht: „Ich habe ausgezeichnete Einfälle, wenn man mir Muße lässt, aber im rechten Augenblick habe ich nie etwas getan oder gesagt, was Wert hätte." Seine „langsam wachsenden Gedanken" stünden im Gegensatz zu seinem feurigen Temperament und seiner lebhaften, unbändigen Leidenschaft, die sich in seinem Blick wiederfinden: „Ich hatte einen hübschen Fuß, ein feines Bein, eine ungezwungene Miene, ein belebtes Gesicht, einen kleinen Mund, schwarze Augenbrauen und Haare, kleine und sogar tief liegende Augen, die jedoch das Feuer, von dem mein Blut entzündet war, kraftvoll erstrahlen ließen."

Rousseau ist ein schwieriger und widersprüchlicher Charakter. Einerseits schreibt er ein revolutionäres Werk über die Erziehung, andererseits schiebt er alle fünf Kinder, die er mit Thérèse zeugt, nach ihrer Geburt ins Findelhaus ab. Im *Emile* tritt er für eine behutsame Förderung der Kinder ein, anstelle von Zucht und Zwang. Immer wieder finden sich darin auch Hinweise auf Rousseaus Ernährungslehre. Der ideale Mensch würde Rohkost dem Fleisch vorziehen, nicht nur wegen der Gesundheit, auch wegen der Charakterbildung. Fleischesser seien „grausamer und blutrünstiger": „Die Barbarei der Engländer ist bekannt." Man könne sich ein Vorbild an den Kindern nehmen, deren Geschmack noch unverfälscht und natürlich sei und die instinktiv nach dem Schmackhaftesten greifen, was wiederum als das Gesündeste gelte. Maßloser Appetit entstünde durch Regeln, die wider der Natur sind: „Durch ständiges Verordnen, Vorschreiben, Hinzufügen und Wegnehmen leben wir mit der Waage in der Hand. Aber diese Waage ist nach unseren Launen geeicht und nicht nach unserem Magen." Bei Bauern sei der Brotschrank immer offen und dennoch kennten sie keine Verdauungsbeschwerden. Das ländliche Mahl ist für Rousseau das Nonplusultra: „Ein langer Zug fröhlicher Gäste trägt singend herbei, was zum Essen gehört: der Rasen ist Tisch und Stuhl zugleich, der Brunnen dient als Anrichte und der Nachtisch hängt an den Bäumen." Sein Wohn-Ideal: Ein Hof als Hühnerstall, ein „Marstall" (Pferdestall) für Kühe, die Rousseau für seine „geliebten Milchspeisen" wünscht, der Garten als Anbaufläche für Gemüse und der Park als Obstgarten.

An seiner Tafel hätte eine aufwendige Dekoration und edles Geschirr, wie sie in den besseren Häusern der Städte zu finden sind, keinen Platz: „In meinem Tischgerät und im Schmuck meiner Wohnung würde ich durch ganz einfache Ornamente die Verschiedenheit der Jahreszeiten nachbilden und jeder all ihre Freuden abgewinnen …" Vehement lehnt er alles ab, was nicht der Saison entspricht: „Unter großen Kosten gelingt es dem oder jenem reichen Pariser, das ganze Jahr über auf seiner Tafel schlechtes Gemüse und schlechtes Obst aus seinen geheizten Treibhäusern zu haben. Wozu brauche ich mitten im Winter Kirschen und goldgelbe Melonen, wenn mein Gaumen weder Feuchtigkeit noch Erfrischung nötig hat?"

Der schottische Schriftsteller James Boswell, einer jener Besucher, die es schaffen, vom damals 52-jährigen Rousseau in Môtiers zum Mittagessen eingeladen zu werden, gibt eine detaillierte Beschreibung des gemeinsamen Mahls. Gegessen wird in der Küche, die sauber und hell ist. „Es war alles sehr sinnig. Da hatte ich nun Rousseau in seiner ganzen Schlichtheit … der Kaftan und die Schlafmütze gaben ihm etwas Gemütliches." Es ist laut Boswell ein gutes Mahl, bei dem es zwanglos zugeht. Es gibt „1. Ein Teller ausgezeichneter Suppe. 2. Rindfleisch und Kalbfleisch, gekocht. 3. Kohl, Steckrüben und Möhren. 4. Kalter Schweinebraten. 5. Marinierte Forelle, die er spaßeshalber als Zunge bezeichnete. 6. Ein Plättchen, an das ich mich nicht mehr genau erinnere. Als Nachtisch gab es entkernte Birnen und Kastanien. Dazu tranken wir roten und weißen Wein."

Wenn Boswell zu förmlich wird und dem Philosophen etwas von einer Platte reichen will, bekommt er von ihm zu hören: „Nein, ich kann mich selber bedienen." Wenn umgekehrt Boswell den Philosophen um etwas bittet, hört er: „Ist Ihr Arm nicht lang genug?" Jean-Jacques Rousseau lässt den jungen Bewunderer auch wissen, dass er auf Bücher nicht viel gäbe. Auf die Frage, wie es mit seinen eigenen stünde, winkt Rousseau ab und meint nur lapidar: „Ach, das ist alles bloß Gefasel."

Menü

Rousseau verehrte das Landleben und frugale Kost. Seinem Feinschmeckerideal entsprechend sei ein Picknick im Grünen vorgeschlagen, das mit einer kleinen Wanderung einhergeht. Die Ausstattung darf bescheiden sein, es genügen eine Decke und ein Korb, gefüllt mit seiner geliebten Sauermilch und knusprigem Monferrina-Brot oder Ciabatta. Aber es können dazu auch Käse, Geräuchertes, saisonales Obst, Esskastanien und Rotwein mitgenommen werden. Man kann beliebig variieren, doch das Mitgebrachte sollten schlichte Produkte sein.

Wichtig ist Rousseau die Zwanglosigkeit, ob auf dem Tisch oder auf dem Rasen. Der Appetit geht vor, übertrieben höfliches Benehmen dem anderen gegenüber oder, wie er es nennt, „Umstandskrämerei" ist unangebracht. Sein Tipp: „Jeder denkt unbefangen zuerst an sich selbst und findet es richtig, dass es der andere genauso macht. Aus dieser herzlichen und maßvollen Vertraulichkeit entstünde ohne Ungezogenheit, ohne Falschheit und ohne Zwang ein herzhaftes Geplänkel, das hundertmal reizender wäre und die Herzen einander näher brächte als jede Salonliteratur." Die entsprechende Unterhaltung kommt so also von ganz allein. Zur musikalischen Untermalung braucht es keine Komposition von Rousseau, ein rauschendes Bächlein, zwitschernde Vögel oder das Summen der Bienen ist völlig ausreichend.

„Gut Essen und Trinken ist die wahre Metaphysik des Lebens":
Am Mittagstisch mit Immanuel Kant

„Die Suppe ist auf dem Tisch." Mit immer demselben Satz und zur immer selben Zeit wurde im Junggesellenhaushalt Kant jeden Mittag zum Essen gerufen. Punkt ein Uhr führte der Hausdiener Lampe die bunt gemischte Gästeschar ins Speisezimmer des damals schon berühmten Denkers, denn „allein zu essen ist für einen philosophierenden Gelehrten ungesund."

Kant war seit fünf Uhr morgens wach, hatte bereits geschrieben, seine Forschungen getrieben und unterrichtet. Im Magen hatte er bis auf zwei Tassen leichten Tees, die er zum Frühstück zusammen mit einem „Pfeifchen" genossen hatte, noch nichts. Es war also an der Zeit, sich eine opulente, dabei aber ausgeklügelte Mahlzeit zu gönnen, die auch die einzige des Tages bleiben sollte, denn ebenso wie das Frühstück ließ Kant auch das Abendessen aus. Das Mittagsmahl wurde dafür aber zelebriert. Drei, ja vier Stunden konnte es dauern, weil es immer und unbedingt von einem anregenden und lebhaften Tischgespräch begleitet sein musste. Dafür sorgte Kant, indem er an der Tafel viele verschiedene Meinungen aufeinander treffen ließ. Neben seinem besten Freund, dem englischen Kaufmann Joseph Green, lud  er deshalb auch Ärzte, Geistliche, Studenten und nur einige wenige auserwählte Kollegen von der Königsberger Universität ein. Die meisten von ihnen waren ihm nämlich wegen ihrer „Gelehrtenpedanterie" zuwider. „Professores sind stehende

Wasser, die faul werden", vertraute Kant einmal hinter vorgehaltener Hand einem Freund an.

Die Mahlzeit bestand gewöhnlich aus drei Gängen: „Die erste Schüssel enthielt jederzeit eine Fleisch-, größtenteils Kalbssuppe mit Reis, Graupen (Rollgerste) oder Haarnudeln. Er hatte die Gewohnheit, auf seinen Teller noch Semmel zur Suppe zu schneiden, um sie dadurch desto bündiger zu machen."

Kant mochte es nicht, wenn man wenig aß und „hielt es für Ziererei. Der erste in der Schüssel war ihm der angenehmste Gast; denn desto eher kam die Reihe an ihn zum Zulangen." Kein Wunder, dass der Hausherr ungeduldig war, hatte er zu diesem Zeitpunkt doch seit bald 24 Stunden nichts mehr gegessen und dementsprechend großen Hunger.

Kant gilt als einer der großen Aufklärer, als einer der bahnbrechendsten Denker der gesamten Philosophiegeschichte, aber auch als einer der am schwersten verständlichen. Sogar wohlmeinende Freunde wie Theodor Gottlieb Hippel, Kriminaldirektor und Oberbürgermeister von Königsberg, konnten mit seinen Büchern wenig bis nichts anfangen: „Eine Dunkelheit darin, die ihres gleichen sucht! Mir ist's zu hoch und so etwas auszuklauben, was kann es helfen?"

Vor allem seine drei Hauptwerke, die *Kritik der reinen Vernunft*, die *Kritik der praktischen Vernunft* und die *Kritik der Urteilskraft* haben deshalb bei unzähligen nachfolgenden Philosophen für schlaflose Nächte gesorgt. Kant hatte darin keinen Stein auf dem anderen gelassen. So sicher scheinende Begriffe wie das Ich, Gott und die Welt wurden mit einer radikalen Skepsis belegt. „Das Ich ist eine gänzlich leere Vorstellung", heißt es da, weil es nichts weiter ist als dauernd wechselnde Gedanken und damit im ständigen Fluss. Der neue Urgrund des menschlichen Seins waren für Kant Vernunft und Verstand, die allen Erscheinungen ihren Platz gaben. Und damit Ordnung, aber auch Gerechtigkeit und Freiheit schaffen konnten. „Habe Mut, dich deines eigenen Verstandes zu bedienen", forderte

Kant seine Leser auf. Er wollte den Menschen aus einem alteingesessenen Autoritätsglauben befreien und in eine Mündigkeit führen, wie er sie auch für sich selbst erkämpft hatte. So abstrakt und weltfremd seine Bücher auch sein mochten, unterm Strich ging es Kant um zwei ganz konkrete und praktische Ziele, nämlich die moralische und körperliche Gesundheit des Menschen.

Wo die Vernunft so hoch gehalten wurde, standen Stimmungen und Gefühle natürlich nicht sehr hoch im Kurs. Für Kant waren sie unvorhersagbar und unsinnig, dumm und selten nützlich und ließen den Menschen in seinem Befinden „wie in einem Mückenschwarm bald hiehin bald dahin" springen.

Die Ablehnung alles Emotionalen führte auch dazu, dass er der Musik sehr skeptisch gegenüberstand: „Er selbst spielte kein Instrument, auch riet er keinem, der sich den Wissenschaften widmete, zur Musik an, weil man durch sie zu leicht von wissenschaftlichen Beschäftigungen abgehalten würde."

Seine schulische Ausbildung hatte Kant am königlichen Collegium Fridericianum genossen oder besser erlitten. Acht Jahre lang besuchte er diese Akademie, von morgens um sieben bis nachmittags um vier, das ganze sechs Tage die Woche, wobei es keine Ferien gab. Als „Jugendsklaverei" bezeichnete er später diese rigorose Erziehung, die alle kreativen Energien zu ersticken versuchte. „In der Schule herrscht ein Zwang der Regeln. Das benimmt den Menschen oft aller Kühnheit selbst zu denken und verdirbt die Genies."

Nicht, dass Kant etwas gegen Regeln hatte, nur durften die nicht von außen kommen. Mittels der eigenen Vernunft sollte man herausfinden, durch welche Maßnahmen Körperkraft und Wohlbefinden gesteigert werden könnten. Dann allerdings galt es, diese auch diszipliniert und rigoros einzuhalten, denn die Schonung der Kräfte und Gefühle hielt er für „Verzärtelung", die „Schwäche und Kraftlosigkeit" und „ein allmähliches Erlöschen der Lebenskraft" zur Folge hat. Zu seinen Gewohnheiten zählten eiskalte Waschungen von Kopf, Füßen und Brust; wenig Schlaf: Kant schlief täglich sieben Stunden lang. Er ging um zehn Uhr abends zu Bett und stand um fünf Uhr morgens auf, nachdem ihn sein Diener Lampe geweckt hatte. Untertags legte er sich niemals hin: „Das Bett ist das Nest einer Menge von Krankheiten." Bei seltenen Anfällen von Schlaflosigkeit half Kant das gebetsmühlenartige Rezitieren des Namens „Cicero"; viel Bewegung in Form täglicher Spaziergänge, bei jedem Wetter und zu jeder Jahreszeit. Dabei sollte aber das Schwitzen vermieden werden. Selbst über das richtige Gehen hatte sich Kant den Kopf zerbrochen. Für Straßenglätte, so berichtet ein Freund, der ihn hin und wieder auf seinen Spaziergängen begleitete, hatte Kant einen eigenen „Trampelgang" entwickelt: „Er hob die Füße auf und machte äußerst kleine Schritte ... welches er, so wie seine übrigen Rathschläge ... allen dringend empfahl"; auch das damals unübliche Atmen durch die Nase, um Husten und Schnupfen zu verhindern.

Was auch immer der Grund war, Kant wurde jedenfalls für damalige Verhältnisse unglaubliche achtzig Jahre alt, was er durch und durch „als sein eigenes Werk; ja als ein Kunststück" betrachtete. Er hatte dem Leben jedes einzelne Jahr mit eisernem Willen abtrotzen müssen, denn der schmächtige und anfangs hypochondrische Mann war, wie er selbst erzählte, mit einer schwächlichen Konstitution geschlagen: „Ich habe wegen meiner flachen und engen Brust, die für die Bewegung des Herzens und der Lunge wenig Spielraum lässt, eine natürliche Anlage zur Hypochondrie, welche in früheren Jahren bis an den Überdruss des Lebens grenzte." Kant ließ sich von seinen Leiden jedoch nicht unterkriegen, sondern ignorierte sie einfach: „Über ihren Einfluss auf meine Gedanken und Handlungen bin ich Meister geworden durch Abkehrung der Aufmerksamkeit von diesem Gefühle, als ob es mich gar nichts anginge." Was zur Folge hatte, dass er sich mitunter zwar „in der Brust beklommen fühlte, im Kopf jedoch Ruhe und Heiterkeit herrschte."

Schon früh gehörte es zu seinen großen Vorhaben, alt zu werden. Er entwickelte einen richtiggehenden Ehrgeiz darin, verglich sein Alter mit dem der anderen älteren Männer aus den höhern Ständen in Königsberg und ließ sich viele Jahre hindurch von dem Königsbergschen Polizeidirektor die monatlichen Sterbelisten bringen, um danach die Wahrscheinlichkeit seiner eigenen Lebensdauer zu berechnen. „Merkwürdig ist es, dass er bei der Angabe seines Alters nie das Jahr nannte, in welchem er lebte, sondern das bevorstehende, in welches er den künftigen zweiundzwanzigsten April treten würde", berichtet ein Zeitgenosse.

Wie später auch Nietzsche, beobachtete Kant ungeheuer sensibel den Einfluss äußerer Phänomene auf sein Befinden. Als er einmal, schon jenseits der 70, unter „Kopfbedrückung" litt, die seine Konzentration erschwerte, führte er es auf eine erhöhte Luftelektrizität zurück, an der damals auch ungewöhnlich viele Katzen gestorben sein sollen.

Damit aber zurück an den Tisch und zum zweiten Gang. Der musste, so berichtet Johann Gottfried Sasse, Professor für morgenländische Sprachen und zweimal wöchentlich zu Gast bei Kant, eines „seiner Leib-Gerichte sein (fast jeden Tag in der Woche dasselbe) und davon aß er, bis auf die letzte Zeit, so stark und viel, dass er sich, wie er sagte, den Bauch davon füllte."

Kant war nicht nur ein großzügiger, sondern auch ein äußerst unterhaltsamer Gastgeber und ganz und gar nicht der dunkle Denker und weltfremde Eigenbrötler, als der er in seinen Schriften erscheint. Menschenfeind wurde er nur, wenn man ihn von der Arbeit abhielt. Eine dauerhafte Beziehung war für ihn aus diesem Grund undenkbar, wie einer seiner Freunde bestätigte: „Kant war nämlich misogyn ... er hatte keine günstige Meinung von dem Glück des Ehestandes und von der Gabe des Weibes, dem Manne, wenn sie will, Blumen auf den Pfad seines Lebens zu streuen."

Auch sonst bedeuteten ihm familiäre Bande nichts. So soll er mit seiner Schwester, die auch in Königsberg lebte, 25 Jahre lang kein Wort gewechselt haben. Was für ihn zählte, war der illustre Freundeskreis, den er zum Mittagessen um sich sammelte.

In frühen Jahren traf man sich dazu im Gasthaus, später lud er die Freunde zu sich zum Mittagsmahl in sein Haus ein. Seine Tischgesellschaft wählte er dabei nach zwei Kriterien. Zum einen wollte er, wie eingangs erwähnt, bei den Diskussionen recht viele verschiedene Meinungen beisammen haben.

Zum anderen hatte er gerne wesentlich jüngere Männer um sich, damit mehr Lebhaftigkeit und Laune bei Tisch herrschte und die Gefahr geringer war, dass ihm die so gewonnenen Tischfreunde bald wegstarben.

Um ein lebendiges Tischgespräch zu gewährleisten, durfte die Zahl der Geladenen nicht zu klein und nicht zu groß sein. Es wäre nicht Kant, hätte es nicht auch dafür feste Regeln gegeben. Nicht größer als die Anzahl der Musen und nicht kleiner als die der Grazien solle die Tischgesellschaft sein. Kant wahrte eben auch hier die goldene Mitte und besaß deshalb in seinem Haushalt lebenslang nur sechs Gedecke. Der Redefluss während der Mahlzeit war so gewährleistet, denn Kant „duldete keine Windstille, mit welchem Namen er die etwaigen Augenblicke benannte, in denen das Gespräch minder lebhaft war."

Er selbst begeisterte seine Gäste mit „Witz und Laune". Was, wie bei Kant nicht anders zu erwarten, einen vernünftigen Grund hatte. Führte das Lachen doch zu einer „Schwingung der Muskeln, die zur Verdauung gehören, welche diese weit besser befördert, als es die Weisheit des Arztes tun würde."

Kein Thema gab es, bei dem Kant nicht mitreden konnte: „Sein Geist schließet sich ebenso leicht an die abstraktesten Wahrheiten an, als an die alltäglichste Unterhaltung. Keine Dame ist eine größere Kennerin, als er Kenner von Blonden, Muslinen, Boussanten, Hauben, Halstüchern und Spencern." Als Mann mit Geschmack hatte Kant viel für Fragen der Kleidung übrig. Sein Grundsatz war: „Man muss lieber ein Narr in der Mode, als außer der Mode sein."

Neben Modefragen interessierte den strengen Denker seltsamerweise auch die Esoterik. Inspiriert vom schwedischen Geisterseher Emanuel von Swedenborg, der damals wegen seiner Gespräche mit Verstorbenen in aller Munde war, unterhielt sich Kant auch viel und gern über Geister. In jüngeren Jahren suchte er sogar den direkten Kontakt mit ihnen und verfasste einen *Wahrheitsgetreuen Bericht über meine Reise in den Himmel*. Ebenso gern dachte er laut über die Existenz von Außerirdischen nach und über deren körperliche und geistige Beschaffenheit. Je weiter weg ihr Planet von der Sonne liege, meinte Kant, desto weniger seien sie deren Schwerkraft unterworfen und desto leichter und elastischer seien dementsprechend ihre Körper, aber auch ihr Denken.

Die Gefahr, in unwissenschaftliche Sphären abzuschweifen, war ihm dabei sehr wohl bewusst, aber genau um das Ausloten dieser Grenze ging es dem Allrounder aus Königsberg: „Wer zeiget uns …, wo die gegründete Wahrscheinlichkeit aufhöret, und die willkürlichen Erdichtungen anheben?"

Ein anderes beliebtes Thema Kants am Mittagstisch waren fremde Länder und Kulturen. Obwohl Kant Zeit seines Lebens nicht viel aus Königsberg hinauskam und nie eine weite Reise unternahm, besaß er dennoch ein weit reichendes geografisches Wissen, so „dass ihn einst ein von China kommender Reisender, als er ihn in einer Gesellschaft über dieses Land sprechen hörte, fragte, wie lange der Professor schon aus China zurück wäre."

Kant war damals übrigens bei Weitem nicht der Einzige, der sich Gedanken über seine Ernährung machte. Gesundheit war damals generell ein großes Thema, das einen überragenden Wortführer hatte. Der hieß Christoph Wilhelm Hufeland, war „Leibmedicus" in Weimar und zählte Goethe, Schiller, Herder und Wieland zu seinen Patienten. Außerdem stand er mit Samuel Hahnemann, dem Begründer der Homöopathie, in engem Kontakt. 1796 brachte Hufeland sein Buch *Die Kunst, das menschliche Leben zu verlängern. Makrobiotik* heraus, das sich rasch zu einem Bestseller entwickelte. Von den alten Ägyptern über die Griechen und das Mittelalter bis in seine Gegenwart hinauf suchte er nach Menschen, die ein besonders hohes Lebensalter erreicht hatten, und verglich deren Geschlecht und Berufe, das Klima, in dem sie gelebt hatten und deren Alltag. So erzählt er von einem Dänen, der bis in sein 91. Lebensjahr als Matrose gedient und 15 Jahre seines Lebens in türkischer Sklaverei zugebracht hatte. Mit 111 nahm er endlich eine sechzigjährige Frau, die ihm aber bald starb. Mit 130 „verliebte er sich noch in ein junges Bauernmädchen, die aber, wie man wohl denken kann, seinen Antrag ausschlug." Er starb schließlich mit 146.

Wer ein ebenso hohes Alter erreichen wollte, dem riet Hufeland zu einem gemäßigten Liebesleben und zum Umzug aufs Land, weil in den Städten durch das Zusammenleben so vieler Menschen die Atemluft nie frisch sei und es deshalb zu einer schleichenden Vergiftung käme. Außerdem brächte die dortige „luxuriöse Lebensart, die Sittenlosigkeit, die Umkehrung der natürlichen Lebensordnung, aus Nacht Tag und aus Tag Nacht zu machen" ein Steigen der Sterblichkeit mit sich.

Stattdessen riet er zur ausreichenden Nachtruhe – „… niemand sollte unter sechs und niemand über acht Stunden schlafen" –, zu körperlicher Bewegung und Reinlichkeit und zu einer „Mäßigkeit im Essen." Die Nahrungsmittel klassifizierte er genauestens und beschrieb ihre Wirkungen: „Zwiebeln und Meerrettich haben blähende Eigenschaften und können Hypochondristen zur Verzweiflung bringen … der Genuss der rohen Fleischkost passt nur für Tiere und unkultivierte Menschen … und überdies macht der Genuss … grausamer, blutgieriger … Seefische sind nahrhafter als Fische aus süßem Wasser …"

Kant hatte Hufelands Buch nicht nur mit großer Begeisterung gelesen, sondern auch einen eigenen Kommentar zu dem Werk verfasst. Mit sehr persönlichen Beobachtungen, „die ich hierüber an mir selbst zu diesem Behuf in Absicht auf Diät gemacht habe." Später wollte Kant sie erweitern und zu einer „Kritik der kulinarischen Vernunft" ausarbeiten. Wozu es aber nicht kommen sollte.

Aber der erwähnte Kommentar, verfasst als „Ein Antwortschreiben an Herrn Hofrat und Professor Hufeland" war ausführlich genug, um Einblick in Kants ganz persönliche Diätetik zu geben. Jedem Alter seine besonderen Maßnahmen, meinte er da. Der Jugendliche und Gesunde solle einfach essen und trinken, wenn der Appetit kommt. Im Alter gelte aber der Grundsatz, einer Angewohnheit treu zu bleiben, „nämlich, wie man es einen Tag gehalten hat, es eben so alle Tage zu halten." Hier erfährt man auch, warum Kant im Alter nur eine Mahlzeit pro Tag zu sich nahm. Weil, so meinte er, die Verdauung langsamer ablaufe und es „der Gesundheit nachteilig werden müsse", wenn man eine Mahlzeit zu sich nehme, obwohl „das erstere Stadium der Verdauung noch nicht abgelaufen ist." Des Hungergefühls am Abend könne man, so Kant, ohne weiteres durch einen festen Vorsatz „Meister werden".

Aber nicht nur Kant führte über sein Leben genau Buch, auch seine Freunde und Bekannte schrieben genau mit, was Kant sagte oder tat. Mit gutem Grund, galt dieser doch schon damals als sagenumwobenes Genie, dessen Leben sich gewinnbringend vermarkten ließ. Und tatsächlich kamen bereits in Kants Todesjahr 1804 eine ganze Reihe von Büchern über den geheimnisumwitterten Denker heraus. So sind wir bis ins Detail über Kants Alltag informiert und wissen auch, dass Kabeljau zu seinen absoluten Lieblingsspeisen zählte. Kants Freund Reinhold Bernhard Jachmann notierte dazu: „Er versicherte mich eines Tages, als er schon völlig gesättigt war, dass er noch mit vielem Appetit einen tiefen Teller mit Kabeljau zu sich nehmen könnte."

Kant waren äußere Zwänge zuwider und die Freiheiten, die er für sich selbst forderte, gestand er deshalb auch anderen zu. So lud er seine Freunde immer „erst am Morgen desselben Tages" zum Essen ein, „weil er dann sicher zu sein glaubte, dass sie so spät kein anderes Engagement mehr bekommen würden ... Ich bleibe gern zuletzt, sprach der liebenswürdige bescheidene Mann, denn ich will nicht, dass meine Freunde, die so gut sind, mit mir vorlieb zu nehmen, meiner Einladung wegen irgendeine Aufopferung machen."

Aber zurück zum Speiseplan und damit zu einer von Kants Leibspeisen, den „durchgeschlagenen Hülsenfrüchten", also pürierte Bohnen oder Erbsen, die er, heftig deftig, gerne mit „Schweinsklauen" aß. Die pürierten Erbsen mit Schweinsklauen waren übrigens keine Ausnahme. Denn auch sonst kam gerne Deftiges auf den Tisch. So gehörten „getrocknete Pasternack (Pastinake; karottenähnliche Rübenart mit süßlich-würzigem Geschmack) mit geräuchertem Bauchspeck" zu den regelmäßig aufgetragenen Speisen. Überhaupt fällt die Bodenständigkeit der Kantschen Küche auf, womit der Philosoph im Trend der Zeit gelegen sein dürfte. Der französische „Küchenrevolutionär" Menon hatte nämlich schon 1746 mit seinem *La cuisinière bourgeoise* (Die bürgerliche Küche) seine „Nouvelle Cuisine" begründet. Exotische Gewürze, die lange Zeit aus Statusgründen in den Gerichten der Bürgerschaft nicht fehlen durften, kamen jetzt immer weniger zum Einsatz. Dafür wurden verstärkt einheimische Kräuter verwendet. In der neuen Philosophie des Kochens ging es nicht um einen mehr prestigeträchtigen als wohlschmeckenden exotischen Geschmackswirrwarr, sondern um eine „harmonische Abstimmung der Gerichte."

Von opulenten Mahlzeiten hatte der junge Kant übrigens nur träumen können. Als Sohn eines einfachen Handwerksmeisters, der Lederriemen für Pferde und Kutschen herstellte, musste sich Kant in seiner Studentenzeit selbst um seinen Lebensunterhalt kümmern. Dabei half ihm sein Geschick beim Billard. Das wurde damals oft und gerne um Geld gespielt und so kam Kant eine ganze Zeit lang über die Runden.

Sparsamkeit blieb deshalb auch bis ins hohe Alter ein Charaktermerkmal Kants, was beim Essen aber nicht zum Tragen kam. Nach der ohnehin üppigen Mittelspeise folgte als dritter Gang noch ein Braten, am liebsten Schopfbraten. Ein absolutes Muss zu dem Braten war für Kant englischer Senf, den er „selbst präparirte."

Der Fleischgenuss bereitete Kant mit zunehmendem Alter aber immer größere Probleme: „Das meiste Fleisch zerkaute er bloß, sog den Saft aus und legte das übrige auf den Teller zurück. Er suchte dies zwar durch Brotkrusten zu bedecken, aber er vermied dadurch doch nicht allen Übelstand. Überhaupt sah es auf und neben seinem Teller nicht so geschmackvoll aus, als man an seinem übrigen Betragen gewohnt war. Seine stumpfer werdenden Zähne gaben dazu wohl die meiste Veranlassung."

Bis kurz vor seinem Tod noch spielt das Essen für Kant eine große Rolle. In seinen tagebuchartigen Notizen der letzten Jahre finden sich unmittelbar nebeneinander philosophische Gedanken und Bemerkungen zum Speisenplan:

Raum und Zeit sind nicht Gegenstände
(der Wahrnehmung)
sondern subjective Formen
Mittwoch. Dicke Erbsen mit Schwein
Donnerstag Trocken Obst mit Pudding
Auch Göttinger Wurst von Nicolov.

Auch in den Briefen Kants rückte die Nahrung immer mehr in den Mittelpunkt: Johann Gottfried Karl Kiesewetter war einer der Letzten, der mit dem greisen Kant in Kontakt stand. Im allerletzten Briefwechsel der beiden geht es um Teltower Rüben, von denen Kiesewetter regelmäßig „ein Tönnchen" nach Königsberg schickte, weil sie Kant so gut schmeckten. Was die Getränke anbelangt, so berichtet Reinhold Bernhard Jachmann, Theologe und Schüler Kants, dass dieser nichts anderes trank als Wein und Wasser, meist einen „leichten roten Wein, gewöhnlich Medoc … Das Biertrinken nannte er ein Essen", weil es so sättigend sei, dass man sich dadurch den Appetit verderbe.

Die Mahlzeit endete ebenso üppig, wie sie begonnen hatte: „Butter und Käse machten für ihn noch einen wesentlichen

Nachtisch aus. Er aß ein feines, zweimal gebackenes Roggenbrot. Der Käse wurde öfters fein gerieben auf den Tisch gesetzt. Unter allen Käsesorten war ihm der englische am liebsten, aber nicht der rötliche, der ihm mit Moorrübensaft gefärbt zu sein und deshalb so leicht seinen Geschmack zu verändern schien, sondern der seltnere weiße." Manchmal wurde auch Kuchen serviert oder, „war's die Jahreszeit … auch Obst, meist aber gab es Pudding."

Kant liebte Kaffee, doch hielt er ihn des Ölgehalts wegen für schädlich und vermied ihn daher gänzlich. Dafür gönnte er sich ein anderes Laster, allerdings selten in Gesellschaft: „Kant führte gewöhnlich in zwei Dosen eine feinere und eine gröbere Sorte Schnupftobak bei sich, um damit nicht bloß nach Gefallen, sondern selbst nach einer gewissen Regel abwechseln zu können. Überhaupt liebte er den Schnupftobak sehr, hielt es aber doch nicht für schicklich, in seine Vorlesungen eine Dose mitzunehmen; daher er es denn auch nicht gerne sah, wenn seine nahe vor ihm sitzenden Zuhörer durch den öfteren Gebrauch des Tobaks seinen Appetit darnach erregten. Das Schnupftuch hatte er in seiner Studierstube nie bei sich, sondern auf einem entfernten Stuhle liegen, um dadurch bisweilen zum Aufstehen genötigt zu werden."

„Es ist gut." Ein zufriedener Seufzer, den Kant allerdings nicht nach einer Prise Schnupftabak oder am Mittagstisch fallen ließ, sondern auf seinem Sterbebett. Nach einem Schluck Wein in der Nacht auf den 12. Februar 1804.

Menü

Eine Mahlzeit im Zeichen Kants sollte zu Mittag stattfinden. Im Hintergrund spielt keine Musik, denn alle Aufmerksamkeit gehört dem Tischgespräch, das von einer sehr illustren und humorvollen Tischrunde bestritten wird. Den Nachmittag sollte man sich freihalten, denn vor drei Stunden sollte sich keiner vom Tisch erheben. Potenzielle Gäste sind Weitgereiste, Geisterseher und Privatgelehrte ohne wissenschaftliche Titel. Getrunken wird Wasser oder ein leichter Rotwein, meist ein Medoc.

Kalbssuppe

200 g Kalbsknochen mit Fleischresten vom hinteren Teil
100 g trockener Hefezopf (Milchbrod)
1 Sellerie
1 Petersilwurzel
1 Zwiebel
1 EL Butter
4 Eigelb
4 EL Rahm
Salbei
Muskatnuss

Kalbsknochen waschen, mit Salbei in kaltem Wasser zustellen. Die Brösel des trockenen Hefezopfs, Sellerie, Petersilwurzel und die Zwiebel dazugeben und kochen, bis das Fleisch gar ist. Die Suppe abseihen und mit geriebener Muskatnuss und ein wenig Butter verfeinern. Reis oder Rollgerste (Graupen) in die Suppe geben und mitkochen. Wer möchte, kann noch Eidotter und Rahm unterrühren. Falls als Einlage Haarnudeln erwünscht sind, genügt es, wenn diese auf dem Teller auf die Suppe warten.

Gebratener Kabeljau mit Kartoffelsud auf Feldsalat

500 g Filetstücke vom Kabeljau ohne Haut
2 TL Butterschmalz
1 Zweig Rosmarin
100 g Feldsalat
2 Scheiben Toastbrot
1 EL Butter
2 große Kartoffeln
2 Schalotten
½ Karotte

1 Stange Stangensellerie
½ Liter Suppe
1 dl Weißweinessig
1 dl Weißwein
2 dl Schlagobers
80 g Speck
1 dl Milch
Salz
Schwarzer Pfeffer

Den Kabeljau in vier gleich große Stücke schneiden, salzen und pfeffern und in einer Pfanne mit einem Teelöffel Butterschmalz und dem Rosmarin bei schwacher Hitze langsam glasig braten.

Für den Kartoffelsud die Kartoffeln, Schalotten, Karotte und Stangensellerie schälen und in kleine Würfel schneiden. In einem Topf mit einem Teelöffel Butterschmalz kurz anschwitzen lassen, dann mit der Suppe löschen und langsam gar kochen lassen. Mit Salz und Essig abschmecken.

Das Toastbrot entrinden, würfeln, knusprig braun rösten und anschließend auf Küchenpapier abtropfen lassen. In der noch heißen Pfanne den Feldsalat kurz anschwenken und mit den knusprigen Toastwürfeln vermischen.

Für die Specksauce den Speck fein würfeln, in einem Topf ohne Fett anbraten, anschließend mit Weißwein ablöschen, mit Schlagobers auffüllen und 15 Minuten ziehen lassen. Das Ganze durch ein Sieb gießen, salzen und kurz vor dem Servieren mit etwas Milch schaumig aufrühren.

Den Feldsalat mit den Croutons in der Tellermitte arrangieren, den Kartoffelsud darumgießen, den Kabeljau darauflegen und mit der schaumigen Specksauce beträufeln.

Vanillepudding mit Weinschaum

½ l Milch
30 g Zucker
1 Prise Salz
1 Vanilleschote
40 g Stärkemehl

2 Eier
70 g Zucker
¼ l Weißwein
½ Zitrone
1 EL Speisestärke

Die Milch zusammen mit dem Zucker (5 EL vorbehalten), der Prise Salz und der aufgeschnittenen Vanillestange zum Kochen bringen, anschließend mit der angerührten Speisestärke binden. Auskühlen lassen, dann den Eischnee unterheben, in Schalen verteilen.

Für die Weincreme den Weißwein, den vorbehaltenen Zucker, die Eidotter und den Saft der halben Zitrone verquirlen und auf kleiner Flamme unter ständigem Schlagen kurz aufkochen lassen. Den Schaum in den Dessertschalen über den Vanillepudding gießen und das Ganze abkühlen lassen.

„*Mit allen Sinnen sperrweit offen*": Der Selbstbeobachter Georg Christoph Lichtenberg beim Auskosten seines Lebens

„Die Speisen haben vermutlich einen sehr großen Einfluss auf den Zustand der Menschen …, der Wein äußert seinen Einfluss mehr sichtbarlich, die Speisen tun es langsamer, aber vielleicht ebenso gewiss, wer weiß, ob wir nicht einer gut gekochten Suppe die Luftpumpe und einer schlechten den Krieg oft zu verdanken haben."

Dass eine gute Mahlzeit den Geist beflügeln kann, ist ein Gedanke, der sich schon früh bei Georg Christoph Lichtenberg findet und gleich einen zentralen Punkt seiner Philosophie zum Ausdruck bringt: Dass Körper und Geist mehr miteinander zu tun haben und enger miteinander verbunden sind, als es damals, Ende des 18. Jahrhunderts, viele wahrhaben wollten.

„Denn", so meinte Lichtenberg, „hätte die Natur nicht gewollt, dass der Kopf den Forderungen des Unterleibs Gehör geben sollte, was hätte sie nötig gehabt, den Kopf an einen Unterleib anzuschließen. Dieser hätte sich, ohne eigentlich dasjenige zu tun, was man Sünde nennt, satt essen und sich satt paaren und jener … ohne Wein und Liebe von platonischen Räuschen und platonischen Entzückungen reden und singen und schwatzen können."

Der Geist steht aber nicht unter der Tyrannei des Körpers, vielmehr beeinflussen sich die beiden gegenseitig auf vielfältigste Art und Weise. Und um das Beste aus sich herauszuholen, um gesund zu bleiben und ein hohes Alter zu erreichen, gilt es, über dieses komplexe Verhältnis so viel wie möglich herauszufinden.

Durch die Beobachtung seiner Zeitgenossen etwa. So berichtete Lichtenberg von einem Francesco Hupazoli, der 115 Jahre alt geworden sei, mit fünf Frauen verheiratet war und fast 50 Kinder hatte: „Er trank nie etwas anderes als Wasser, rauchte keinen Tabak, aß wenig aber gut, besonders Wildbret und Früchte und … trank oft ganze Monate hindurch nichts als den Saft der Skorzoner Wurzel (Schwarzwurzel). Er wohnte nie einem Schmaus bei, um allzeit früh zu Abend zu essen und 1/2 Stunde nachher zu Bett gehen zu können … Im 100. Jahr wurden seine Haare wieder schwarz. Im 109. Jahr verlor er die Zähne, 4 Jahre nachher bekam er 2 neue."

Lichtenberg hatte sein Wissen aber nicht nur aus zweiter Hand. Vorrangig waren für ihn vielmehr Selbstbeobachtung und Selbstversuche, wobei die meisten diätetischer Natur waren: „Seit einigen Tagen lebe ich unter der Hypothese (denn ich lebe beständig unter einer), dass das Trinken bei Tisch schädlich ist, und befinde mich vortrefflich dabei. Hieran ist gewiss etwas Wahres. Denn ich habe noch von keiner Änderung in meiner Lebensart und von keiner Arznei so schnell und handgreiflich die gute Wirkung empfunden als hiervon."

Weil er gleichzeitig Beobachter und Beobachteter war, schrieb Lichtenberg von sich häufig in der dritten Person: „Höher als drei Gerichte des Mittags und zwei des Abends mit etwas Wein, und niedriger als täglich Kartoffeln, Äpfel, Brot und auch etwas Wein, hofft er nie zu kommen …, er ist noch allzeit krank geworden, wenn er einige Tage außer diesen Grenzen gelebt hat."

Derartige diätetische Erkenntnisse teilte er auch gerne mit seinen Freunden. Georg Forster, einem Teilnehmer der Cook-Expedition nach Ozeanien, gibt Lichtenberg ausführliche diätetische Ratschläge: „Essen Sie einmal so wenig, dass Sie … aufhören, wenn andere erst recht anfangen und des Abends etwa 8 Löffel voll Heringssalat oder etwas Sardellen mit Äpfeln, oder kalten gallertigen Bratensaft mit bloßem Brot, sollte es ihnen recht herzlich zu schmecken anfangen, so hören Sie ja auf ..., ich meine abgedeckt und hinausgetragen. Ich bin überzeugt, der größte Teil des menschlichen Geschlechts isst zwei Drittel mehr als es essen sollte, zumal die, die nicht im Schweiß ihres Angesichts, sondern in den ätherischen Verdampfungen ihres Nervensafts ihr Brot essen ... Von meiner Diät habe ich zuweilen so augenblickliche Hilfe gesehen, dass sich zuweilen sogar Stammbaum-Erweiterungstriebe ziemlich heftig einstellten, wo ich bloß Kräfte zum leidigen Lehrgeschäft verlangte."

Der strenge Diätetiker, den Lichtenberg hier gibt, war er aber bei weitem nicht: Tatsächlich schwankte er Zeit seines Lebens zwischen asketischer Zurückhaltung und ausschweifendem Hedonismus: „Ich esse allerlei durcheinander, fast aus Verzweiflung, und werde den Abend so äußerst elend, dass ich glaube, es wäre am letzten mit mir."

Und ein anderes Mal gesteht der vermeintliche Asket: „An Gesundheits-Chokolade mich krank getrunken."

Wenn Lichtenberg beim Essen Maß gehalten hat, dann auch häufig aus hedonistischen Gründen, denn „Schlankheit gefällt wegen des besseren Anschlusses im Beischlaf und der Mannigfaltigkeit der Bewegung."

Solche und ähnliche Einsichten vereinte Lichtenberg jedoch nicht in einer systematischen Philosophie, sondern er ließ diese schnappschussartigen Gedankensplitter wild vermischt nebeneinander stehen. Astronomische Entdeckungen finden sich da neben physikalischen Experimenten oder eben Alltagsbeobachtungen. Gesammelt finden sie sich zu Tausenden in seinen Notizheften, den so genannten *Sudelbüchern*. Diese oft nur einen Satz langen Ideenschnipsel entsprachen Lichtenbergs Art zu schreiben, denn längere Texte waren seine Sache nicht. Zwar spricht er immer wieder von Plänen für spätere Essays, Aufsätze oder Romane, nur wurde aus denen meist nichts: „Aufschieben war mein größter Fehler von je her!" Was aber nichts macht, sind seine „hingesudelten" Ideen doch meist so scharfsinnig, humorvoll und schräg hingedacht, dass sie sich selbst genügten. Selbst der ordnungsliebende Goethe sparte da nicht mit Komplimenten: „Ihm (Lichtenberg) stand eine ganze Welt von Wissen und Verhältnissen zu Gebote, um sie wie Karten zu mischen und nach Belieben schalkhaft auszuspielen."

Seine *Sudelbücher* führte Lichtenberg jedenfalls fast sein ganzes Leben hindurch – neben seiner Tätigkeit als Professor an der Universität von Göttingen, wo er seit 1770 neben der Philosophie hauptsächlich Physik unterrichtete. Als Naturwissenschaftler begeisterten ihn Blitze, er sammelte Berichte von Gewittern und entwarf Blitzableiter. Von diesen „Furchtableitern", wie er sie nannte, finden sich auch Skizzen in seinen Aufzeichnungen: Wie überdimensionale Vogelkäfige sahen sie aus und sollten um die Häuser herumgebaut werden.

Nach Göttingen war der Pfarrerssohn Lichtenberg schon zum Studieren gekommen. Mit einer Religiosität im Gepäck, die seinen aufklärerischen Geistes-Expeditionen nicht im Wege stand: „… ich danke es dem lieben Gott tausendmal, dass er mich zum Atheisten hat werden lassen."

Obwohl die Stadt damals mit ihren gerade mal 8000 Einwohnern verschwindend klein war, verfügte sie doch über gute internationale Beziehungen, weil ihr politischer Schirmherr, der Kurfürst von Hannover, gleichzeitig auch König von England war. Abgesehen von der hervorragenden Universität, die damals als ein Zentrum der gelehrten Welt galt, bot die Stadt aber wenig Abwechslung. Dementsprechend kritisch äußern sich auch die Durchreisenden. Von einer „hässlichen Stadt" ist da die Rede, von „abscheulichen" Straßen, von „rohen und tückischen" Bürgern und „hässlichen, plumpen" Mädchen. Und auch die örtliche Küche muss furchtbar gewesen sein, glaubt man dem Zeugnis eines Durchreisenden: „Die Kost ist ekelhaft und mir vergeht der Appetit, wenn ich mich zu Tisch begebe."

Der junge Professor Lichtenberg berichtet Ähnliches. Wie damals für Junggesellen ohne geführten Haushalt üblich, ließ er sich die Mahlzeiten von Speisewirten ins Haus liefern, was ihm und seinen Gästen nicht immer bekam: „Den andern Morgen befand ich mich überaus elend, wurde aber nach einem sehr heftigen Erbrechen hergestellt." Der Engländer, der mit ihm gespeist hatte, „habe sich müssen von der Reitbahn wegbegeben und breche sich oben abscheulich." Und das Mädchen, das die Reste der Mahlzeit abbekommen hatte, „war am übelsten weggekommen, sie bekam beim Aufstehen eine Ohnmacht und übergab sich hernach auch ebenso heftig." Bis zum Abend war Lichtenbergs Appetit aber wieder hergestellt, den er „auch gleich mit 8 Sardellen und Zwiebeln mit Essig und Baumöl (Olivenöl) stillte."

Auf zwei ausgedehnten Reisen nach England schaffte es Lichtenberg, diesen prekären kulinarischen Umständen zumindest vorübergehend zu entgehen. Dementsprechend sind gleich die ersten Einträge kulinarischen Themen gewidmet: „Colchester … ist von beträchtlicher Größe und voller Boutiquen, seine Austern sind durch das ganze Engelland bekannt, und werden täglich um die rechte Zeit auf den Tafeln der Großen gegessen, die Muschel an sich ist dünne und kaum halb so groß als die Göttingische, die Auster aber füllt das ganze Gehäuse aus und ist größer als die gemeine."

In London war er luxuriös in einem der Häuser des Lord Boston untergebracht, dessen beide Söhne Lichtenberg in Göttingen unterrichtet hatte. Was ihm anfangs auch durchaus behagte: „Ich … bewohne ein königliches Haus allein, trinke königlichen Rheinwein und kaue, wenigstens zwei Mal die Woche, mein königliches Roast Beef."

Zum luxuriösen Leben gehörten aber auch jede Menge gesellschaftlicher Verpflichtungen, denen er mehr und mehr zu entgehen versuchte, um ungestört die fremde Stadt durchstreifen zu können, denn ihn interessierte der Alltag der einfachen Bevölkerung mehr als jener der Aristokratie: „Ich wollte viel darum geben, wenn ich mit meiner Göttingischen Niedrigkeit in London leben könnte, so aber bin ich genötigt, mich täglich zweimal auf verschiedene Art anzukleiden, immer in großen

Gesellschaften zu sein und zu speisen, neue Lebensart kennen zu lernen, die ich jenseits der See nie brauchen werde und kann."

Er schaffte es dann aber doch immer wieder, den gesellschaftlichen Verpflichtungen zu entkommen und als einfacher Flaneur das Straßenleben zu beobachten. Mit „allen Sinnen sperrweit offen", schrieb er über Hundesteuer ebenso wie über Theaterbesuche, über Seiltänzer ebenso wie über den Teeausschank in Gasthäusern und einmal sogar über seinen Besuch im Irrenhaus von Bedlam, wo er Gesichter fand, die „mit den Sternen lächelten oder auf den Gesang der Engel horchten." Die Reisetagebücher sind zudem voll mit Skizzen, Werbezetteln und ausgeschnittenen Zeitungsartikeln.

Wenn er den Freunden daheim in Briefen vom Leben in der Metropole berichtete – London hatte damals bereits 800.000 Einwohner –, stand das Essen häufig im Vordergrund: „Ihr Leute wisst gar nicht, was das heißt, in London sein ... Man hat hier mehr zu tun. Des Morgens um 9 Uhr, wenn Ihr Dorfleute schon hungrig seid, stehen wir erst auf, alsdann geht uns die Anordnung des Frühstücks im Kopf herum, das um 10 herein kommt und um halb zwölf wieder hinausgetragen wird ... Um 4 Uhr rückt die Mittagessenzeit herbei ... Beim Mittagessen werdet Ihr doch nicht verlangen, dass man an Euch denkt, pfui, wer wird bei Roast Beef und englischen Gelées und Torte an Euch und Eure Mettwürste denken. Nach Tisch habe ich Tee einzuschenken und von da fahren wir zur Oper oder Komödie und um 11 Uhr essen wir zur Nacht."

Und noch etwas anderes spielte für unseren Körperfreund vom ersten Moment an eine ganz wesentliche Rolle: „Sobald man den Fuß in Engelland (sic!) setzt, so fällt ... so gleich in die Augen die außerordentliche Schönheit der Frauenzimmer und die Menge dieser Schönheiten, dieses nimmt immer je mehr und mehr zu je näher man London kommt. Wer sich von dieser Seite nicht recht sicher weiß, für den weiß ich nur ein einziges Mittel: Er gehe sogleich mit dem nächsten Paketboot nach Holland zurück, da ist er sicher." Seine Bewunderung für die Frauen, das ist für Lichtenberg, ebenso wie das Essen, kein triviales Thema, mit dem man sich verstecken müsste. Ganz im Gegenteil, besondere Schönheiten werden sogar im Sudelbuch festgehalten: „Kitty in der Alley in Pall Mall. Eines der schönsten Mädchen in England."

Begeistert ist er aber auch von den architektonischen Sensationen der damaligen Zeit, deren Besuch er angemessen zelebriert, wie er einem Freund humorvoll berichtet: „Am 6. Oktober morgens um 7 Uhr habe ich die Spitze von St. Pauls Kirche erklettert und auf Ihrer Frauenliebsten und Ihre Gesundheit getrunken. Ich habe alle meine Freunde, die mir einfielen, mit dem Glas in der Hand laut genannt ... 350 Fuß über die höchsten Häuser des unermesslichen London erhaben und unter mir die Themse mit ihren drei Brücken ..., Schiffe, Menschen, Kutschen und Häuser unzählbar." Zum Anstoßen hatte er extra aus einem „benachbarten Kaffeehaus Kirschbranntwein mitgenommen."

Der Alkohol war aber nicht nur in solchen Ausnahmefällen bei der Hand, auch bei den Mahlzeiten spielte er eine bedeutende Rolle. „Der Engländer speist simpel, sagt man, das ist wahr, man findet wenig zusammengesetzte Gerichte, aber der einfachen Dinge sind bei ihnen eine solche Menge, dass es Torheit sein würde, zusammenzusetzen. In ihren Weinen sind sie unerschöpflich. Man isst erstlich zu Mittag und denn wird zu Mittag getrunken ..., bei dem letzteren sind keine Frauenzimmer mehr ..., erstlich, damit sie die Staatsgeheimnisse der Männer nicht entwenden und zweitens, damit ihnen keine Geheimnisse entwendet werden."

Lichtenberg bekam nicht nur die honorige Gesellschaft, er bekam sogar den König selbst zu Gesicht. Empfangen wurde der damals schon berühmte Astronom in der königlichen Sternwarte, wo er gemeinsam mit dem Monarchen den Himmel beobachtete. Wie sich dabei herausstellte, war der König ein ebensolcher Spaßvogel wie der illustre Göttinger Professor.

Als nämlich Lichtenberg gerade durch das Fernrohr sah, hielt der König „aus Scherz seinen Hut vor das Objektiv Glas und da ich die Ursache der Verfinsterung nicht gleich entdeckte, so lachte er nicht wenig über meine Verwirrung."

Als neugieriger Aufklärer war Lichtenberg besonders hellhörig, wenn es um neue Trends und Moden ging, vor allem wenn sie die körperliche Gesundheit zum Ziel hatten. So besuchte er das englische Seebad Margate, wo er die „gesundesten Tage seines Lebens" verbrachte: „Der Anblick der Meereswogen, ihr Leuchten und das Rollen ihres Donners ... gegen welchen der hoch gepriesene Rheinfall wohl bloßer Waschbecken-Tumult ist ... Ein Spaziergang am Ufer des Meeres ..., wo die reinste Luft uns ... Esslust und Stärkung zuträgt."

Nach rund zwei Jahrhunderten Wasserscheu wurden Bäder jetzt langsam als gesundheitsförderlich erkannt. England war Vorreiter und Lichtenberg nahm sich fest vor, auch die Deutschen von den Vorteilen der neuen Mode zu überzeugen. Als Herausgeber des *Göttinger Taschenkalenders*, Vorläufer heutiger Illustrierten, wo sich Beiträge über das Leben der von Cook entdeckten Südseevölker ebenso finden wie diätetische Ratschläge oder Kupferstiche zu den neuesten Frisuren, veröffentlichte er dort die Streitschrift „Warum hat Deutschland noch kein großes öffentliches Seebad?" Wobei sich das Baden damals erheblich umständlicher gestaltete als heute. Schwimmen konnte damals noch kaum jemand, dazu zwangen rigide Verhaltensvorschriften zu besonderen Maßnahmen. So war es damals Sitte, sich von einem Badekarren, einer überdachten Kutsche, ins Wasser führen zu lassen. Dort konnte man, vor den Blicken der anderen geschützt, sein Badekostüm anziehen und sich dann im Schutz eines Vorzeltes, an ein Seil geklammert, kurz ins Wasser sinken lassen.

„Beim ersten Male wollte ich, um seinen eigenen Körper erst kennen zu lernen, raten, nur einmal unterzutauchen und dann sich anzukleiden und nie die Zeit zu überschreiten, da die angenehme Glut, die man beim Aussteigen empfinden muss, in Schauder übergeht."

Und Lichtenberg versucht seinen Lesern auch unbegründete Ängste zu nehmen, wie etwa die, von einem Fisch oder Wal verschluckt zu werden, wie einst der biblische Jona:

„Die Fische, die einen Propheten essen könnten, sind da so selten als die Propheten. Eher könnte man die dortigen Fische vor den Badegästen warnen. Seit jeher sind zwar die Fische dort ... gespeiset worden, es ist mir aber nicht bekannt, das je einer von ihnen das Kompliment erwidert hätte."

Ganz allgemein wird die Gesundheit in der zweiten Hälfte des 18. Jahrhunderts zum großen Thema. Dem Körper wird eine ganz neue Aufmerksamkeit zuteil, kleinste Unpässlichkeiten notiert und diskutiert man, Bücher zu Diätetik und Hygiene werden zu Bestsellern.

Dass sich Lichtenberg immer wieder eingehend mit seinem Körper beschäftigte, hatte aber noch einen anderen Grund. Infolge einer Rachitis im Kindesalter litt er nämlich unter einer seitlichen Verkrümmung der Brustwirbelsäule. Die Folge war eine Verdrehung des Brustkorbs, wodurch er vorne und hinten je einen Buckel hatte. Auf einer zeitgenössischen Karikatur ist er darüber hinaus mit ganz dünnen Beinen, dafür aber einem übergroßen Kopf dargestellt. Sein Aussehen quälte ihn und er versuchte seine Buckel, so gut es ging, zu verbergen. Wenn er im Hörsaal an der Tafel stand, „so drehte er seinen Rücken nie nach den Zuhörern hin ... Immer ging er, damit seine Zuhörer den Buckel nicht sehen sollten, von seiner Stube aus seitwärts in den anstoßenden Hörsaal, und ebenso ging er auch wieder heraus."

Sein Leiden hinderte ihn aber nicht daran, aufwendige Forschungen zu betreiben. Sein besonderes Steckenpferd war dabei die Elektrizität, „das elektrische Fluidum". Auf diesem Gebiet unternahm Lichtenberg die meisten Versuche: „Einen ganzen Winter, den von 1767 auf 68, habe ich wegelektrisiert." Und das häufig mit prominenten Gästen: Der Naturforscher

Alexander von Humboldt zählt zu Lichtenbergs Schülern; am 8. März 1777 besucht ihn Lessing und 1783 kommt Goethe auf ein Privatkolleg vorbei. Genaueres wissen wir vom Besuch des Alessandro Volta, des Erfinders der Batterie, und von den gemeinsamen „Versuchen mit der Luft-Elektrizität". Mit dem honorigen italienischen Gast ließ Lichtenberg die Wissenschaft fröhlich werden:

„Ich fragte ihn, ob er das leichteste Verfahren kenne, ein Glas ohne Luftpumpe luftleer zu machen. Als er sagte: Nein, so nahm ich ein Weinglas, das voll Luft war ... und goss es voll Wein ein. Er gestand nun, dass es luftleer sei und dann zeigte ich ihm das beste Verfahren, die Luft ohne Gewalt wieder zuzulassen und trank es aus. Der Versuch misslingt selten, wenn er gut angestellt wird. Er freute ihn nicht wenig und er wurde von uns allen mehrmals angestellt."

Dem Alkohol hat Lichtenberg Zeit seines Lebens zugesprochen, auch weil er von dessen positivem Einfluss auf die Denkarbeit überzeugt war: „Es sind wenige Dinge in der Welt, die eines Philosophen so würdig sind als die Flasche." Und an anderer Stelle sagt Lichtenberg auch, warum:

„Eine kleine Erhebung durch Wein ist den Sprüngen der Erfindung und dem Ausdruck günstig ... man muss zuweilen trinken, um den Ideen ... mehr Geschwindigkeit zu geben."

Und Lichtenberg zweifelte nicht daran, dass es anderen ähnlich ergangen war: „Unter den heiligsten Zeilen des Shakespeare wünschte ich, dass diejenigen einmal mit Rot erscheinen mögen, die wir einem zur glücklichen Stunde getrunkenen Glas Wein zu danken haben."

Lichtenbergs Problem war es aber, dass er nach dem einen inspirierenden Glas nur schwer aufhören konnte, wie seine Tagebucheintragungen belegen: „Bischof (eine Mischung aus Rotwein, Zucker und Orangensaft) getrunken. Ich den Abend Kopfweh"; „Morgens Diarrhoe, vermutlich vom gestrigen englischen Bier"; „Krambambuli (Wacholderschnaps). Kopfweh ... Colleg verschlafen. Abends mit Dietrich gepocht. Schellfisch.

Beständig Regen und gegen Abend Wind. Viel Bier getrunken", „Viel Bier vorige Nacht ... Mützenbrand!!", „Sehr elend im Unterleib vermutlich wegen des gestrigen 2erlei Weins und vielen Biertrinkens".

Doch ist er fast stolz auf seine Unvernunft und seinen oft leichtsinnigen und ungesunden Lebenswandel: „... das Vergnügen, das die genaue Bemerkung eines Fehlers an mir machte, war oft größer, als der Verdruss, den der Fehler selbst bei mir erweckte ... Der Himmel führt seine Heiligen wunderlich."

Wie wunderlich, darüber gibt Lichtenbergs Bericht von einem offiziellen Bankett Auskunft: „2 Gläser Portwein, 3 Gläser englisches Bier, 3 Gläser Rheinwein. Es wird immer schöner. Die Sonne sinkt und ich steige immer. Etliche Tassen Kaffee im Stehen und einige sehr lustige Unterredungen mit dem alten ehrlichen Kammerpräsidenten."

So angetan war Lichtenberg vom Alkohol und seinen Wirkungen, dass er sogar eine eigene Rauschlehre, die Methyologie (von griech. methyein, berauscht sein) oder Pinik (von griech. pínein, trinken) entwickeln wollte, in der das Trinken zum Saufen sich „ebenso verhält, wie die platonische Liebe zur tierischen". Herausgekommen ist dabei allerdings nur ein knapper, ironischer Text, den „launigen Roten Nasen" gewidmet, der hauptsächlich aus einer Sammlung von über 140 sprachlichen Ausdrücken für das Betrunkensein besteht. Daraus ein Auszug: „Er ist himmelhageldick ... Er hält einen Calenberger Bauern (für ihre roten Kittel bekannt) für eine Erdbeere ... Er ist toll und voll ... Er sieht zwo Sonnen ... Er ist pudelhageldick ... Er ist à tout ... Er ist sternblinddick ..."

Neben Wein und Bier wusste Lichtenberg auch Gebranntes zu schätzen. Aus Danzig ließ er sich das bis heute erhältliche Goldwasser liefern, einen klaren, würzig süßen Likör mit einem Alkoholgehalt von 40 Prozent, in dem Destillate von Kardamom, Koriander, Zitronenschalen, Wacholderbeeren, Kümmel, Lavendel und Zimt miteinander vermengt werden. Den

Namen erhielt dieser Gewürzbrand, von den kleinen Blattgoldflocken, die man ihm beimischt.

Im Oktober 1789 bricht beim 47-jährigen Lichtenberg allerdings die „große Krankheit" aus. Die Wirbeldeformation hatte zu Herz- und Lungenbeschwerden geführt, gefährliche Asthmaanfälle beginnen ihn zu plagen. „Ich weiß nicht, ob Ihnen bekannt geworden ist, dass gerade um die Zeit, ja fast an demselben Tage, da die Revolution in Frankreich ausbrach, eine höchst merkwürdige in meinem Körper und in meinem Hauswesen ausgebrochen ist. Ich habe mich verheiratet, und das ist die schöne Seite der Umwälzung, und wurde von einem asthmate convulsivo befallen, das mir über vier Wochen hintereinander fast täglich mit Ersticken drohte, das ist die hässliche."

Spät hat Lichtenberg also doch noch geheiratet. Allerdings keine „Professorenmamsell", keine der emanzipierten Töchter aus gutem Haus, die jetzt in der beginnenden Romantik mehr und mehr auf Selbständigkeit und Ausbildung pochten, sondern eine einfache Erdbeerverkäuferin, Margarete Elisabeth Kellner, die seit 1783 seine Geliebte und gerade mal 21 und damit fast halb so alt wie er war. Viele seiner Freunde und auch die Göttinger Gesellschaft missbilligten die ungleiche Beziehung, doch Lichtenberg wäre nicht Lichtenberg gewesen, hätte er um die Meinung der anderen großes Aufheben gemacht.

Damit lebte er nun in einem geregelten Hausstand, was sich auch positiv auf die Mahlzeiten auswirkte: „Abends aber lasse ich mir ... zuweilen etwas nach meinem Geschmack zubereiten, darunter ist auch saures Rindfleisch." Dabei handelt es sich um eine elegantere Variante des Sauerbratens, die am Tag nach der Zubereitung, kalt serviert, noch einmal besser schmeckte.

Ab und zu kam man auch in den Genuss exotischer Delikatessen. „Caviar ist der italienische Name einer Speise, die in Russland aus dem Rogen des Störs zubereitet wird, ein grüner Schleim, der auf geröstetem Brot mit Butter und Zitronensaft gegessen wird."

Die gründlich geführten Tagebücher der letzten zehn Lebensjahre geben über den Speiseplan quer durchs Jahr genaue Auskunft: „Ich trinke bei Tisch 3 Gläser Wein, esse Hecht und ein Kalbsmilch-Pastetchen. Abends 5 Gläser leichtes englisches Bier." So viel zu einer Mahlzeit im Januar.

Im März standen „ein Glas Burgunder ... um 7 Uhr Hecht und Sago-Suppe" auf dem Tisch. Im April gab es „Austern. Auerhahnspastete. Niersteiner (ein Rieslingwein)", im August Birnen und frischen Schafkäse und im Dezember „Hecht und Märksche Rüben". Zu seinen liebsten Süßspeisen zählt Heidelbeerkuchen, mit dem er sich einmal „einen Schnurrbart bis hinter die Ohren gefressen" hatte.

In einem Brief an einen Bekannten stellt er sein damaliges Leben ruhig und beschaulich dar: „Des morgens um 4 Uhr stehe ich auf und bin um 5 Uhr, wenn es die Witterung verstattet, schon im Garten, wo ich eine Schale Bouillon, die ich aus der Prinzen Küche erhalte, ausesse und eine Stunde nachher den Driburger Brunnen trinke. Um halb 9, wenn es heiß wird, gehe ich auf mein Zimmer, lese und gehe umher bis um halb 12. Dann fahre ich in die Stadt, esse da, präpariere mich auf mein Kollegium und lese von 4-5 vor gerade jetzt 106 Zuhörern, worunter 4 Grafen sind. Um 5 fahre ich in der Gegend umher und bin um 7 Uhr wieder auf dem Garten, wo ich etwas kalte Schale und Salat esse, lese und spaziere dann wieder und lege mich um 9 oder halb 10 zu Bett. Des Sonnabends und des Sonntags bin ich ganz auf dem Garten. Dieses hat geholfen, meine Heiterkeit kommt wieder, so wie Vergnügen an der Arbeit."

Im Garten erholte sich Lichtenberg nicht nur, dort wurden nicht nur Freunde zum Essen oder Kegeln empfangen, hier im Garten war man auch Selbstversorger: „... säte meine liebe Frau den Schnittkohl und die Spelz." Der Schnittkohl oder Scherkohl wurde gerne in der gemüsearmen Zeit im April und Mai gegessen. Der Spelz, ein anderer Name für den Dinkel, war im Mittelalter die wichtigste Getreideart im alemannischen Siedlungsraum und wurde für Brot, Brei und Teigwaren verwendet. Die unreif geerntete Ähre, als Grünkern bekannt, wurde auch für die Zubereitung von Suppen verwendet.

Was in den Tagebüchern jener Zeit jedoch spürbar wird: Die fortschreitende Krankheit führt zu einer immer genaueren, ja fast neurotischen Selbstbeobachtung, was Lichtenberg auch den Spitznamen „Kolumbus der Hypochondrie" eingebracht hat. Da werden dann ganz genau Harn und Verdauung beobachtet und diese kleinen Alltagsbeobachtungen neben die Eintragungen zur großen Politik gestellt, meist zur Revolution in Frankreich, die damals gerade die öffentlichen Debatten bestimmte. Dieses Nebeneinander entbehrt dann nicht einer gewissen Komik: „Morgens sehr rheumatisch und Diarrhoe, fürchterliche Nachrichten vom Könige von Frankreich, dass er im Turme sitzt und keine Kleider hat. Was will das werden!!" oder „Gewisse Nachricht, dass der König von Frankreich am 21ten enthauptet worden ist!! Luftpumpe auseinander. Dietrich isst mit uns seine Wildbraten und Pastetchen."

Außerdem ist von Butterbroten, Kegeln und immer wieder vom Liebesspiel die Rede, denn erotische Abenteuer, meist mit einer Hausangestellten, ziehen sich durch Lichtenbergs letzte Lebensjahre. Lichtenberg beginnt seine Geschlechtsakte penibel zu registrieren, zu nummerieren und zu bewerten. Auch zu Weihnachten: „Christtag. Morgens Ø (Symbol für Geschlechtsverkehr) 61. Welscher Hahn mit Gelee. Niersteiner und Markbrunner."

Und das ganze Jahr hindurch: „Gänse-Leber von Gotha. Ø 58.", „Ungarischen Wein Ø 57.",

„Etwas viel Keras (Branntwein). Morgens Ø 4.", „Etwas Keras. Baciamano della mano diabolica (übersetzt: „Küssen der teuflischen Hand"). Ø 11."

Aus Angst vor Entdeckung seiner Affären bekommen die Mädchen im Tagebuch Codenamen, heißen dann Düvel, devil und Satan, die Eintragungen dazu führt er oft in Englisch aus: „Abends etwas gedübelt", „Abends devil almost to the number", „Den Nachmittag devil sehr lang und sehr near it, so kömmt es nicht wieder" „Düvl's strongest pull on the bedside … Fastnacht. Abends Mettwurst und Spiegeleier. Nachmittags keinen Wein und keinen Kaffee. Der Abend vortrefflich heiter." Doch wechseln immer wieder Lust und Schuldgefühl, vor allem auch die Angst vor der Entdeckung oder einer ungewollten Schwangerschaft. Als bei der Geliebten endlich die Menstruation einsetzt, entkommt ihm dann auch ein Stoßseufzer ins Tagebuch: „Rot! Rot! Thanks to God Almighty."

Konservative Gemüter, die in dieser Zeit mit Lichtenberg zusammentrafen, wussten mit seiner ausschweifenden Art nichts anzufangen. Als ein Vertrauter Kants einige Tage bei Lichtenberg zu Besuch weilte, schrieb er dem peniblen Königsberger fast entsetzt: „Des Morgens stand er spät auf, gleich darauf trank er Kaffee, Spanischbitter und Wein. Zu Mittag wurde auch wieder Wein getrunken. Nachmittags wieder Wein und Likör, um sich immer munter zum Schreiben zu erhalten. Des Abends wurden viele Eierspeisen gegessen und die halbe Nacht durch gelesen oder geschrieben. Nie verließ er sein Zimmer oder genoss die frische Luft …"

Seinen Tod hat Lichtenberg kommen sehen. Gleich am Neujahrstag 1799 notiert er in seinem Tagebuch: „Es geht ans Leben dieses Jahr." Er ließ sich aber nicht aus der Ruhe bringen. Mit dem Tod hatte er sich schon lange auseinandergesetzt – auf seinem Schreibtisch lag ein Totenkopf und von seinem Fenster aus konnte er auf den Friedhof sehen, wo er sich kein Begräbnis entgehen ließ – und sah ihm deshalb furchtlos entgegen. Auf den Lippen ein Scherz und im Kopf eine letzte kleine Sünde ging er zur Ruh: „Weiter kann ich diesen Abend der Augen wegen nicht schreiben, und doch mag ich noch nicht zu Bette gehen, ich stecke mir also eine Pfeife an und lösche das Licht aus … Das Rauchen im Dunkeln ist wirklich eine angenehme Beschäftigung …, so denke ich, kommt es unmittelbar nach dem Küssen im Dunkeln, also gute Nacht …"

Menü

Das Essen findet im Kreis der Familie oder gemeinsam mit engen Freunden statt. Als Wein gibt es Hochheimer, ein schon damals bekannter und von Lichtenberg geschätzter Weißwein, der auch nach England exportiert und dort liebevoll Old Hog genannt wurde (vom Wein sollte genügend vorrätig sein). Musik läuft keine im Hintergrund. Als Gesprächsthemen bieten sich körperliche Beschwerden, Blitze und – im engen Freundeskreis – amouröse Anekdoten an.

Sagosuppe mit Eier-Gile

Suppe
60 g Sago
100 g geputzte Karotten
40 g geputzter Sellerie
1¼ l kräftige Rinderbouillon
Salz

Eier-Gile (Eierstich)
1 ganzes Ei
2 Eigelb
100 g Schlagobers
Salz und Muskat
30 g Margarine

Der Sago wird im kochenden Salzwasser gegart, bis die Körner klar und durchsichtig sind. Nun gießt man ihn auf ein Sieb und spült ihn unter fließendem Kaltwasser gut ab.

Karotten und Sellerie werden in sehr feine Würfel geschnitten und in der Kraftbrühe gegart. Anschließend wird der Sago dazugegeben, wonach alles noch einmal kurz erhitzt wird.

Für den Eierstich eine Form mit der Margarine einfetten. Zutaten verquirlen und in die Form gießen, diese mit Alufolie verschließen und im heißen Wasserbad in 20 Minuten stocken lassen.

Den Eierstich stürzen, in Rauten schneiden und in vorgewärmte Teller verteilen. Die heiße Suppe darübergießen.

Böfflamott (Boeuf à la mode) mit Kartoffelplätzchen

600 g Rindfleisch (Schulter)	½ TL frisch geriebenen Ingwer
½ l Rotwein	1 Zweig Rosmarin
2 EL Weinessig	15 g kalte Butter
100 g Sellerie	400 g Kartoffeln
150 g Schalotten	20 g Frühstücksspeck
100 g Karotten	1 Zwiebel
1 unbehandelte Zitrone	2 EL fein geschnittene Petersilie
2 Knoblauchzehen	1 Ei
2 EL Tomatenmark	1 EL Mehl
½ l Fleischbrühe	Salz, Pfeffer
5 Wacholderbeeren	Muskat
2 Lorbeerblätter	Zucker
1 Sternanis	Öl zum Anbraten
1 Zimtstange	

Das Rindfleisch in eine Marinade aus Rotwein und Essig einlegen und 2 Tage im Kühlschrank aufbewahren.

Sellerie, Schalotten und Karotten schälen und in 1 cm große Würfel schneiden. Die Zitrone waschen und ebenfalls würfeln, den Knoblauch schälen.

Das Fleisch aus der Marinade nehmen, abtropfen lassen, mit Salz und Pfeffer würzen und in heißem Öl rundherum braun anbraten. Marinade aufheben. Tomatenmark und Gemüsewürfel, Zitrone und Knoblauch zugeben und mit anrösten. Mit etwas Marinade ablöschen und diese einkochen lassen. Dann mit der restlichen Marinade und der Brühe auffüllen und im auf 160 Grad vorgeheizten Backofen 2 Stunden schmoren lassen. 20 Minuten vor Ende der Garzeit alle Gewürze, Ingwer und Rosmarin zugeben.

Anschließend das Fleisch herausnehmen und die Sauce passieren. Diese mit der kalten Butter aufmontieren und mit Salz, Pfeffer und Zucker abschmecken.

Kartoffelplätzchen: Kartoffeln schälen und in Salzwasser weich kochen. In der Zwischenzeit den Speck und die Zwiebel würfeln und zusammen anschwitzen. Die Kartoffeln abgießen und warm durch die Kartoffelpresse drücken, mit Salz, Pfeffer und frisch geriebenem Muskat würzen. Speck und Zwiebelwürfel, Petersilie, Ei und Mehl zugeben und alles gut vermischen. Aus der Masse Scheiben formen, diese in einer Pfanne mit etwas Öl von beiden Seiten kurz anbraten und dann zum Fleisch und der Sauce servieren.

Heidelbeerkuchen

Mürbeteig:	Belag:	Streusel:
250 g Mehl	1 kg Heidelbeeren	Butter
125 g Butter	125 g gemahlene Mandeln	Zucker
75 g Zucker	2 EL Zucker	Mehl
1 Ei	100 g Mandelblättchen	

Mehl auf eine Arbeitsplatte sieben, Butter in kleinen Stückchen zum Mehl geben und zusammen von Hand leicht reiben, bis ein gleichmäßiger Teig entsteht. In der Mitte des Teiges eine Vertiefung machen und die übrigen Zutaten hineingeben. Alles gut miteinander verkneten, bis der Teig glatt ist und nicht mehr klebt, 15 Minuten ruhen lassen. Danach eine Springform damit auslegen, Rand hochziehen.

Heidelbeeren und die gemahlenen Mandeln mit Zucker vermischen, auf den Mürbteig geben. Mandelblättchen darauf verteilen.

Streusel: Butter, Zucker und Mehl zu gleichen Teilen mischen und auf dem Kuchen verteilen.

Im auf 200 Grad vorgeheizten Backofen ca. 50 Minuten backen.

Durch Essen zum Gott werden:
Zu Gast bei Jean-Anthèlme Brillat-Savarin und seiner Muse Gastera

Richter ist er im Brotberuf, kein Koch, und dennoch gilt er als der Gastrosoph schlechthin: der Franzose Jean-Anthèlme Brillat-Savarin. „Kein Dandy des Essens, kein Snob der Küche; nur Kenner, nur Liebhaber", wie ihn einer seiner Übersetzer beschreibt, ein Mensch also, „der den robustesten Appetit mit der feinsten Zunge verband". Sein Werk *Physiologie des Geschmacks oder Transzendentalgastronomische Betrachtungen* (*Physiologie du goût ou Méditations de gastronomie transcendente*) ist schlagartig ein Erfolg. Paris liegt ihm zu Füßen, alle wollen den berühmten Verfasser kennen lernen. Doch seinen Triumph kann der 70-Jährige nur kurz auskosten. Das Buch erscheint 1825, drei Monate vor seinem Tod.

Posthum erst wird er zum Vater der französischen Feinschmeckerei. Doch was ist darunter zu verstehen? Brillat-Savarin definiert sie als „leidenschaftliche, wohl überlegte, Gewohnheit gewordene Schwäche für alle Dinge, die dem Gaumen schmeicheln". Die „Näscherei" von Süßem gehöre dazu, sie sei eine „Modifikation, eingeführt zugunsten der Frauen und der effeminierten Männer". Der Feinschmecker (Gourmet) ist ein Feind aller Exzesse. Daher kann ein Fresser (Gourmand) nicht dazu zählen. Ebenso wenig wie Säufer, da „Champagner, in seiner ersten Wirkung erfrischend", später „lastend und verdummend" wirkt. Sich selbst zählt Brillat-Savarin natürlich zu den Gourmets, daher kann man ihn dabei beobachten, von allem zu nehmen, was offeriert wird. Er kostet mit Überlegung und isst langsam. Niemals stürzt er „von Tische fort", wenn er sich „von vornehmer Gastlichkeit umfangen" fühlt. Für Abendgesellschaften sind er und seinesgleichen unschätzbar, weil sie „alle Spiele und Zerstreuungen kennen, die zu jeder gastronomischen Veranstaltung gehören."

Freudlose Esser erkennt Brillat-Savarin sofort – an der völligen „Leerheit des Blickes" und der „Unbelebtheit der Züge am Busen einer edlen Schüssel". Um Menschen, die es nicht verdienen, nicht unnötigerweise Schlemmerfreuden aufzutischen – eine für ihn „ernste Sache" –, ersinnt er ein ausgeklügeltes wissenschaftliches Verfahren: Die „gastronomischen Examina", nach seinem Bekunden „ein Markstein des 19. Jahrhunderts", sollen eine untrügliche Unterscheidung zwischen Gourmet und Genussunfähigem bringen. Dazu werden „Probeschüsseln" gereicht, die Menüabfolge ist abhängig vom Einkommen des Haushalts (bescheiden, wohlhabend, reich). Wem beim Anblick der Speisen nicht das Herz aufgeht, wer also „weder den Strahl des Verlangens noch die Aureole der Seligkeit zeigt", ist durchgefallen und nicht wert, bekocht zu werden.

Doch Brillat-Savarin ist auch davon überzeugt, die kulinarischen Neigungen der Menschen bloß nach deren äußerer Gestalt unterscheiden zu können: „Der prädestinierte Feinschmecker ist meist von mittlerer Statur. Er hat ein Gesicht, rund oder viereckig, glänzende Augen, kleine Stirn, kurze Nase, dicke Lippen, ein rundes Kinn." Die Feinschmeckerin ist „drall, mehr hübsch als schön" und scheint „etwas zum Dickwerden geneigt", dennoch, so urteilt der Frauenliebhaber, ist die Feinschmeckerei „der Schönheit günstig", sie schiebe die äußeren Zeichen des Alters auf lange Zeit hinaus. „Naschmäulchen", ob männlich oder weiblich, „haben dagegen feinere Züge, ein zartes Air, sind niedlicher und haben ein ganz besonderes, reizendes Zungenschnalzen".

Jener, dem die Fähigkeit zur Feinschmeckerei von Natur aus versagt ist, hat eine magere, längliche Statur, eine längliche Gesichtsform und auch eine längliche Nase. Sein Haar ist brünett und glatthaarig. „Mit einem Wort", so befindet er nicht ohne Ironie, „es sind die Leute, die die langen Hosen erfunden haben." Frauen vom selben Unvermögen seien dagegen „eckig" und langweilen sich bei Tisch, sie lebten nur von „Spiel und Médisance". Es wundert daher wenig, dass Brillat-Savarin physiologisch in dieses Bild passt. In seinem Pass ist der 37-Jährige folgendermaßen beschrieben: 179 Zentimeter groß, blonde Haare und Augenbrauen, graue Augen, Stupsnase, mittelgroßer Mund, großes Kinn. Anderen Quellen zufolge ist er von stämmiger Natur. Alles in allem ein geborener Gourmet.

Brillat-Savarin wächst im ostfranzösischen Belley auf, der kleinen Hauptstadt der Region Bugey. Deren Küche gilt damals als einzigartig und ist heute gänzlich verschwunden. Sie wird auf den Reichtum der natürlichen Ressourcen zurückgeführt. Der Schriftsteller Honoré de Balzac sieht den Grund für die Köstlichkeiten auch in der Monotonie des Lebens, die die Leute veranlasst, wenigstens beim Kochen ihrer Phantasie freien Lauf zu lassen. Brillat-Savarin zählt auf, was seine Heimat so alles zu bieten hat: Eine große Zahl an Pilzen, besonders Trüffeln. Hasen, für ihn „das aromatischste aller vierfüßigen Tiere". Vögel wie die Gardengrasmücke, ein schmackhafter Singvogel. Hammel und Lamm, Wildschweine. Geflügel wie Kapaun oder Truthahn, Flusskrebse, die es zu der Zeit in den sauberen Flüssen Europas noch massenweise gibt, Süßwasserfische wie Barsch, Forelle und der noch bessere Saibling. Butter von Bergkühen, Käse von Ziegen. Brillat-Savarin ist auch angetan vom Gemüse wie der Kartoffel und von den herrlichen Früchten, zum Beispiel der Wassermelone. Und natürlich schätzt er die hervorragenden Weine.

Eingeführt in die Genüsse der Küche wird der gutbehütete Sohn eines Juristen von besonderen Gourmands – klerikale Schlemmer, die er sein Leben lang nicht vergessen sollte. Einer davon ist der Domherr Canon Charcot, der dem 15-jährigen Jean-Anthèlme zeigt, wie kleine Vögel verspeist werden. Brillat-Savarin erinnert sich: „Man nehme ein kleines fettes Vögelchen am Schnabel, bestreue es mit etwas Salz, entferne den Magen, schiebe es geschickt in den Mund, beiße ganz nahe an den Fingern ab und kaue nun lebhaft". Ein saftiges Vergnügen, das einen „aristokratischen Genuss" beschert.

Die Klöster vor der Revolution 1789 sind wahre Schlemmertempel mit außerordentlichem gastronomischem Wissen. Das Herstellungsgeheimnis der besten Käsesorten ist in der Hand von Mönchen, neben weiteren Rezepten von Kuchen und Zuckerwerk, die sie eifersüchtig innerhalb ihrer Mauern geheim halten. Auch von Madame d'Arestel, der Oberin des Konvents der Salesianerinnen, bekommt er ein gut behütetes Geheimnis verraten: „Wenn Sie eine wirklich gute Schokolade trinken wollen: lassen Sie sie einen Tag zuvor in einer Kaffeemaschine aus Porzellan machen und über Nacht stehen. Die Nachtruhe … gibt ihr einen Geschmack von samtweicher Süße." Um im Nachsatz ihr sündiges Gewissen zu erleichtern: „Der liebe Gott mag uns dieses kleine Raffinement vergeben: er ist ja die Güte selber!" Wohl nur seiner Jugend und seinem guten Hause hat Brillat-Savarin es zu verdanken, hinter die Mauern des kulinarischen Schweigens geführt, in die Mysterien der klerikalen Gastronomie eingeweiht zu werden.

Die „Scheinheiligen", wie er die Geistlichen nennt, gehören zu jenem Typus von Feinschmeckern, deren Beruf oder gesellschaftlicher Stand sie dazu machen. Denn streng folgen sie dem Auftrag des Herrn, sich die Natur untertan zu machen, und bedanken sich dafür, indem sie allerlei Köstlichkeiten herstellen und verzehren. Neben dem Klerus gehören dazu auch Finanziers, Ärzte und Schriftsteller: Finanziers, da sie sich mit ihren „Geldschränken" opulente Tafeln leisten (und sich damit gegenüber der Aristokratie behaupten, was sie in Brillat-Savarins Augen zu Helden macht). Ärzte, da sie gern gesehene Gäste sind und daher regelrecht zum guten Essen verführt werden.

Und schließlich die Literaten, unter Ludwig XIV. noch Trinker („die Memoiren jener Tage riechen förmlich nach Wein"), denn auch sie sind bei Tisch begehrt.

Brillat-Savarin bekommt eine gute Erziehung, die nur Wohlhabenden offen steht. Wie viele andere Jugendliche in der zweiten Hälfte des 18. Jahrhunderts ist auch er angetan von lateinischen Poeten – Horaz wird sein lebenslanger Begleiter. Tief beeindruckt ist er auch von den Philosophen seiner Zeit, Voltaire verehrt er sehr, ebenso Rousseau. Als 17-Jähriger gründet der talentierte Geigenspieler Jean-Anthèlme eine Musikgruppe, mit der er auf Bestellung Konzerte gibt. So führt ihn einmal ein Engagement auch in die Zisterzienserabtei von Saint-Sulpice. Die Zisterzienser, eigentlich berühmt für ihre strenge und einfache Lebensweise, haben sich nach Brillat-Savarin einen außerordentlich guten kulinarischen Ruf innerhalb der Mönchsorden erkocht und die französische Küche um eine Vielzahl an Neuerungen bereichert. Für den jungen Dirigenten und seine musikalische Gesellschaft wird der Feiertag zu Ehren des Hl. Benedikts eine wahre Schlemmerorgie. Es sei nur das ausladende Frühstücksbuffet erwähnt, das er so beschreibt: „Mitten aus der langen Tafel erhob sich eine Pastete, groß wie ein Dom, nördlich flankiert von einem kalten Kalbsviertel, südlich von einem ungeheuren Schinken, östlich von einem Buttermonument, westlich von einem Wald gepfefferter Artischocken." Brillat-Savarin wird dem katholischen Glauben später den Rücken kehren. Besonders Voltaires Angriffe auf den verlotterten Klerus, der sich die Bäuche vollschlägt, während die Armen verhungern, prägen seinen Entschluss.

Für das Studium des Rechts geht er nach Dijon, wo er zwischen Brillat und Savarin ein „de" einfügt, um den Namen ein wenig aristokratischer klingen zu lassen. Er will so wohl unter den Töchtern der Dijoner Parlamentarier eine gute Partie abgeben. Vier Jahre später kehrt er zurück nach Belley, in die monotone Welt der Landgesellschaft. Das Leben als Richter ist nicht gerade aufregend, trotz der Klientenbesuche, Jagdgesellschaften und ausgedehnten Mahlzeiten. Kurzweil verschafft er sich mit Geigenspiel. Seine „musikalische Gesellschaft" reaktiviert er nun wieder. Ohne den Ausbruch der Revolution 1789 hätte die Nachwelt wohl nichts mehr von ihm gehört. Denn er muss als Abgeordneter nach Paris, wo er die Kaffee- und Gasthäuser kennen lernt. Seine späteren Aufzeichnungen lassen erahnen, dass er bereits als junger Abgeordneter ein Liebhaber guten Essens war.

Gastronomisch ist zu seiner Zeit in Paris einiges im Umbruch. Bis Mitte des 18. Jahrhunderts gibt es noch keine Gasthäuser, die ein ganzes Menü servieren dürfen. Wer was anbieten darf, ist streng reglementiert. Die Produktion von Saucen ist den Vinaigriers, Buffetiers, Moutardiers und Distillateurs vorbehalten. Kaffeehäuser werden von Limonadiers betrieben. Cuisiniers, Oyeurs und Traiteurs dürfen Speisen anbieten. Es gibt Weinverkäufer, die Marchands de vin, bei denen man den Wein nicht vor Ort konsumieren darf. Bei den Taverniers, den Kneipenbesitzern, dagegen darf man Wein trinken, will man dazu auch essen, so muss dieser die Speisen von den Traiteurs, Rôtisseurs oder den Charcutiers besorgen. Der Suppenküchenbesitzer Boulanger stürzt das starre System schließlich in den 1760ern, indem er über der Tür das Schild „Boulanger débit des restaurants" (wörtlich: Boulangers Laden der Stärkungen) anbringt. „Restaurants" sind damals „Kraftbrühen", die der findige Koch mit Eigelb eindickt und mit Hammelfleisch offeriert. Ein Affront in den Augen der Traiteurs, die in Boulangers Speise einen Eintopf erkennen wollen, eine Domäne ihrer Zunft. Die Auseinandersetzung endet schließlich im Parlament von Paris, das Boulanger und damit seiner Erfindung des „Restaurants" Recht gibt.

Nach der Revolution vervielfachen sich die Restaurants in Frankreich. Denn mit dem Sturz der Aristokratie verlieren die besten Köche, die bisher den Adel verwöhnten, ihre Arbeit. Die Mundköche machen sich selbstständig und eröffnen eine Reihe exzellenter Gasthäuser, die auch Brillat-Savarin regelmäßig aufsucht. Besondere Erwähnung findet jenes von Antoine Beauvillier, der „bekannteste Restaurateur" von Paris: „Als erster hatte er einen eleganten Salon, schicke Kellner, süperben Keller und vorzügliche Küche." Die gastronomische Szene ist in dieser Zeit sehr kreativ. So eröffnet der Koch des Prince de Condé das Méot, in dem Herren neben kulinarischen auch fleischliche Gelüste befriedigen können. Es geht das Gerücht, im Etablissement gäbe es eine silberne Badewanne, in der die Herren in Champagner baden und von nymphenhaften jungen Damen umsorgt würden. Die gesellschaftlichen Umbrüche bringen es mit sich, dass der Stadtpalast, das Palais Royal, nun Herberge für Gaststätten und Kaffeehäuser wird. Wie eine englische Taverne, die Ale ausschenkt, oder das Café Mécanique, in dem mit der Küche über eine Sprachröhre kommuniziert wird. Auch ein Restaurant mit Spezialitäten aus der Provence öffnet dort erstmals seine Pforten.

Zurück in seinem Heimatort Belley, verliert Brillat-Savarin mit dem Sturz des Königshauses seinen Richterposten. Als Mann der Mitte, der eine gemäßigte Revolution vertritt, ist er nicht mehr gefragt. Die Bevölkerung in Belley steht zu ihm, er wird neuer Bürgermeister, doch auch dieses Amt ist von kurzer Dauer. Radikale Kräfte sähen den „bürgerlichen Aristokraten" lieber unter der Guillotine. Um einer Verhaftung zu entgehen, interveniert er bei einem hohen Beamten – diesen kann er zwar nicht beeindrucken, dafür dessen musikbegeisterte Frau, mit der er Duette singt. So bekommt er einen Pass für freies Geleit, doch schiebt dieser sein Schicksal nur ein wenig hinaus. Kurz darauf flüchtet er, aus Furcht vor Verhaftung und Hinrichtung. Zuerst in die Schweiz zur Familie seiner Großmutter, wo ihn der zufällige Fund eines alten Fonduerezepts sehr erfreut. Dann reist er weiter, über Deutschland in die Niederlande und von dort nach London, wo er schließlich ein Schiff nach New York besteigt. Er bleibt drei Jahre an der Ostküste der Vereinigten Staaten, wo alles Französische gerade sehr in Mode ist. Nicht immer ohne Verirrungen. So wird einer französischen

Delegation eine Suppe serviert, in der sich ein lebender, fetter, grüner Frosch räkelt.

Viele der Emigranten sind nicht besonders begeistert vom damaligen amerikanischen Leben. Der Diplomat Talleyrand, ebenfalls im Exil, spottet über ein Land, das sich zwar mit „32 Religionen, aber nur einem Gericht" rühmen kann.

Brillat-Savarin jedenfalls passt sich an, er redet wie Amerikaner, er kleidet sich wie Amerikaner. Und er gibt sich Mühe „nicht den Eindruck zu vermitteln, schlauer zu sein als sie". Er verleiht sich selbst den Titel „Professor", verdingt sich als Sprachlehrer und spielt als Violinist im einzigen Theater von New York die erste Geige. Die Zeit vertreibt er sich gern am Broadway, unter anderem in der Taverne Little Michael's, wo er mit seinen französischen Freunden oft sein Mahl einnimmt. Dort lernen sie eines Tages auch einen Plantagenbesitzer aus Jamaika kennen, der sie zu einem Trinkgelage herausfordert. Die Franzosen nehmen an und erhalten von Brillat-Savarin noch taktische Anweisungen. So empfiehlt er, in kleinen Schlucken zu trinken, den Alkohol unbemerkt wegzuschütten und vor allem so langsam wie möglich zu essen. Kurz davor stärken sie sich noch mit Bittermandeln, da diese die Wirkung des Weins mindern würden. Nach einem langen Ess- und Saufgelage mit Unmengen von Wein, Bränden und Likören gewinnen die Exilanten schließlich, was nach Brillat-Savarin den Zeitungen sogar eine Meldung wert ist.

Brillat-Savarin liebt das Essen und die Frauen. Ob in New York oder Boston, wo er mit dem Orchester auf Tournee ist. Der nun 40-Jährige, der sein Leben lang Junggeselle bleiben wird, ist in Boston fast täglich auf Partys und Banketten zu finden. Die Frauen der Stadt findet er „außerordentlich hübsch". Er berichtet: „Eines Tages fand ich mich in einer Theaterloge wieder, die voll war mit himmlisch aussehenden Gesichtern und anbetungswürdigen Körpern, deren Anblick allein mich rasend vor Verlangen machte." Sein Lieblingslokal in Boston ist ein Restaurant eines Exilanten aus Bordeaux, dem er sein

Schweizer Fonduerezept hinterlässt, was nach Brillat-Savarins Aussagen schlagartig zum Erfolg wird. Zurück in New York, ist er noch als Geiger dabei, als am 2. März 1796 Jean-Jacques Rousseaus Oper *Pygmalion* aufgeführt wird, im Juni tritt er aus finanziellen Gründen seine Rückreise nach Europa an.

Nunmehr rehabilitiert, genießt er das ausgelassene Leben, das Paris wiedergewonnen hatte. Besonders Neureiche sind es, die in sündteuren Restaurants dinieren, sich mit Liebesdienerinnen vergnügen und stürmisch Bälle feiern, ob in Hotels, Klöstern oder Kirchen. Brillat-Savarin schildert einen Ball im Hôtel de Richelieu, wo nur besonders Betuchte Einlass bekommen, so: „… man trifft auf Hunderte von Göttinnen, parfümiert mit seltenen Essenzen, gekrönt mit Rosen, schwebend in ihren athenischen Kleidern … ihre Arme und Brüste waren nackt."

Als neuerlich politische Unruhen aufkommen, heuert Brillat-Savarin bei der Armee an, wo er als Sekretär im Generalstab nur zwei Monate bleibt. Die folgende plötzliche Stabilisierung der politischen Lage gibt seiner Karriere neuen Schwung, er wird Präsident des Strafgerichtshofs in Bourg, wo er sich gut einlebt: „Das Essen ist gut und es gibt einige äußerst hübsche Frauen." Unter Napoleon steigt er weiter auf – man beruft ihn in den Senat des Verwaltungsgerichtshofes in Paris. Er ist begeistert vom siegreichen Napoleon, dessen Truppen den Kontinent von Spanien bis Russland kontrollieren und dessen Kaiserkrönung er beiwohnt. Brillat-Savarins Erfahrung ist gefragt, er ist sehr beschäftigt und sammelt Titel um Titel, 1808 kann er sich sogar mit dem eines Chevalier de L'Empire schmücken.

Die Gastronomie von Paris wandelt sich erneut, während sich die Menschen in seiner Heimatregion täglich mit Käse, Gemüse, Brot und Wein begnügen müssen. Neue Restaurants schießen aus dem Boden und mit Marie-Antoine Carême betritt der erste Kochstar Frankreichs die kulinarische Bühne. Beheizte Gewächshäuser und neue Methoden der Konservierung führen zu einem ganzjährigen Angebot von Obst und Gemüse. Und Konditoreien werden populär. Es ist eine erfüllende Zeit für Brillat-Savarin. Oft ist er im Café Lemblin, wo er, begleitet von seinem vielgeliebten Hund Sultan, seine vielgeliebte Schokolade einzunehmen pflegt. Sein seriöses Alter Ego verfasst einige ernstzunehmende Schriften, etwa ein politisch-ökonomisches Buch mit weitblickenden Neuerungen für das Steuersystem und die Landwirtschaft. Seine eher frivole Natur erfindet Dinge wie den „Irrorateur" (er liebte es, neue Wörter zu kreieren), der Menschen mit Duftwasser besprüht.

Als Napoleons Schicksal sich 1813 zum Schlechten wendet, fühlt auch er sich vom Glück verlassen und zieht sich nach Bugey zurück, wo er literarische Ausflüge ins Pornografische macht (die von seinen Nachfahren wahrscheinlich vernichtet wurden). Er verfasst weitere diverse Schriftstücke, doch von seinem Hauptwerk gibt es noch keine Spur. Er liebt das Leben, die Kultur, vor allem aber die Restaurants und die Frauen. Kein Wunder, dass manche Weisheiten, die aus seiner Feder kommen, beides zusammenführen. So heißt es in einem seiner Aphorismen: „Ein gutes Essen ohne Dessert ist wie eine einäugige Schönheit." Nahrung und Liebe, für Brillat-Savarin sind das die Grundkräfte des wissenschaftlichen und kulturellen Fortschritts. In seinem gastrosophischen Werk wird er später eine Theorie der Sinne formulieren, in der der Geschlechtssinn eine wichtige Rolle spielt.

Die Spätsommer verbringt er gerne in seinem Herrenhaus in Vieu, einem Dorf nahe Belley, vorrangig mit Jagen und Lesen. Auf dem Weg dorthin macht er halt in Bourg, um seiner Passion für das berühmte gemästete Geflügel von Bresse nachzugeben. Ein Zeitgenosse nennt Brillat-Savarins Vergnügen, das ihm jedes Mal mehrere Kilo Gewichtszunahme beschert, „Poularden-Diät". Er schätzt die Hühner dieser Gegend, weil er ihnen aphrodisierende Wirkung zuschreibt. Besonders gern macht er ausgedehnte Wanderungen, mit einer Ausgabe von Horaz in der Hand. Er schätzt den „geistreichen Denker" wegen seiner „elegant gekleideten Ideen", und wünscht sich nichts sehnlicher als ein schlichtes Abendessen und eine „pikante Plauderei" mit dem römischen Dichter. Viel hätte es dazu nicht gebraucht, gibt er an: „Ein gutes Huhn, eine kleine Ziege (gewiss hübsch fett), dann Trauben, Feigen, Nüsse als Dessert", dazu ein alter Wein. In Vieu kümmert er sich leidenschaftlich um den eigenen Weingarten. Er lädt aber auch gern zum Abendessen, wo lockere Gespräche geführt, Lieder gesungen, Mundartgedichte rezitiert und bisweilen seine eigenen Geschichten vorgetragen werden. Sind alle zu Bett gegangen, so heißt es hinter vorgehaltener Hand, besucht er noch das Zimmer des Dienstmädchens, das sich am Ende des Esszimmers befindet.

In Bugey ist er populär, doch in der Pariser Gesellschaft hinterlässt er wenig Spuren. Seine Wortgewalt in seiner *Physiologie des Geschmacks* steht in Widerspruch zu den Bemerkungen mancher Zeitgenossen, die ihn als wortkarg charakterisieren. Seine Gespräche hinterlassen wenig Eindruck: „Was er sagte, war kurz, uninteressant und eintönig". Auch ein Richterkollege berichtet von Brillat-Savarin, dass er zwar über Stil, Verstand und Witz verfügt, seine mündlichen Berichte aber zu wünschen übrig ließen. Was die Kulinarik anlangt, zeigt sich Brillat-Savarin nicht nur theoretisch, sondern auch praktisch innovativ. Freunden hilft er bei der Zubereitung eines Steinbutts, den sie aufgrund seiner Größe und des kleinen Herdes in zwei Hälften teilen wollen. „Der Steinbutt wird im Ganzen serviert", beruhigt er sie. Auf der Suche nach Inspiration streift er durch die Wäscherei und entdeckt einen großen Kessel, einen Weidenkorb und einen Wäschekübel. „Ich werde ihn dünsten", lässt er wissen – eine Novität zu seiner Zeit. Auch er selbst ist von der Art der Zubereitung begeistert: „Nicht im Kontakt mit dem kochenden Wasser, verlor der Fisch nichts von seinem Wesen, nein, er hat auch alle Aromen der zugegebenen Kräuter angenommen."

In Paris tut sich wieder einmal Neues. Frankreich ist nach der Niederlage Napoleons von den Alliierten besetzt. Männer aus halb Europa tragen die französische Küche in ihre Heimat, befruchten sie aber auch enorm. So wird das Beefsteak wieder modern, aus Deutschland kommt Sauerkraut, gepfefferter Schinken aus Spanien, Nudeln und Parmesan aus Italien, geräucherter Aal und Kaviar aus Russland. Für den Gourmet Brillat-Savarin verwandeln all diese Importe Paris in „einen besseren Platz zu leben".

1825 ist es schließlich so weit. Das Buch, das Brillat-Savarin zur Berühmtheit machen wird, erscheint. Bereits zwei Jahre zuvor ist er sich sicher: „Es ist ein dünnes Werk, das in der Welt seinen Weg machen wird." Doch er zweifelt auch, was ihn veranlasst, das Werk anonym herauszubringen: „Weil mein Stand mich zu ernsten Studien verpflichtet, und ich fürchten muss, dass diejenigen, welche mein Buch nur dem Titel nach kennen, glauben könnten, ich beschäftige mich nur mit Alfanzereien."

Die *Physiologie des Geschmacks* ist ein Kind ihrer Zeit. Vor der Französischen Revolution gibt es zwar Kochbücher und Ratgeber fürs Tranchieren oder Servieren, aber erst mit den Umwälzungen in der Gastronomie werden Kommentare, Werke und Theorien über das Kochen populär. Der Titel scheint heute etwas irreführend, denn mit „Physiologie" ist damals „Philosophie" gemeint. Die Kritiker finden es geistreich, auch wenn es, wie sein deutsches Pendant Carl Friedrich von Rumohr urteilt, etwas zu beliebig sei. Er hat damit nicht unrecht: Medizinisches folgt Anekdoten und Wissenschaftliches folgt Kochanweisungen, Philosophisches folgt Aphorismen.

So hält er selbst für Schlafende gute Ratschläge parat. Wer zu viel esse, falle traumlos „in einen zentnerschweren Schlaf". Dabei sind es gerade die angenehmen und leichten Träume, die ihm wichtig erscheinen, „denn", so fragt er, „verlängern sie nicht unsere Existenz eben um die Zeit, da sie sonst unterbrochen scheint?" Er empfiehlt dafür „leicht erregende Nahrungsmittel" wie dunkles Fleisch, Tauben, Enten, Wild – besonders den Hasen, Spargel, Sellerie, Trüffel und „parfümierte Konfitüren" wie die Vanille. „Zufrieden" wird man so zu Bett gehen und die Träume werden einem eine „mysteriöse, zweite

Existenz" geben, in der man geliebte Menschen treffen oder zu geliebten Orten schweben kann.

Ob er wohl davon geträumt hat, in der französischen Küche nachhaltig Eindruck zu hinterlassen? Sicher ist, ihm zu Ehren tragen einige Speisen seinen Namen, der Savarin zum Beispiel, ein ringförmiger Hefekuchen, oder ein mit Trüffelscheiben und Schnepfenwürfeln gefülltes Omelett. Aber auch Tarteletts, gefüllt mit Schnepfenauflaufmasse, oder ein delikater französischer Frischkäse aus Kuhmilch.

Jean-Anthelme Brillat-Savarin stirbt in der Nacht des 1. Februar 1826, einem Augenzeugen zufolge in stoischer Ruhe: „Er verließ das Leben wie ein satter Gast ein Bankett – tamquam conviva satur ..."

Menü

Brillat-Savarins Regeln gelten dem perfekten Mahl. Denn er weiß, dass „bei schlechtem Wein, bei wahllos gewürfelter Gesellschaft, bei traurigen Gesichtern" und „bei heruntergestürzter Mahlzeit" keine Tafelfreude möglich ist. Alle Sinne sollen befriedigt sein, Geselligkeit spielt dabei eine große Rolle. Geküsst von der Muse Gastera, die er dem antiken Götterhimmel dazuerfindet, ist er sich sicher, dass diese Gebote die Jahrhunderte überdauern werden. Wer diese zwölf Regeln nicht beachte, werde sich um den vollen Genuss bringen. Wer sie allerdings beherzige, trage damit zu seiner eigenen „Apotheose" (Vergöttlichung) bei.

Regeln zur Erhöhung der Tafelfreuden bei einem Abendessen:
1. Maximal zwölf Gäste, „damit die Konversation stets allgemein bleiben kann". 2. Der Beruf der Gäste soll verschieden, ihr Geschmack aber ähnlich sein. 3. Das Speisezimmer luxuriös erleuchten und seine Temperatur zwischen 16° und 20° C einstellen. Ein auffallend sauberes Tischgedeck ist selbstverständlich. 4. „Die Männer sollen geistreich ohne Prätention sein, die Frauen reizend ohne zu viel Koketterie." 5. Nicht zu viele, dafür erstklassige Speisen. Sämtliche Weine sollen von höchster Qualität sein. 6. Reihenfolge der Speisen: von den „schweren zu den leichten". Jene der Weine: von den „süffigen zu den schwereren". 7. Das Tempo soll mäßig sein, denn „Gäste sind Reisende, die zugleich am selben Ziele ankommen wollen". 8. „Der Kaffee soll kochend sein, der Likör mit besonderer Sorgfalt gewählt." 9. „Der Salon, in den man sich dann begibt, soll geräumig genug sein, um ein Spiel zu ermöglichen (für die, die es nicht lassen können), und doch noch Platz für Verdauungsgespräche lassen."
10. „Die Gäste sollen sich durch die Reize der Gesellschaft gefesselt und durch die Hoffnung belebt fühlen, der Abend würde noch weitere Genüsse bringen." 11. Nicht

zu starker Tee, elegant gestrichene Brötchen, sorgfältig bereiteter Punsch. 12. „Man soll sich nicht vor elf Uhr drücken – aber um zwölf soll jeder im Bett liegen."

Die meisten dieser Regeln sind für andere Mahlzeiten adaptierbar. Auch für ein ausgedehntes Frühstück oder Brunch, wofür sich die anschließenden Originalrezepte von Brillat-Savarin bestens eignen.

Kraftbrühe für Literaten

„Es schmeckt fabelhaft!", urteilte Brillat-Savarin etwa über seinen „Labetrank", von dem man am besten ein Tasse zwei Stunden vor dem Frühstück zu sich nimmt. Inspiriert wurde er dafür durch einige Literaten, die zu ihm Vertrauen fanden, weil er „gut erhalten schien". Bereut habe seinen Trank keiner: „Der Dichter, bisher elegisch, wurde romantisch. Die Dame, die zuvor nur einen blassen Roman mit unglücklichem Ausgang produziert, macht einen zweiten, erheblich besseren."

„Man nehme ein Kalbsknie von mindestens zwei Pfund, spalte es der Länge nach in vier Teile, Fleisch und Knochen, röste es mit vier Scheiben geschnittenen Zwiebeln und einer Handvoll Brunnenkresse. Ist es fast gar, so gieße man drei Flaschen Wasser darauf und lasse es zwei Stunden kochen, vorsichtig, stets ersetzend, was verdampft ist: das gibt, gesalzen und mäßig gepfeffert, eine gute Fleischbrühe. Indessen zerstampfe man drei alte Tauben [ein Suppenhuhn tut's auch] und 25 ganz frische Krebse, jedes für sich, mische dann das Ganze, röste es in einer Pfanne auf gutem Feuer, damit es rasch warm wird, und lege zeitweise wieder Butter hinein, damit nichts hängen bleibt. Hat die Hitze die Mischung sichtlich durchdrungen und beginnt zu rösten, gieße man die Fleischbrühe darüber und koche das Ganze eine Stunde gut durch. Dann passiere man diese starke Bouillon."

Omelette au thon

Zum Frühstück dann Thunfischomelett, das nach Brillat-Savarin „zu feinen Frühstücken" passt, „wo Kenner zusammenkommen, die wissen, was sich ziemt, und verständig speisen können".

„Man nehme, für sechs Personen, die Milch von zwei Karpfen [es kann auch Karpfenrogen sein], sauber gewaschen, und bleiche sie durch fünf Minuten langes Eintauchen in kochendes Salzwasser. Ferner nehme man frischen Thunfisch in Hühnereigröße und eine feingehackte Schalotte. Dann hacke man die Milch und den Thunfisch zu völliger Mischung zusammen, bringe das Ganze in eine Kasserolle mit einem tüchtigen Stück ganz frischer Butter und lasse es darin „springen", bis die Butter geschmolzen: das ist der Hauptkniff. Nun nehme man ein zweites Stück Butter à discrétion [nach Belieben], mit Petersilie und Zipolle [Zwiebel], bringe das in eine fischförmige Pfanne, die für die Omelette bestimmt ist, füge etwas Zitronensaft bei und stelle sie auf heiße Asche. Schließlich rühre man zwölf Eier, goldfrisch, gieße das Sauté von Milch und Thunfisch hinein und rühre alles gut zusammen, bereite daraus eine Omelette wie üblich, möglichst lang, dick und weich, lege sie geschickt auf die bestimmte Schüssel; serviert und isst sogleich. ... Benetzt man die Omelette dann mit einem guten alten Wein, so wirkt sie Wunder."

Brillat-Savarin gibt noch einige Tipps zur Zubereitung: „Erstens. Man muss Milch und Thunfisch schütteln, aber nicht kochen lassen, sonst werden sie hart und können sich mit den Eiern nicht mischen. Zweitens. Die Schüssel muss tief sein, um die konzentrierte Flüssigkeit mit dem Löffel zu servieren. Drittens. Die Schüssel muss leicht angewärmt sein; ist sie kalt, so nimmt das Porzellan der Omelette alle Wärme, und es bliebe nicht genug, um die Buttersauce zu schmelzen."

Heiße Schokolade

Für den Gastrosophen diente dieses Getränk einer guten Verdauung, sie sollte daher nach dem Frühstück genossen werden. Er weist darauf hin, dass die Schokolade weder mit dem Messer geschabt noch im Mörser gestoßen werden dürfe, denn in beiden Fällen würden die „Zuckerteilchen" zu Stärke und das Getränk damit schal schmeckend.

Um Schokolade zu unmittelbarem Gebrauche zu bereiten, nimmt man etwa 50 Gramm für eine Tasse, löst sie langsam in Wasser auf, das man langsam erhitzt, und rührt währenddessen mit einem Holzquirl. So kocht man es ein Viertelstündchen lang, um die Lösung zu verdicken, und serviert heiß.

Ambra-Schokolade

„Schokolade der Irritierten" nennt Brillat-Savarin diese Kreation mit Ambra, einer Substanz aus dem Verdauungstrakt des Pottwals, die zur Herstellung für exklusive Parfums verwendet wird. Er empfiehlt für eine Person einen halben Liter. Zubereitet wird das Getränk wie Schokolade, wobei man zum halben Kilo Schokolade 60 bis 72 Gramm Ambra mischen soll. Brillat-Savarins Resümee: „Wer aus dem Becher der Wollust einige Züge zu viel getrunken; wer ein gut Teil seiner Schlafenszeit über der Arbeit gesessen; wer, sonst voll Geist, sich zeitweise plötzlich stumpfsinnig fühlt; wer die Luft feucht, die Zeit lang, die Atmosphäre drückend empfindet; wen eine fixe Idee um die Freiheit des Denkens bringen will: der nehme einen guten halben Liter Ambra-Schokolade … und er wird Wunderdinge erleben!"

Fondue

Nachdem die Schokolade ihre Wirkung getan hat, kann der Brunch mit einem Schweizer Fondue aus dem Kanton Bern abschließen. Ein wichtiger Hinweis des Gastrosophen: Das Fondue wird mit der Gabel gegessen!

„Man nehme so viel Eier, als die Zahl der Gäste erfordert, hierauf ein Stück guten Emmentaler, ein Drittel Eier wiegend, und ein Stück Butter (ein Sechstel).

Man rühre und schlage die Eier gut in der Pfanne, setze die Butter zu und dann den Käse, fein gerieben. Dann stelle man die Pfanne auf ein tüchtiges Feuer und rühre, bis die Mischung dick und weich genug ist, streue sehr wenig oder gar kein Salz darauf, je nach dem Alter des Käses, dagegen viel Pfeffer, der für diese altväterische Speise gerade charakteristisch ist. Und nun serviere man auf einer leicht angewärmten Schüssel, bringe den besten Wein auf den Tisch, trinke die Runde: und man wird Wunderdinge sehn!"

Das „diätetische Laboratorium":
Zur Probemahlzeit bei Carl Friedrich von Rumohr

Sein Fresssinn sei ebenso vortrefflich ausgebildet wie sein Kunstsinn, „nur ist es abscheulich, einen Menschen über einen Seekrebs eben so innig reden zu hören wie über einen kleinen Jesus."

Knapp, doch treffend skizziert Caroline, die Ehefrau des Philosophen Friedrich Schelling den jungen Carl Friedrich von Rumohr. Er ist Anfang zwanzig und neben seinem enormen Interesse an der bildenden Kunst bereits besessen von der Kunst des Kochens. Seine Studienzeit in Göttingen liegt gerade hinter ihm, wo er neben Vorlesungen der Philologie, Mathematik und Geschichte auch Kunstgeschichte und Zeichenstunden belegte. Ebenso sein Wanderjahr, das ihn nach Italien führte. Nun ist er in München. Was der vermögende Adelsspross aus Sachsen hier vorhat, verrät er in einem Brief: „Ich denke in München weder zu kochen noch zu braten. Aber zum Experimentieren muss ich allerdings eine Küche haben." Zu diesem Zweck richtet er sich ein diätetisches Laboratorium ein. Doch Caroline Schelling bezweifelt die Absichten des „haltungslosen Barons" und ist sich sicher, dass er München bald wieder den Rücken kehren werde, „weil es keine Seefische hier gibt und er keinen Tisch oder Küche nach seinem Geschmack finden kann." Tatsächlich verweilt Rumohr nicht lange, wenn auch aus einem anderen Grund. Da er seinen Intellekt nicht zielstrebig einzusetzen gewillt sei, wie Friedrich Schelling es formuliert, und er „beharrlich antinapoleonische Verschwörungspläne" schmiedet, muss er

flüchten. Rumohr wird im besetzten München einer konspirativen Bewegung gegen Napoleon verdächtigt und muss sich nach Wien absetzen.

Das Kind Carl Friedrich genießt – wie damals in seinen Kreisen üblich – die Erziehung durch einen Hauslehrer und später jene des Gymnasiums. Seine Liebe zur bildenden Kunst entwickelt sich in dieser Zeit. Seine späteren theoretischen Abhandlungen sind geachtet – er gilt seinen Zeitgenossen Schelling, Hegel oder Wilhelm von Humboldt als bahnbrechender Kunstkritiker. Auch sein kulinarisches Faible erwacht früh. Bevor er 1805 das erste Mal nach Italien aufbricht, berichtet er aus München: „Wir essen hier bisweilen ordentlich vortrefflich, machen den Küchenzettel selbst, und an Appetit fehlt es uns auch nicht, da wir täglich Bäder nehmen ... O Welt! O Klima! – ... Ich esse für vier und trinke Wein, wie sich das gehört." Es ist wohl dem Einfluss des romantischen Denkens zu verdanken, dass Rumohr sich so stark für die Kochkunst interessiert. Er ist geprägt von einem Universalismus, der nicht vor dem Alltäglichen haltmacht. Gesammelt und enzyklopädiert wird alles, von hehren Ideen bis zu scheinbar Banalem wie dem Essen.

Rumohr ist ein Weltenbummler. Immer wieder wird er umziehen, Preußen, Bayern, Sachsen, auch nach Italien, sein irdisches Paradies. Und immer wieder wird er sich „Musterküchen" zum Experimentieren einrichten. Wenn ihn einmal eine Idee übermannt, so wie jene, das Kochen zu revolutionieren, ist er ein Getriebener. „Ein Gedanke, ein Gefühl beherrschte ihn fast ausschließlich. Dann gab es für ihn kein zweites. Er schien nie anders gewesen zu sein, nie anders zu können", beschreibt ihn der romantische Dichter Ludwig Tieck. Besessenheit – eigentlich die ideale psychische Voraussetzung für ein Dasein als bildender Künstler, doch Rumohr glaubt zu wissen, warum er doch keiner wurde: „Wäre ich nicht eben hinreichend begütert, in meinen Umständen durchaus geordnet; wer weiß, welch' ein Künstler sich aus mir hätte hervordrehen lassen. Allein zum Gönner gewährte mir das Schicksal zu wenig, zum

Künstler bei weitem zu viel. Denn es verdammt ein angeborener Wohlstand das Kunsttalent zum Dilettantismus." Bildender Künstler wird er nie, wenngleich er gerne zeichnet, auch während eines Essens, wie die Malerin Louise Seidler von einem gemeinsamen Mahl berichtet: „Während jener Tafel wurden Kunstgegenstände besprochen; dazwischen zeichnete Baron von Rumohr auf kleinen Stückchen Papier mit flinker Hand eine Menge der ergötzlichsten Karikaturen; eine Angewöhnung von welcher er sich zu allen Zeiten und an jedem Orte beherrschen ließ. Zahllose Köpfe mit den wunderlichsten Grimassen entstanden in wenigen Augenblicken."

Was den Gönner anlangt, so stapelt er tief. Rumohr gilt als angesehener und geschätzter Mäzen junger deutscher Künstler in Rom. Auch in der gerade aufkommenden Kochkunst ist er keineswegs Dilettant. Rumohr wird einer ihrer wichtigsten, wenn nicht der wichtigste Vertreter Deutschlands. Obwohl er sich lieber als „praktischer Ästhetiker" sieht, ist er eigentlich ein Theoretiker. Von Ludwig Tieck beeinflusst, wendet er sich der historisch-empirischen Methode zu und widmet sich intensiven Quellenstudien. Rumohr gilt daher auch als einer der ersten Deutschen, die quellenkritische Kunstgeschichte betreiben. Seine Analysen, die er durch seine peniblen Archivstudien erlangt, finden schon unter seinen wissenschaftlichen Zeitgenossen großen Anklang. Das gilt für Kunstwerke wie für das Kochen.

Das Ergebnis seiner theoretisch-praktischen Auseinandersetzung in Bibliothek und Küche erscheint 1822 unter dem Titel „Geist der Kochkunst von Joseph König" und wird in Deutschland ein Erfolg. Auffällig ist, dass er sich nicht als Autor bekennt, sondern seinen Diener und „Mundkoch" Joseph König vorschiebt. Warum er sich erst in der zweiten Ausgabe 1832 – auch hier indirekt – zur Autorenschaft bekennt, lässt sich erahnen, wenn er allgemein über Vorreden philosophiert: „Die Vorrede zur ersten entschuldigt die Dreistigkeit des Autors, seine Paradoxie, seine Anmaßung, irgend etwas besser einsehen zu wollen, als seine Vorgänger. Hingegen verrät die Vorrede zur andern und zu den folgenden bereits eine gewisse Zuversicht. Voraussetzlich ist der Leser schon gewonnen, seine Meinung schon günstig." Der preußische Kronprinz Friedrich Wilhelm dankt 1833 Rumohr für „all die Genüsse" der letzten Jahre „(und zwar mehr auf dem Teller als mit den Augen genossen) – zuletzt in's Besondere das Otaheitisch [tahitisch] zubereitete Rindfleisch (Einzig!)". Und weiter: „Doch was sage ich – All die genannten Werke sind einzig in Ihrer Art – originell ohne moderne Originalität; wie ich's liebe – wie Alle Welt es lieben soll weil es gut ist." Einen Monat später bedankt sich der Kronprinz dann neuerlich, für „so unvergleichlichen Eierkuchen, Forellen und Reh", mit dem Rumohr ihn in seinem italienischen Domizil gelabt habe.

Balsam für Rumohrs Seele. Denn es gibt nicht nur Dankesreden und Lobesbriefe, nicht nur Freunde und Bewunderer. Ein Umstand, der ihm schwer zu schaffen macht.

In seinen Experimentierküchen gibt er „Probemahlzeiten", an denen „sogar Diplomaten Teil nehmen". Dass er dabei selbst den Löffel rührt, mag bezweifelt werden, denn als Herr seines Standes hat er nicht nur seinen treuen Koch Joseph König, den er als „darstellenden" und „plastischen Künstler" bezeichnet, sondern selbstverständlich auch entsprechendes Personal. Seinen Anweisungen zu folgen und seinen Charakter auszuhalten, ist nicht einfach. So schreibt Rumohr einmal in einem Brief: „Drei Köchinnen sind mir in den ersten Tagen entlaufen, ich vermute aus Furcht vor meinem systematischen Geiste." Stellen wir uns also vor, wie Rumohr in seiner „Musterküche" seine Köche dirigiert, während er ausführlich über das Kochen und Essen referiert. Über seine Lust zu dozieren berichtet Hudtwalcker, als sie ein gemeinsames Mittagessen mit Graf Baudissin im Gasthof zur Stadt Petersburg einnehmen: Rumohr ließ den Wirt rufen und hielt ihm eine träumerische, aber interessante Vorlesung, „dass man die Artischocken hier zu groß werden lasse, sie müssten jung gegessen werden". Nicht allen schmeckt seine Gelehrigkeit. Beneke schreibt über ein Aufeinandertreffen mit Rumohr: „Die Unterhaltung drehte sich in gewöhnlicher Oberflächlichkeit um alltägliche Gegenstände, nur H. v. Rumohr sprach geistreich über Geschichte und Ästhetik der Kochkunst, deren wissenschaftliche Bearbeitung ihn jetzt beschäftigt, um sich von den Strapazen anderer Studien (Malerey, Antike, Baukunst usw.) etwas zu erholen. (Auch ist er sehr korpulent geworden.) Häufigen, fast krampfartigem Gähnen und Einschlummern kann ich nur mit angestrengtem Gesichterschneiden entgehen."

Rumohrs Credo sind Natürlichkeit und das rechte Maß. Salat soll nach Salat schmecken und Kartoffel nach Kartoffel. So schreibt er: „Entwickle aus jedem essbaren Dinge, was dessen natürlicher Beschaffenheit am meisten angemessen ist." Das Wesen einer Zutat muss seine Entfaltung finden und den eigenen Geschmack verfeinern. Er nennt seine Art der Zubereitung „Urküche". Deren Gegenteil, die „Schmorküche", hat bei ihm Küchenverbot. Als Beispiel für diese „zerstörende Kochart", die den Eigengeschmack eines Nahrungsmittels „tötet", führt er ein spätrömisches Rezept des Coelius Apicius an: „Brate Schweinsleber, und reinige sie darauf von allem Häutigen; vorher jedoch zerreibe Pfeffer, Raute und Fischsülze, und darauf tue deine Leber, und vertreibe und mische es eben wie die Fleischklöße. Bilde Klöße daraus, wickele sie mit einzelnen Lorbeerblättern in die Netzhaut, und hänge sie in den Rauch so lange, als dir beliebt. Wenn du sie essen willst, so nimm sie aus dem Rauch und brate sie von neuem. Wirf sie in einen trockenen Mörser, auch Pfeffer, Liebstöckel, Majoran, und zerstoße es. Gieße etwas Fischsülze daran; tue gekochte Gehirnlein hinzu, vertreibe es fleißig, damit es keine Fladern habe. Wirf fünf Eidotter dazu und treibe es gut zusammen, so dass es einen einzigen Körper bilde; mische es mit Fischsülze, schütte es in eine eherne Pfanne und koche es darin. Wenn es gekocht ist, so schütte es auf einen Tisch und schneide es in kleine Würfel. Wirf Pfeffer, Liebstöckel und Majoran in einen Mörser und zerstoße es ineinander. Mische alles in einen Breikessel und lasse es darin heiß werden. Nachdem es heiß geworden, ziehe es hervor, zerarbeite es, binde es und schütte es in eine Schüssel. Streue Pfeffer darüber und trage es auf."

Keine Überfeinerung und Übermischung also, wie es in seinen Augen auch die Franzosen betreiben. Der französischen Küche müsse man grundsätzlich misstrauen, nur wenig lobt er an ihr, zum Beispiel deren Fleischbrühe als Grundlage „aller nassen Bereitungen", da sie gesund und schmackhaft sei. Vor einem Gericht mit Champignons, Schalotten, Zitronenschalen, Basilikum, dieser „Verbindung des Lieblichen und Widrigen mit dem Bitteren und Zusammenziehenden" schaudert ihn. Natürlichkeit ist ihm alles, nichts Rohes und nichts Artifizielles soll für einen gebildeten, feinsinnigen Geist in Frage kommen.

Garen und Braten sind die einzigen Arten der Zubereitung, um das Wesen eines Nahrungsmittels zu bewahren. Rumohr trifft damit sicher nicht jedermanns Geschmack. Erwin Speckter berichtet über einen „recht vergnügten, fidelen" Tag auf Gut Rothenhausen, an dem die Mahlzeit alles andere als köstlich war. „Gefressen haben wir da ein miserables Dinée von nix als Lammfleisch und Gras."

Obwohl selbst ein Mann von nicht geringer Körperfülle, predigt Rumohr am Tisch Mäßigkeit. Denn, so führt er aus, alles Unmäßige verderbe den Magen „und ohne Gesundheit der Verdauung ist Feinheit des Geschmacksinns nun einmal nicht denkbar". Während er in geistigen Dingen das Mittelmaß unerträglich findet, sieht er es in sinnlichen Dingen wie dem Essen und Trinken als das Beste. Das rechte Maß, diese Tugend der Antike, und der neue Geist der Bürgerlichkeit sind ihm enorm wichtig. Wie gesagt, Extreme vermeidet er: rohe, kulturlose Speisen ebenso wie überfeinerte, überkandidelte Raffinesse. Den „Aftergeburten" Schlemmerei wie Schleckerei wirkt er vehement entgegen. Als Schlemmerei bezeichnet er die „Begier nach allerlei kostbarer Atzung, mit Hintansetzung des Vorzüglichen", angeregt durch „Seltsamkeit, Wechsel und Mannigfaltigkeit" der Speisen. Die Schleckerei sei eine „unregelmäßige Begierde nach allerlei zufälligen Reizen des Gaumens", eine Vorliebe für das Naschen von Leckerbissen und Zuckergebäck – egal ob aus exotischen Ländern, aus der Apotheke oder von Giftmischern. Schlecker, so warnt er, erkenne man an ihren verdorbenen Zähnen, geschwollenen Augen und ihrem träumerischen Aussehen. Rumohrs Ideal ist der wahre Genießer, der weder unkontrolliert der Gefräßigkeit noch der Nascherei nachgibt. Gourmets ernähren sich ausgewogen, mäßig und speisen mit der nötigen Etikette. Letztere veranlasst ihn sogar, 1834 die „Schule der Höflichkeit" zu verfassen, in der er den Leser in die Kunst des richtigen Benehmens einführt. Aufrecht stehe man da und hält an seiner Haltung auch fest bei den „kühnsten Seitenbewegungen (vergleiche die Stellung des berühmten Diskuswerfers)". Nur so bewahre man sich eine „anstandvolle Grazie". Gehen solle man stets im Takt, Schritt für Schritt in gleichen Zeitabständen. Die Arme hebe man seitwärts mit Leichtigkeit aus den Achseln und die Unterarme beuge man gegen den Körper, denn das gäbe „für jegliche Tätigkeit allen ... begehrenden Spielraum".

Hintergrundmusik gibt es an Rumohrs Tisch nicht. „Tafelmusik" verwirft er in allen Fällen als schädlich und störend, mit der Ausnahme, wenn die Tischgesellschaft aus dummen und lauten Menschen bestehe – dann sei sie angebracht. Es wird an der Tafel nicht zu viel geredet, und auch nur, wenn jemand wirklich etwas zu sagen hat. Denn es komme bei einem „geräuschvollen, zwecklosen Plaudern" nichts heraus. Der Mensch im Naturzustand schweige lieber als er redet, und der Gebildete spreche gerade so viel wie nötig. Nur nichts, was das Essen beeinträchtigen könnte. So nimmt Rumohr Rücksicht auf sich selbst und andere, um die Verdauungsvorgänge nicht negativ zu beeinflussen. Niemand reizt, ärgert oder beleidigt einen anderen in der Tischgesellschaft, denn sonst könne einem die Galle hochkommen. Niemand führt unruhige oder anstrengende Gespräche und niemand führt peinliche oder beschämende Situationen herbei, denn sonst könne sich bei einem der Magen verkrampfen. Und niemand lacht heftig, redet sinnlos durcheinander oder macht plötzlich ein lautes Geräusch, denn sonst stocke den Anwesenden die Verdauung.

Rumohr polarisiert. In seinem Charakter, seiner Küche, seinem Werk. Er ist ein schwieriger Zeitgenosse. Ludwig Tieck schreibt über ihn: „Er war gutmütig, liebenswürdig, aufopfernd, dann plötzlich kalt, fremd, abstoßend ... wankelmütig und eigensinnig, Zyniker und Elegant, Demokrat und Aristokrat zugleich."

Rumohr fühlt sich verfolgt, oft verraten und im Stich gelassen. Seine Art, zwischenmenschliche Probleme zu lösen, ist die Flucht. Als er August von Platen einlädt und dann einfach in Siena sitzen lässt, erklärt er lapidar: „Mit einem Freund, der in die Notwendigkeit setzt, stets Kamillentee zur Hand zu haben", bleibe einem gar nichts anderes übrig, „als ihm so weit wie möglich zu entfliehen." Ein andermal rechtfertigt er den plötzlichen Bruch mit Gästen, die er in seine Villa in Florenz einlädt, mit der Fresssucht des mitgereisten Kindermädchens. Rumohr wird über sich selbst einmal urteilen: „Ich bin ein Kreuzerlicht, ein Wechselbalg, ein Gerippe, ein Stockfisch geworden; launig wie eine Jungfer, töricht wie ein Narr, tückisch wie ein Affe und sonst voll aller menschlichen Untugenden." Beschäftigt hat ihn die Grobheit, diese „garstige Derbheit": Das vierte Buch in seiner *Schule der Höflichkeit* trägt den Titel „Von den besonderen Vorteilen und vornehmlichen Methoden der Grobheit".

Rumohr ist ein sensibler Mensch mit depressiven Verstimmungen und selbstquälerischen Grübeleien. Sein Wankelmut Menschen gegenüber, denen er zuerst wohlwollend begegnet und die er dann einfach fallen lässt, und seine nicht standesgemäße Beschäftigung mit so entrückten Angelegenheiten wie dem Kochen ziehen oft Spott nach sich. Heinrich Laube schildert seine Begegnung mit Rumohr in seinen Reisenovellen nicht gerade schmeichelhaft. Er beschreibt ihn als großen, dicken Mann mit schmutziger Leibwäsche: „In seinem Gesicht fehlte alle Klarheit, der Frack war mit rotem Schnupftabak infiziert, und wenn er sich etwas vom Essen erholte, so stopfte er solchen garstigen, unanständigen Tabak in eine weiche kraftlose Nase. Die ganze Person kam mir ungewaschen vor, denn ich mag nie begreifen, wie ein reinlicher Mensch, oder ein Liebhaber, oder Dichter, oder wer noch ein Stück Spiegel im Hause hat, Tabak schnupfen, ein Kotreservoir in seinem Gesicht anlegen kann." Rumohrs starkes, in saftlosem Fleisch baumelndes Gesicht habe von edlem Ausdruck nur eine „kultivierte Schlauheit und eine fidele Gourmanderie" und seine kleinen Augen lächelten dazu, „als zerdrücke die Zunge süße Konfitüren". Auf Rumohrs „tief in den halbkahlen Kopf" schleichender Stirn sah Laube dann schließlich „alle die feinen, glatten Gedanken", die sich in Rumohrs Schriften fänden.

Sensibel dürfte Rumohr schon immer gewesen sein. Bettina Brentano beschreibt den jungen Lebemann, mit dem sie acht herrliche Tage mit Singen, Kochen und Pfeifen verbracht habe, als melancholischen Menschen: „Da unter dem Baum ist genügsam Platz seinen Gedanken Audienz zu geben, der launige Naturliebhaber lässt sich da nieder, das dolce far niente summt ihm ein Wiegenliedchen in die Ohren, die Augenlider sinken, Rumohr schläft. Natur hält Wache, lispelt, flüstert, lallt, zwitschert. – Das tut ihm so gut; träumend senkt er sein Haupt auf die Brust, jetzt möchte ich dich fragen, Rumohr, was ich nie fragen mag, wenn du wach bist. Warum gefällt dir's nicht deine Langeweile, deine melancholische Laune zu verkaufen um einen Stutzen, du bist so leicht und schlank wie eine Birke, du könntest Sätze tun über die Abgründe, von einem Fels zum andern, aber faul bist du und furchtbar krank an Neutralität."

Doch Rumohr kann auch anders. In Gesellschaft wird er oft als anregend und begeisterungsfähig geschätzt. Für die Malerin Louise Seidel ist er der liebenswürdigste Gastgeber. Johann Georg Rist notiert in seinen Lebenserinnerungen, dass er schon lange keinen so unterhaltsamen Mittag mehr erlebt habe wie beim Abschiedsschmaus, den sein Freund Rumohr gab. Er wird als humorvoll beschrieben und treibt wohl auch gern Scherze. In seinen „Drey Reisen nach Italien" erzählt Rumohr, wie er einem Mitreisenden einen Schreck einjagt, weil er über den ihn begleitenden Maler Franz Horny behauptete, dieser sei ein junger „Karibe von der menschenverzehrenden Gattung", den man ihm „aus seinem Vaterland ... zugeschickt, um ihn zu humanisieren".

Rumohr liebt die Gesellschaft junger Männer. Es wird gemutmaßt, dass dies ein Grund war, wieso er sich gerne in Italien aufhielt, wo die Toleranz Homosexuellen gegenüber größer war. Seine sexuelle Neigung dürfte auch die Ursache dafür sein, warum er, talentiert und kompetent, manche Pläne nicht verwirklichen kann und für angestrebte Posten nicht in Frage kommt. 1814 will er in München eine Gesellschaft für deutsche Altertümer gründen, was ihm verwehrt wird. Nachdem er für den preußischen Kronprinzen mehrmals Gemälde begutachtet hat, hofft er, in Berlin zum Leiter der Museumskommission oder zum Direktor der Gemäldesammlung ernannt zu werden. Doch Friedrich Wilhelm III. lehnt ihn ab. Auch in Kopenhagen wird er nicht zum Intendanten der staatlichen Kunstsammlung ernannt. Seine Reaktion auf diese Abweisungen ist meist die gleiche – er reist ab und widmet sich dem Schreiben. Er verfasst im Laufe der Zeit Romane, Novellen und kunsthistorische Abhandlungen. Rumohr ist auch gerne Reiseschriftsteller, da deren Schilderungen – zumindest was das Kulinarische anlangt - reine „Herzensergießungen" sind, befreit von jeglichem wissenschaftlichen oder menschenfreundlichen Zweck. Er rühmt das Reisen ob seiner löblichen „Eßlust" und seiner innewohnenden „Aufmerksamkeit auf alles Genießbare". Den Grund sieht er einfach darin, dass Reisen hungrig mache. Rumohr verkehrt in bedeutenden literarischen und politischen Kreisen. Während seiner Italienaufenthalte ist er Kunstagent und Diplomat, sogar Fremdenführer für die dänischen und preußischen Kronprinzen in Rom.

Warum er sich so innig dem Essen widmet, darüber gibt es allerlei Spekulationen. Rumohrs letzter Arzt, Carus, liefert eine anatomische Erklärung für sein Interesse an der Kochkunst: „Wie der Kopf, so war auch der Rumpf groß und kräftig in Brust- und Unterleibshöhle entwickelt; verhältnismäßig stellte sich jedoch die letztere größer dar, als sie dem männlichen Körper sich eignet, und gab schon dadurch Veranlassung, dass das Verdauungsleben, als unbewusstes so mächtig, auch im bewussten Leben eine Richtung begünstigte, welcher wir zum großen Teil Rumohr's oft so interessante, aber bei einem Manne solchen Geistes etwas unerwartete Arbeit über die Kochkunst verdanken."

Heinrich Wilhelm Schulz, der 1844 die erste Biografie Rumohrs vorlegte, führt die kulinarische Leidenschaft nicht nur auf seine Konstitution, sondern auch auf seine Bildung zurück: „Eine schon früh etwas schwächliche Gesundheit machte ihn auf die Zuträglichkeit oder Schädlichkeit der Speisen aufmerksam, und günstige Verhältnisse erlaubten es, mit der seinem verfeinerten Geschmack und der Freude am Genuss entsprechenden Sorgfalt bei der Wahl und Zubereitung der Speisen zu verfahren. Das Studium der Geschichte älterer und neuerer Zeit führte gelegentlich auf Nachrichten und Zeugnisse über den Haushalt und die Küche der Menschen und gab den Beobachtungen eine geschichtliche Begründung." Das „Kochbuch", so Schulz, entstand schließlich aus dem tiefen Bedürfnis, sich anderen mitzuteilen.

Rumohr hält seinen *Geist der Kochkunst* für mehr als nur ein Kochbuch, die im 19. Jahrhundert wie Pilze aus dem Boden schießen. Während sein Werk von wissenschaftlichem Geist durchdrungen sei, seien gemeine Kochbücher „entweder aus platter, unnachdenklicher Erfahrung, oder geradehin aus Kompilation entstanden". So urteilt der Verleger Brockhaus: „Ein seltsames, aber geistreiches Buch, das mehr praktische Weisheit enthält als manches dicke philosophische Werk". Rumohr spannt den thematischen Bogen seines Buches vom Begriff der Kochkunst über die Einrichtung einer Küche, Garverfahren, Lebensmittelkunde, Auswirkungen des Essens auf das Wohlbefinden, Erziehung zum Kochen, Erziehung zum Essen, das richtige Verhalten bei Tisch bis zur Kochkunst für Kranke.

Sein französisches Pendant Brillat-Savarin, dessen *Physiologie du goût* 1825 erscheint, erwähnt er in seiner zweiten Ausgabe kurz, aber lobend: „Ein geistreiches Werk, vor kurzem erschienen, enthält wichtige Winke." Obwohl der *Geist der Kochkunst* drei Jahre früher auf dem Markt ist und jenem von Brillat-Savarin um nichts nachsteht, bleibt ihm dessen Berühmtheit verwehrt. Der Grund liegt sicher am hohen Stellenwert, den die Kulinarik in Frankreich genießt. Zwar werden im Deutschland des 19. Jahrhunderts an die 400 gastrosophische Schriften veröffentlicht und in Frankreich keine 200, dennoch gibt es einen bedeutenden Unterschied zwischen den beiden großen Kulturnationen. Die Franzosen sind sich einig über die Bedeutung guten Essens. Sie schätzen nicht nur ein gelungenes Mahl, sondern ergötzen sich auch an der Besonderheit seiner Zubereitung. Die Deutschen scheinen lieber zu theoretisieren. „Es ist seltsam, so wenig sich im Allgemeinen die deutsche Küche mit der französischen messen kann, in der Theorie hat der Deutsche auf diesem Gebiet wieder einmal den Vogel abgeschossen", schreibt Carl Georg von Maassen 1928. Er ist damit nicht der einzige deutsche Kritiker, für den das Fundament der Gastrosophie in Deutschland und nicht in Frankreich liegt. Für Robert Habs, der die Einführung zur Neuauflage 1885 verfasst, ist und bleibt Rumohr der Begründer der Kochtheorie: „Vor allem muss hervorgehoben werden, dass sein Werk die erste wirkliche Theorie der Kochkunst und eine wahrhaft wissenschaftliche Arbeit ist."

Heute sind einige von Rumohrs Idealen wieder in Mode. Die Rückbesinnung auf regionale Gerichte etwa, das wachsende Bewusstsein für gesunde Zubereitung oder auch die maßvolle, ausgewogene Ernährung. Die Anerkennung, die ihm die Gastronomische Akademie Deutschlands heute zollt, gäbe ihm jedenfalls Genugtuung: Sie vergibt als höchste Auszeichnung den Carl-Friedrich-von-Rumohr-Ring. Sein Bekanntheitsgrad hält sich dennoch in Grenzen. Wolfgang Koeppen hat ganz recht, wenn er schreibt: „Rumohr lebt im Gedächtnis der Literaturkenner und Tafelfreunde, doch sein Geist kommt nicht auf den Tisch."

Rumohr stirbt 1843 an der Brustwassersucht auf dem Weg zu einer Kur in das böhmische Bad Teplitz. Einer Anekdote zufolge während des Frühstücks, als er sich ein Ei zum Munde führt.

Menü

Rumohrs Vorschriften für die Tafel sind geprägt vom richtigen Maß – sowohl was den Konsum als auch was den Umgang bei Tisch betrifft. Keine belanglosen Themen, besser eine sinnreiche Unterhaltung über Kunst oder das Kochen. Wer nur plaudern möchte, lasse es lieber. Wer nichts zu sagen hat, schweige. Harmonie gilt als oberstes Gesetz – keine Streitgespräche und keine Peinlichkeiten, denn weder der Genuss noch die Verdauung wollen gestört sein. Man sollte auch nicht zu laut werden bei Tisch. Heftiges Lachen ist verpönt. Auch auf Musik sollte beim Dinieren verzichtet werden.

Roastbeef

„Kolossal" nennt er diese „englische, oder vielmehr homerische Art zu braten". Dazu nimmt man vorzugsweise ein großes Stück vom ausgelösten Hüftknochenfleisch eines Ochsen. Wer das nicht zur Hand hat, kann auch zum Lungenbraten greifen. Das Fleisch braucht nach Rumohr keine Beize, auch „jegliches Begießen und vorzeitige Ansalzen" ist nach seiner Erfahrung nachteilig – es soll nur ordentlich abgelegen sein. Wichtig ist die anfängliche starke Hitze, wodurch sich die Poren schließen. Dann sollte das Feuer mäßig heiß sein. Erst jetzt kann man „stark ausgetrocknete Stellen" sparsam mit Butter berühren. Wenn das Fleisch Saft lässt, ist es ratsam, in kleinen Dosen feines Salz darüber zu streuen, damit der „Schweiß" („welche die neuere Chemie das Osmazoma nennt") gebunden bleibt. „Ein guter Braten muss anschwellen, die Fiber straff und gespannt, die Oberfläche fest, das Innere aber leicht zu durchschneiden und zart zu essen sein. Obwohl bis auf den Knochen gar, muss er dennoch schon beim ersten Schnitte die Schüssel von seinem Saft erfüllen." Mageres Fleisch wie das von Wild darf mit Speck gespickt werden, fetteres Fleisch wie Aal, aber auch Lamm-, Hammel- oder Schweinefleisch sollte man wie folgt zubereiten.

Braten am Spieß

Das Fleisch in Würfel schneiden und mit Zwiebel abwechselnd auf den Spieß reihen, „damit sie nicht zu nahe aneinander stehen". Statt Zwiebel können auch „frische Lorbeerzweiglein, Salbei, Rosmarin oder andere bittere und aromatische Kräuter" zwischen die Fleischstücke gereiht werden. Das Feuer sollte mäßig heiß sein. Erst wenn das Fleisch zu schwitzen beginnt, mit einer Mischung von fein gestoßenem Salz und fein geriebenen Semmelbröseln (eventuell auch Kräutern) bestreuen. Mit der Bestreuung so lange fortfahren, bis das Ausschwitzen des Fleisches zu Ende ist. „Wenn diese Handlung mit vieler Aufmerksamkeit und nicht, wie in den meisten Küchen geschieht, mit gedankenloser Fertigkeit vorgenommen wird, so inkrustiert sich jedes einzelne Stück ganz ebenmäßig mit einem Überzuge, den man einige Minuten vor dem Anrichten durch Verstärkung des Kohlenfeuers etwas sperre (krokantkross) machen und nach Belieben mit etwas gestoßenem Pfeffer schärfen (pikanter machen) kann."

Otaheitischer (Tahitischer) Braten

„Diese Art der Bereitung nahm, als national, einfach und offenbar dem strengen Stile der Kunst angehörend, meine ganze Aufmerksamkeit in Anspruch." Die Rede ist vom Braten im Erdofen, dem Ahima'a, wie es auf den Südseeinseln praktiziert wird. Dazu gräbt man ein Loch in die Erde, erhitzt neben der Grube Steine in einem offenen Feuer. Es gibt auch die Variante, wo anstatt der heißen Steine die Glut eines Feuers verwendet wird, das direkt in der Grube gemacht wurde. Die Zutaten werden traditionellerweise in Bananenblätter gewickelt. Wer keine hat, lege das vorgesalzene oder auch marinierte Fleischstück (Ochse, Hammel oder Schwein) im Ganzen in einen feuerfesten Topf mit Deckel. (Der Behälter dient als Saftfänger und als Behälter für Kartoffeln, die leicht übersalzen als Beilage dazugegeben werden.) Den Topf in der Erdgrube mit heißen Steinen oder glühender Asche bedecken und die Grube mit Erde luftdicht abschließen. Je nach Größe einige Stunden garen lassen.

Zu allen Arten von Grillfleisch eignet sich als Beilage vor allem die in glühender Asche gebratene Kartoffel, für Rumohr das „vortrefflichste Knollengewächs".

Ein „Fremdling auf Erden":
Der Misanthrop Arthur Schopenhauer beim opulenten Mahl

Ein fein gekleideter, mittelgroßer Mann mit kurzem Silberhaar und fast militärisch zugespitztem Backenbart, rosiger Gesichtsfarbe und strahlend blauen Augen. So beschrieben Zeitgenossen die Person, die jeden Tag pünktlich um eins in den großen Speisesaal im Frankfurter „Englischen Hof" trat und dort ihren Stammplatz einnahm. Dieses erste Haus am Platz war ein „abscheulich teures Pflaster", wo das Mittagessen sechsmal so viel kostete wie in anderen Restaurants. Dieses luxuriöse Ambiente will nicht so ganz zu dem Beinamen passen, den man Arthur Schopenhauer gegeben hatte. So nannte man ihn gerne den Buddha des Westens, weil die indische Heilslehre mit ihrer pessimistischen Grundeinstellung, nach der Leben Leiden bedeutet, in seinem Denken eine so nachhaltige Rolle spielte. Und was noch viel weniger in die verschwenderische Pracht des Nobelhotels passen wollte:

Schopenhauer begeisterte sich nicht nur für den Buddhismus, er hatte auch das indische Ideal der Askese in die westliche Philosophie eingeführt und in sein Hauptwerk, *Die Welt als Wille und Vorstellung*, einfließen lassen. Darin geht er vom Willen als dem „Kern jedes Wesens" aus, einer Urkraft, die uns bestimmt, einer beständigen Begierde nach etwas, die unstillbar ist und uns deshalb immer unzufrieden und unglücklich zurücklässt. Die Welt wird deshalb von einem Heer von Egomanen bevölkert, die früher oder später aufeinanderprallen müssen, was eine Katastrophe nach der anderen zur Folge hat. Um sich diesem körperlichen Wollen, dieser Übermacht des Leibes zu entziehen, hat Schopenhauer eben die Askese als Lösung vorgeschlagen. Ohne sie jedoch selbst vorzuleben. Zumindest nicht an der Speisetafel. Denn Schopenhauer war nicht nur bekannt dafür, dass er seine Mahlzeiten in äußerst mondänem Rahmen zu sich nahm, sondern er zeichnete sich beim Essen auch durch einen außergewöhnlichen Heißhunger aus. Was er auch wusste und worauf er mit Selbstironie reagierte: „Ich habe wohl … gelehrt, was ein Heiliger sei, aber ich habe nie gesagt, dass ich einer wäre."

Dass er sich beim Essen keinerlei Beschränkungen auferlegte, dass er sich nicht zumindest vegetarisch ernährte, verwundert übrigens auch noch aus einem anderen Grund. Schopenhauer war ein ausgewiesener Tierfreund. Nicht nur war er Gründungsmitglied eines Tierschutzvereins, sondern er besaß als Haustier auch einen Pudel, den er heiß liebte: „Wenn es keine Hunde gäbe, möchte ich nicht leben", sagte Schopenhauer einmal zu einem Freund.

Dem Tier hatte er den indischen Namen „Atman" („Weltseele") gegeben und als er starb, bedeutete das für Schopenhauer eine größere Katastrophe als der Tod seiner Schwester oder seiner Mutter, zu denen er die meiste Zeit seines Lebens allerdings ein sehr getrübtes Verhältnis hatte: „Meinen teuren, lieben, großen, schönen Pudel habe ich verloren: er ist vor Altersschwäche gestorben, nicht ganz 10 Jahre alt. Hat mich inniglich betrübt und lange."

Seine Tierliebe lässt sich auch leicht an seinem Wohnungsinventar ablesen. So standen dort einer Büste von Kant, einem Gemälde von Goethe, einer Buddhastatue und mehreren Fotoporträts Schopenhauers gleich 16 Kupferstiche von Hunden gegenüber.

Buddha und die indischen Asketen stellte Schopenhauer zwar als Ideal dar, europäische Diätetiker sah er aber als Konkurrenten. Äußerst unwirsch konnte er da reagieren, wenn andere vorlebten, was ihm misslang. Wie etwa der Renaissance-Mensch Luigi Cornaro, der in seinem Buch *Vom mäßigen Leben und der Kunst, ein hohes Alter zu erreichen* eine eigene Makrobiotik entworfen und diese auch mit Erfolg gelebt hatte; wurde er doch, nachdem er 55 Jahre lang von täglich nur 1200 Kalorien gelebt hatte, erstaunliche 102 Jahre alt. Den nannte Schopenhauer abfällig einen „italienischen Hungerleider".

Gerechterweise muss man aber erwähnen, dass Schopenhauer schlüssige Argumente für seine Esslust ins Treffen führen konnte. Verbrauchte Kräfte mussten seinem Verständnis nach eins zu eins ersetzt werden, und dass seine Denkarbeit ein ungeheures Ausmaß an Energie verschlang, dessen war er sich sicher. Denken, das waren ja nicht einfach die Schwingungen einer ewigen und immateriellen Seele, wie bislang zumeist angenommen worden war, sondern eine ganz reale körperliche Handlung wie jede andere Arbeit auch und kostete deshalb Kalorien: „Wer viel denke, müsse auch viel essen. Bei Dummköpfen und Denkfaulen gehe der Stoffwechsel viel langsamer vor sich."

Dass Schopenhauer Feinschmecker und Gourmand war, hatte seinen Grund sehr wahrscheinlich in seiner Kindheit. Als Sohn eines äußerst wohlhabenden Kaufmanns war er einfach verwöhnt. Schon der 15-jährige Schopenhauer hatte auf einer großen Europareise, die er gemeinsam mit seinen Eltern unternahm, seine liebe Not, weil ihm der Abschied von dem herrschaftlichen Haus in Hamburg und seinen Annehmlichkeiten so schwer fiel. So ekelte es ihn vor den „elenden Nestern", in denen die Familie unterwegs immer wieder übernachten musste.

Sie sind „ärmlich und schmutzig, wie das sehr schlechte Essen, welches man hier bekommt; so setzte man uns heute einen alten Hahn vor: doch wenn es gar zu schlecht war, nahmen wir unsere Zuflucht zu einer französischen Pastete und unserm eigenen Wein, den wir mit hatten und so waren wir von dieser Seite gesichert."

Neben seiner Vorliebe für gutes Essen zeigte sich beim jugendlichen Schopenhauer noch eine andere Eigenschaft, die charakteristisch für ihn bleiben sollte: seine fehlende Achtung vor Autoritäten, seien sie weltlicher oder geistlicher Natur. Als Schopenhauer etwa in England Zeuge des vorbeidefilierenden Hofes wird, zeigt er sich völlig unbeeindruckt: „Es war ... auffallend, mit wie wenig Anstand und Grazie die Hofdamen ... einhergingen: es schienen verkleidete Bauernmädchen ..." Und in Windsor beobachtete er, wie der König mit seiner Familie „zwischen seinen Untertanen" spazierte: „Der König ist ein sehr hübscher, alter Mann. Die Königin ist hässlich und ohne allen Anstand. Die Prinzessinnen sind alle nicht hübsch und fangen an, alt zu werden."

Und auch die Kirche blieb von seinen Angriffen nicht verschont: So schrieb er über eine protestantische Messe, dass „uns der gellende Gesang der Menge Ohrenweh macht und das mit aufgesperrtem Maul blökende Individuum oft zum Lachen zwingt."

Die Europareise führte die Familie Schopenhauer auch nach Österreich. Allerdings nicht ohne Komplikationen. So gestaltete sich die Einreise nach Österreich wegen der „schikanösesten aller schikanösen Polizeien und der impertinentesten aller impertinenten Accisen (Kontrollen)" überaus umständlich. Der Pass wurde nämlich als ungültig befunden und musste nach Wien geschickt werden, weshalb die Familie gezwungen war, in Braunau am Inn sechs Tage auf die Ausfolgung zu warten.

Glücklicherweise hatte die Familie die nötige Geduld, denn sonst müssten wir heute auf die sehr amüsante Beschreibung Wiens und der Wiener Küche durch den 15-jährigen Arthur Schopenhauer verzichten: „In den schönen heißen Sommertagen geht in Wien des Abends zwischen neun und elf alle Beau Monde in den Straßen spazieren: der Gebrauch ist nicht unangenehm. Besonders wimmelt es auf dem schönen wohl gepflasterten Graben von Spazierenden. Es sind daselbst Zelte, in denen Erfrischungen ausgeteilt werden und die Mitte des Grabens ist mit Stühlen und sitzenden Damen gefüllt. Doch sieht man durchaus keine Unanständigkeit. Der gemeine Mann ist in Wien höflicher wie irgendwo, auch wirklich ausgezeichnet ehrlich und gutmütig. Ein jeder, der einen ganzen Rock anhat, heißt Euer Gnaden und macht auch Ansprüche, so genannt zu werden und nach anderen äußerlichen Zeichen des Wohlstands wird man hochgräfliche Gnaden und Exzellenz betitelt. Die Wiener Sprache ist für sehr unrein bekannt und mit Recht. Den gemeinen Mann zu verstehen, ist für einen Fremden unmöglich, auch Leute von Stande reden selten reines Deutsch, doch dafür geläufig französisch. Gewisse Nationalausdrücke muss man durchaus verstehen lernen. Besonders die Benennungen der Speisen: Fasolen (sic!), gebochne Hendel, etc. etc."

Ansonsten wird auch in Wien an den Obrigkeiten kein gutes Haar gelassen. Weder bleibt der österreichische Kaiser ungeschont – „Er ist ein hagerer Mann, dessen ausgezeichnet dummes Gesicht eher auf einen Schneider als auf einen Kaiser raten ließ. Sie (die Kaiserin) ist nicht hübsch, sieht aber klüger aus" – noch seine Speisetafel: „Man trinkt bei Hofe Wasser, der österreichische Wein ist zu sauer, der fremde zu teuer und man hat herausgefunden, dass Wasser von beiden Fehlern frei ist."

Und über einen Besuch des Stephansdoms schreibt der aufbrausende Pubertierende: „Wir besahen die Kirche an einem Wochentage und dennoch war sie voll: Ein guter Maßstab der hier herrschenden Bigotterie."

Ein wiederkehrendes Thema im Reisetagebuch des jungen Schopenhauer ist das Essen. Auch wenn er sich kaum detailliert über die Speisen auslässt, so fehlt doch selten eine Bewertung der Lokale. Über seine Ausflüge ins Umland von Wien kann man da lesen: „In Laxenburg ist ein sehr gutes Wirtshaus … Im Dorfe Dornbach ist ein mittelmäßiges Wirtshaus, wo man recht gut essen kann … In (Hinter-)Brühl ist ein neu angelegtes, mittelmäßiges Wirtshaus."

Aber zurück zum alternden Philosophen nach Frankfurt. Der hatte sich schon 1833 in dieser modernen, den neuen Technologien aufgeschlossenen Stadt niedergelassen. 50.000 Einwohner hatte Frankfurt damals, die Armen lebten in den verwinkelten Gassen der Altstadt, während die Reichen neu entstandene Viertel am Stadtrand bezogen hatten. Schon damals war die Stadt das Zentrum des mitteleuropäischen Kapitalmarktes, die Rothschilds diktierten die Kurse an der Börse: „Das Geld ist der Gott unserer Zeit und Rothschild ist sein Prophet", schrieb Heinrich Heine.

Der Reichtum der Stadt war auch dafür verantwortlich, dass hier schon vergleichsweise früh die ersten Straßen asphaltiert, neue Wasserleitungen angelegt und auf den Straßen Gasbeleuchtungen installiert wurden. Dabei besaß Frankfurt anfangs nicht einmal eine eigene Universität, dafür aber zahlreiche Vereine, die sich den Naturwissenschaften widmeten. Die Stadt war also ganz und gar nicht vom Informationsstrom abgeschnitten, denn der kam zusammen mit dem Geld in die Stadt. Zumindest sagte Schopenhauer, „hierher nach Frankfurt kommt Alles. Da sieht und hört man, was in der Welt vorgeht."

Von kurzen Ausflügen abgesehen, verließ Schopenhauer die Stadt bis zu seinem Tod 1860 übrigens nicht mehr. Die jugendliche Reiselust hatte ein Ende gefunden, ja er polemisierte jetzt sogar gegen den „allgemein grassierenden Reiseteufel", dieses massenhafte „Hin- und Herrutschen zur Erholung". Schopenhauer hielt es da gemütlicher: „I like my rest: there's no place like home."

Was ihn so für Frankfurt als Wohnort einnahm, das vertraute Schopenhauer einer Liste an: „Du bist uneingeschränkter und weniger mit Gesellschaft behelligt", schreibt er da etwa über das Leben in der Stadt am Main und bestätigt damit seine Vorliebe für ein gepflegtes Einzelgängertum, ein zentraler Punkt in Schopenhauers Existenz. Denn „Menschen", so fährt er fort, „sind mir nichts, nirgends."

Sich selbst sah Schopenhauer als den „Kaspar Hauser" der deutschen Philosophie, dessen Fall damals – der verwahrloste Knabe tauchte 1828 aus dem Nichts auf – gerade Aufsehen erregte.

Denn als Philosoph, so meinte Schopenhauer, lebe er zwar „gefährlich, aber frei" und damit anders als die gewöhnlichen Menschen, die er verächtlich „Fabrikware" oder „Zweifüßler" nannte.

Seinem inneren Eremitentum setzte Schopenhauer auch äußere Zeichen: Durch seine Herkunft preußischer Untertan, hatte er nie um das Frankfurter Bürgerrecht angesucht, denn ihm gefiel seine Außenseiterrolle auch in diesem Belang; nicht dazuzugehören brachte Unabhängigkeit.

Am deutlichsten aber zelebrierte Schopenhauer sein Einzelgängertum am Mittagstisch: Nach seinen morgendlichen Studien „von 8 Uhr morgens bis Mittags" kam er immer ganz ausgehungert in den „Englischen Hof", weshalb, so berichten Zeitgenossen, „der bereits bejahrte Mann die ersten Gerichte des Mahles mit einer wahren Gier" verschlang. Und weiter: „Wer ihn in diesem Augenblicke hätte an seiner ‚Arbeit' stören wollen, würde sich allerdings eine kurze, scharfe Antwort oder vielleicht gar ein unverständliches Geknurre zugezogen haben." Schopenhauers erster Biograf, Wilhelm Gwinner, schrieb dazu: „Schopenhauer erfreute sich eines so starken Appetits, dass er denselben zu den ihn beherrschenden Untugenden zählte, aus welchen er Freunden gegenüber kein Hehl machte. Er tröstete sich damit, dass auch Kant und Goethe stark getafelt hätten und dass er im Trinken desto mäßiger sei." Und der Botschafter General von Schweinitz bestätigte diese Beobachtungen: „Im Englischen Hof war der berühmte Philosoph Schopenhauer mein Tischgenosse, er sprach indessen nie mit seinen Nachbarn, aß aber umso eifriger.

Kaum aber hatte er die Mahlzeit beendet, liebte er es, sich in Diskussionen zu verstricken. Wie die verliefen, das entschieden seine massiven Stimmungsschwankungen. Da konnte er an einem Tag ein geduldiger und verständnisvoller Zuhörer sein und am nächsten schon wieder ein Choleriker und Provokateur, der sich bei der Wahl seiner Gesprächsthemen kein Blatt vor den Mund nahm. So berichteten Zeitzeugen, dass er einmal von einer „herrlichen Erfindung" schwärmte, die sich als Mittel gegen Geschlechtskrankheiten herausstellte. Die Anwendung soll er detailliert und im ganzen Speisesaal gut hörbar erläutert haben: Und zwar ging es darum, etwas Chlorkalk in einem Glas Wasser aufzulösen und nach dem Geschlechtsakt den Penis in diesem Sud zu baden.

Schon auf seinen Italienreisen hatte er die Mittagessen dazu genutzt, sich mit Vorsatz und Vorliebe ins Fettnäpfchen zu setzen. In Rom genoss er es, die Trattoria dell'Armellino und das Café Greco aufzusuchen, zwei Lokale, die bevorzugt von der deutschen Künstlerkolonie besucht wurden. Dort saß er dann und brachte seine meist selbstverliebten, romantisierenden und hochpatriotischen Landsleute gegen sich auf: So lobte er die heidnische Vielgötterei der Antike, was den christlich verbrämten Künstlern gar nicht behagte. Und ein anderes Mal verkündete er lautstark, dass die deutsche Nation von allen die dümmste sei, worauf man ihn hochkant hinauswerfen wollte. Schopenhauer notiert in seinem Reisebuch: „Wenn ich doch nur die Illusion loswerden könnte, das Kröten- und Otterngezücht für Meinesgleichen anzusehen: da wäre mir viel geholfen." Von der Gegenseite ist wiederum die Feststellung überliefert: „Unter den deutschen Reisenden ... bemerke ich Schopenhauer ... Er ist wirklich ein völliger Narr."

Und ein anderer, zurückhaltenderer Zeitzeuge schrieb: „Wie die Deutschen nun einmal sind, hat er sie sich fast alle durch seine Paradoxien zu Feinden gemacht und ich bin wiederholt vor dem Umgang mit ihm gewarnt worden."

Überhaupt bediente sich Schopenhauer gerne einer derben Sprache; es gefiel ihm zu er- und verschrecken. Auch in seinen Manuskriptbüchern nimmt er sich häufig kein Blatt vor den

Mund: „Nur wer bei dem, was er schreibt, den Stoff ... bloß aus seinem Kopf nimmt, ist wert, dass man ihn liest ... Daher soll man Kompilatoren nie lesen; sondern bloß aufschlagen der Zitate wegen: das übrige ist Arsch-wisch."

Mit seiner Vorliebe für deftige Ausdrücke stand Schopenhauer übrigens nicht alleine da. Auch Goethe soll das Leben am Hof eine „wahre Scheißexistenz" genannt und sich auch sonst kein Blatt vor den Mund genommen haben.

Derbe Ausdrücke hatte Schopenhauer auch für die anderen angesehenen Denker seiner Zeit parat: Die philosophischen Gegner, darunter Fichte und Schelling, werden als „Windbeutel", „Lump" und „Wurm" beschimpft. Kritiker als „unwissende, platte Barbiergesellen" und „Schweine".

Stimmungsumschwünge konnten jederzeit über ihn hereinbrechen. Auch wenn er alleine war. So gab es immer wieder Beschwerden anderer Hausbewohner über den nächtlichen Lärm aus seiner Wohnung; als man nachsehen ging, fand man den Philosophen mit seinem Spazierstock auf seine Möbel einschlagen. Die Antwort auf die Frage, was er da mache, ist ebenfalls überliefert: „Ich zitiere meine Geister."

Apropos Geister und Übersinnliches. Schopenhauer war ja Zeit seines Lebens auf der Suche nach einem sichtbaren Ausdruck für das von ihm behauptete Phänomen des Willens, der alle Lebewesen durchpulse und bestimme. Und gerade im damals aufkommenden Tischrücken war – der sonst ganz rationale – Schopenhauer überzeugt, diesen gefunden zu haben: „Hier ist Magie, metaphysische Kraft des Willens. Die ganze Sache ist für meine Philosophie höchst wichtig."

Was Schopenhauer auch an Frankfurt liebte: Dass es hier einen geschickten Zahnarzt gab. Auf seine Zähne bildete sich der Philosoph etwas ein. Sie waren ja auch zentral für ihn, denn, so sagte er einmal: „Es gibt nur ein Ding, das ich täglich betreiben könne: Dies sei das Essen."

Zu seinen Zähnen ist auch noch eine andere Anekdote überliefert, auf die Schopenhauer sehr stolz war. Er war ja in allen

Belangen darauf aus, sich vom Rest der Menschheit abzuheben. Er sei, so meinte er, „kein Mensch der allgemeinen Art, sondern auch körperlich ein Unikum." Da passte es ihm gut in den Kram, dass ein Zahnarzt bei einer Untersuchung „voll Erstaunen ausgerufen habe: Nein, das habe ich noch nie gesehen! Sie haben ja vier Zähne mehr als das Maximum bei einem Menschen!"

Schopenhauer blieb Zeit seines Lebens Privatgelehrter, der nie unter finanziellem Druck stand oder in die Verlegenheit kam einer Lohnarbeit nachzugehen. Dafür sorgte das Erbe seines Vaters. Damit konnte er sich in aller Ruhe der Ausarbeitung seines Gedankensystems widmen, ohne sich um das Wohlwollen von Verlegern, Universitäten oder Publikum kümmern zu müssen. Und die Ruhe von außen brauchte er, denn sonst, so meinte er, würden die Gedanken matt, die Originalität ginge verloren und der Stil verkomme: „Denn mein Grundsatz ist sat cito, si sat bene (Gut genug ist schnell genug = Gut Ding braucht Weile), und so arbeite ich bloß die 2 ersten Morgenstunden."

Er litt unter der übertriebenen Angst, bestohlen zu werden oder auf andere Weise zu verarmen und dadurch diesen bevorzugten Status zu verlieren. Sein Geld versteckte er deshalb an oft seltsamen Orten und auch sonst zeigte er sich auf Eindringlinge vorbereitet: „Entstand in der Nacht Lärm, so fuhr ich aus dem Bette auf und griff nach Degen und Pistole, die ich beständig geladen hatte."

Als 1848/49 die Revolution nach Frankfurt kam, stellte er sich deshalb auf die Seite der Obrigkeit. Und das, obwohl seine Schriften eigentlich voll von prorevolutionären Gedanken waren. Die Welt war „Hölle", weil es einen „grenzenlosen Egoismus" gab, der Kinder „im Alter von 5 Jahren" in Fabriken eintreten ließ, wo sie täglich bis zu 14 Stunden „dieselbe mechanische Arbeit verrichten" mussten, ein „Schicksal von Millionen", liest man da etwa in seinen Aufzeichnungen. Als die

Revolution dann aber vor der Tür steht, wettert Schopenhauer dagegen an, schlimmer als der schlimmste Reaktionär. Feldmarschall Windisch-Graetz, bei anderen wegen seines brutalen Vorgehens gegen die Revolutionäre berüchtigt, wird von Schopenhauer „zu große Empfindsamkeit" vorgeworfen. Und als schließlich die Straßenkämpfe ausbrechen, lässt Schopenhauer die kaiserlichen Truppen von seinem Fenster aus auf die Aufständischen schießen: „Aus dem ersten Stock rekognosziert der Offizier das Pack hinter der Barrikade: sogleich schicke ich ihm den großen doppelten Operngucker."

Neben der Angst um sein Geld quälten ihn vor allem Befürchtungen hypochondrischer Art: „Aus Neapel vertrieb mich die Angst vor den Blattern, aus Berlin die Cholera. In Verona ergriff mich die fixe Idee, vergifteten Schnupftabak genommen zu haben."

Außerdem ging Schopenhauer aus Angst nie zum Barbier. Und um Ansteckung in öffentlichen Lokalen zu vermeiden, trug er immer einen faltbaren Lederbecher bei sich, aus dem er sein Wasser trank.

Um die Ängste zu bannen, folgte er einem rigorosen Tagesablauf mit festgelegten Ritualen.

Er war kein Frühaufsteher wie Kant, weil er davon überzeugt war, dass langer Schlaf zu einem langen Leben führe: „Meine unerschütterliche Gesundheit schreibe ich ... dem zu, dass ich auch noch jetzt, bald 64 Jahre alt, meine 7 bis 8 Stunden schlafe." Da er gerne spät, oft erst um Mitternacht herum, zu Bett ging, bedeutete das, dass er um acht Uhr morgens aufstand. Anschließend wusch er „sich kalt mit einem kolossalen Schwamm den ganzen Oberkörper ..." Dann setzte er sich zum Kaffee, den er sich selbst bereitete, Java oder Mokka. Vielleicht gab es dazu eine Prise Schnupftabak, von mehr ist aber nirgendwo die Rede.

Danach folgten die Arbeitsstunden. Bevor er sich um die Mittagszeit ankleidete, um zum Essen zu gehen, spielte er noch, und das täglich, auf seiner Flöte, wobei er seine ganz besonderen Vorlieben hatte: „Ich bewundere und liebe Mozart und besuche alle Konzerte, in denen Beethovensche Symphonien gespielt werden, aber – wenn man viel Rossini gehört hat, kommt einem alles andere dagegen schwerfällig vor."

Daheim besaß er die Noten zu sämtlichen Rossini-Opern für eine Flöte arrangiert. Einmal war Schopenhauer dem Komponisten sogar von Angesicht zu Angesicht im Englischen Hof begegnet. Ein für den Philosophen desillusionierendes Treffen: „Er saß bei der Tafel in meiner Nähe, aber – ich wollte seine Bekanntschaft nicht machen. Zum Wirte sagte ich: „Das kann unmöglich Rossini sein, das ist ein dicker Franzose."

Über sein opulentes Mittagsmahl im Englischen Hof ist schon einiges gesagt worden. Das erst 1797 vom Franzosen Salin de Montfort erbaute Monumentalgebäude fiel durch seine stattliche Fassade weithin auf. Der Speisesaal lag im ersten Stock und besaß einen eigenen Balkon. Die hohen Fenster boten darüber hinaus einen guten Blick auf das geschäftige Treiben auf dem Rossmarkt, der als Mittelpunkt des gesellschaftlichen Lebens der Stadt galt. Dort nahm er einen Platz an der Table d'hôte, der Gemeinschaftstafel ein, wo er seine liebe Not hatte: „Das Lärmen der Gäste, das Rasseln der Teller, die Hudeleien der Kellner waren ihm höchst zuwider." Vor allem mit den Kellnern scheint er auf Kriegsfuß gestanden zu haben. So wissen wir von einem seiner Biografen, dass er die Kellner immer wieder schimpfte, die sich revanchierten, indem sie „ihm zuweilen einen Schabernack spielten; einmal gaben sie ihm zur süßen Speise, die er besonders liebte, statt der Chaudeausauce (eine schaumig geschlagene Sauce aus Weißwein, Zucker, Eiern und Zitronensaft) eine ebenso aussehende, welche zum Blumenkohl gehörte. Schopenhauer pflegte die Saucen zu den Mehlspeisen mit dem Suppenlöffel zu essen und als er nun ein so großes Quantum der säuerlichen Tunke verschlang, brach er in unmäßigen Zorn gegen die Kellner aus."

Anschließend hielt Schopenhauer seine Siesta. Denn das Gehirn musste ruhen „während der Verdauung, weil dann eben dieselbe Lebenskraft, welche im Gehirn Gedanken bildet, im Magen und den Eingeweiden angestrengt arbeitet ... Mit Recht ist gesagt worden: Das Gehirn denkt, wie der Magen verdaut."

Wie alle Körperphilosophen hielt auch Schopenhauer viel auf seine tägliche Bewegung, die ihn bis ins hohe Alter fit hielt: „Ich ... laufe noch immer wie ein Windhund ..., im Sommer schwimme ich im Main", schreibt Schopenhauer kurz nach seinem 68. Geburtstag. Und noch kurz vor seinem Tod zeigte er sich nur von wenigen Alterserscheinungen gezeichnet: „Mit 72 Jahren bin ich stets kerngesund und durch meinen überaus raschen und leichten Gang noch jetzt auffallend. Ich lese ohne Brille, auch bei schwacher Beleuchtung, und blase immer noch täglich meine Flöte. Ich kann also sehr alt werden, – wenn nichts dazwischen kommt. Bloß mein Gehör, welches stets schwach war, hat noch mehr abgenommen: Seit 3 Jahren kann ich nicht mehr die Komödie verstehen und muss mich mit der Oper begnügen."

Bei seinen Spaziergängen hatte er einige Marotten. So „pflegte er mit dem Stock, einem kurzen, dicken Bambusrohr, von Zeit zu Zeit heftig auf den Boden zu stoßen. Vor der Stadt zündete er sich eine Zigarre an, die er aber nur zur Hälfte rauchte, da er den feuchten Rest für schädlich hielt. Zuweilen blieb er stehen, sah sich um, und eilte dann wieder, einige unartikulierte Laute ausstoßend, weiter ... seine Gewohnheit, sein überaus sanguinisches Temperament laut werden zu lassen." Soweit die Beobachtungen eines Zeitgenossen.

Und auch auf diesen Wegen konnte er es nicht lassen, bei anderen anzuecken. So ahmte er auf seinen Spaziergängen „oft den schwerfälligen Gang anderer Passanten nach." Einem Bekannten erklärte er, dass „die Leicht- und Schwerfälligkeit in den Gliederbewegungen" sich von der „Verschiedenheit des Gehirnes ableitete."

Wie schon erwähnt, hatte Schopenhauer eine Vorliebe für Süßspeisen, die er in den Sommermonaten auch auf seinen Spaziergängen pflegte. Dann gönnte er sich nämlich in der

Sorbetto-Boutique des Konditors Julius Franz Roeder an der Frankfurter Stadtallee ein Eis.

Abends suchte Schopenhauer wieder den Englischen Hof auf: „Zwischen 8 und 9 Uhr ging er zum Nachtessen, das gewöhnlich in einer kalten Fleischspeise bestand, mit Vorliebe Huhn. Dazu trank er einen großen Schoppen Wein; es war mehr als das gewöhnliche Maß (ein Schoppen, also ca. 0,4 Liter), aber weniger als eine Flasche." Gewöhnlich trank er Ingelheimer Wein, der ganz in der Nähe, bei Mainz, wuchs. Allerdings war Schopenhauer kein großer Trinker, denn der Alkohol zeigte bei ihm schnell seine Wirkung, sodass er schon nach dem zweiten Glas lebhafter wurde. „Er war geneigt, es als ein Zeugnis gegen die geistige Anlage eines Menschen anzusehen, wenn einer mehr als eine Flasche vertragen konnte. Gegen Bier hatte er eine entschiedene Ablehnung", schreibt dazu sein Biograf.

Nach dem Essen konnte Schopenhauer noch lang im Englischen Hof sitzen bleiben. Ein Freund berichtet von einem Gespräch, das von dreiviertel neun bis halb elf ging. Anschließend ging es dann nach Hause in seine Parterrewohnung. Einen Zeitgenossen erinnerte sie an ein „Absteigequartier, in dem man nicht lange zu bleiben gedenkt. Es war eine Wohnung für den Fremdling auf Erden."

Geschlafen hat Schopenhauer das ganze Jahr hindurch nur mit einer leichten Decke und das bei offenem Fenster. Einen ruhigen meist ungestörten Schlaf. Wurde er doch einmal unterbrochen, hatte er auch dafür einen Trick parat, den er auch gerne an Freunde weitergab: „Wenn Sie nachts aufwachen, ja nichts Gescheites oder irgendetwas Interessantes denken, sondern bloß das fadeste Zeug mit vieler Abwechslung, aber in gutem korrektem Latein."

Eine schöne Vorstellung: Der alternde Philosoph liegt mitten in der Nacht in seinem Bett und übersetzt mit geschlossenen Augen die Speisekarte des Englischen Hofs ins Lateinische, um gleich darauf sanft einzuschlafen.

Menü

Ein Menu à la Schopenhauer ist ein Essen allein, zumindest aber ein schweigsames Mahl. Statt einer Vorspeise wird das Dessert als doppelte Portion mit extra viel Sauce serviert. Das Essen wird nicht zelebriert, sondern recht flott gegessen, anschließend die halbe Nacht parliert. Als Hintergrundmusik empfiehlt sich eine Rossini-Oper.

Hühnerfrikassee mit Karfiol und Erbsen

500 g ausgelöste Hühnerbrust
1 TL Speisestärke
Pfeffer
1 Zwiebel
2 EL Butter
1 kleiner Karfiol
Salz
1 Döschen Safran

Weißwein
200 g Crème fraîche
200 g Erbsen
1 Prise Cayennepfeffer
1 Schuss Worcestersauce
Kerbel oder Petersilie
Macis

Das Brustfleisch in drei Zentimeter große Würfel schneiden. Stärke und Pfeffer gut einmassieren und darin marinieren lassen, bis alles Weitere erledigt ist. Den Karfiol in Röschen teilen, die Strunkstücke klein schneiden. Die schönen Röschen in wenig Salzwasser kochen, bis sie bissfest sind. Den Rest klein schneiden. Die Zwiebel fein würfeln und in heißer Butter andünsten. Die klein gehackten Karfiolreste zufügen. Etwa eine Tasse Karfiolkochwasser dazugießen und das Ganze zugedeckt kochen, bis die Stücke sehr weich sind. Schließlich den Topfinhalt mit dem Pürierstab oder im Mixer fein pürieren und im Topf mit Wein und Crème fraîche aufkochen. Mit Salz, Pfeffer, Macis, Cayennepfeffer und Worcestersauce würzen. Erst jetzt den Safran zufügen – das Pulver direkt einrühren, die Fäden zuvor in etwas Sauce auflösen. Das Fleisch in dieser Sauce behutsam etwa fünf Minuten ziehen lassen. Den Karfiol und die Erbsen hinzufügen und alles miteinander weitere zwei Minuten ziehen, aber nicht mehr kochen lassen.

Holunderblüten-Wein-Chaudeau

6 Holunderblüten
600 ml Weißwein
4 Eigelb

80 g Zucker
4 Eiweiß

Die reifen Holunderblütenschirme 6 Stunden im Weißwein ziehen lassen. Anschließend die Blüten ausfiltern. Die Eigelb mit dem Zucker verquirlen, bis der vom Schneebesen fließende Teig längere Zeit auf der in der Schüssel befindlichen Masse als Band deutlich sichtbar bleibt. Jetzt den mit dem Holunder aromatisierten Wein erwärmen, den Topf vom Herd nehmen und unter ununterbrochenem Rühren nach und nach den Eigelbschaum dazugießen. Anschließend die Flüssigkeit im Wasserbad erwärmen, bis die Mischung anfängt zu binden. Schließlich vorsichtig die zu sehr steifem Schnee geschlagenen Eiweiß darunterheben und sofort warm zu frischen Früchten wie etwa Erdbeeren servieren.

„Der Mensch ist, was er isst":
Am Wirtshaustisch mit dem erbsenverliebten Ludwig Feuerbach

Ein Nahrungsmittel liegt dem deutschen Philosophen Ludwig Feuerbach besonders im Magen: die Kartoffel, ein „unmenschliches und naturwidriges Nahrungsmittel", wie er sie nennt. Sie mache die Deutschen zu kraftlosen und autoritätshörigen Wesen. Er schreibt das zu einer Zeit, als der liberal-bürgerliche Aufstand, die Märzrevolution von 1848, ohne große Folgen verebbt. In „Kartoffelstopfern" fließe „träges Kartoffelblut", das weder den Muskeln die Kraft zur Arbeit noch dem Hirn den belebenden Schwung liefern kann. Ein Beispiel sind ihm die Iren, die den britischen Roastbeefessern nichts entgegenzusetzen haben. Doch nicht nur die Kartoffel, die rein vegetarische Lebensweise überhaupt führe zu „unentschlossenem Willen und feigem Aufgeben", wie er es unter den Tropenbewohnern ortet. Der glühende Verfechter revolutionärer Gedanken fordert daher: „Wollt ihr das Volk bessern, so gebt ihm statt Deklamationen [kunstvolle Vorträge] gegen die Sünde bessere Speisen. Der Mensch ist, was er isst." Rettung sieht er im „Erbsenstoff", dem er buchstäblich die Stange hält. Beeinflusst von der naturwissenschaftlichen Ernährungslehre seines Freundes Jacob Moleschott ist er überzeugt, dass die Hülsenfrucht „das faule Kartoffelblut ... wieder in Bewegung zu setzen" imstande ist: Der Erbsenstoff „zeichnet sich durch seinen Reichtum an Phosphor aus", ohne den das Gehirn nicht auskomme, außerdem sei es ein „eiweißartiger

Körper", der „den im Fleisch enthaltenen Faserstoff bedeutend übertrifft."

Und Feuerbach selbst? Der fast 50-Jährige fordert auch von seinesgleichen, die „unverdienterweise so glücklich" sind, nicht allein von Kartoffeln leben zu müssen, eine entsprechende Diät – zur Förderung von Weisheit und Tugend. Inwieweit er sich selbst daran gehalten hat, ist nicht mehr zu eruieren. Sicher ist, er lässt sich gern bekochen. Ob von seiner Frau Bertha oder von der Ehefrau seines Freundes Friedrich Kapp, wenn er bei ihnen zu Gast ist: „Emilie kocht mir, was sie weiß, das ich am liebsten esse ..." Darüber hinaus liebt er Zigarren und guten Wein, den er sich schon zum Mittagessen genehmigt. Zurück in seiner Studierstube schreibt er einmal an seine Tochter Eleonore: „Soeben komme ich ¾ auf 2 Uhr vom Tisch, nachdem ich ... eine Flasche des dir so wohlbekannten Hochheimer im Gespräche ... geleert hatte." Gut zu essen und sich mit Leckerbissen zu verwöhnen, ist für Feuerbach nicht unmoralisch, sofern „man dazu die Mittel hat und darüber nicht andere Pflichten und Aufgaben versäumt".

Essen und Trinken, für den späten Feuerbach die Basis alles Geistigen. Hämisch wettert er gegen die gesamte abendländische Denktradition: „Was haben sich nicht die Philosophen mit der Frage gequält: Was ist der Anfang der Philosophie? Ich oder Nicht-Ich, Bewusstsein oder Sein? Oh, ihr Toren, die ihr vor lauter Verwunderung über das Rätsel des Anfangs den Mund aufsperrt und doch nicht seht, dass der offene Mund der Eingang ins Innere der Natur ist, dass die Zähne schon längst die Nüsse geknackt haben, worüber ihr noch heute euch vergeblich den Kopf zerbrecht!"

Der junge Ludwig jedenfalls ist von all dem noch weit entfernt. Sein erstes Interesse gilt der Religion. Sein Vater, ein bedeutender und begüterter Rechtsgelehrter, ermöglicht seinen Kindern eine gute Ausbildung. Zuerst in München, eine „gemütliche, altbayerische Bauernstadt, wo sommers die Heuwägen übers Pflaster holperten", dann in Bamberg. Auch dann noch, als er Ludwigs Mutter verlässt und mit seiner Geliebten nach Ansbach zieht. Dass die drei Schwestern bei der Mutter bleiben und er mit zwei seiner Brüder beim Vater bleiben muss, verkraftet er schwer. In seinem ersten Brief an seine Mutter schreibt der 13-Jährige tapfer: „Ich bin recht gesund, es geht mir auch gut". Und gibt das erste Zeugnis seiner Ernährung: „Wir bekommen unser ordentliches Essen, früh bekommen wir 3 Semmeln und eine Tasse Milch, damit müssen wir aber bis Mittag auskommen, wir bekommen des Tags ein jeder 3 Gläser Bier." Ludwig lernt Flöte spielen, fechten, ist in der „Turnerschaft" und macht bereits ausgedehnte Wanderungen. Im Gymnasium zeichnet sich Ludwig Feuerbach durch Gottesgläubigkeit und Bibelfrömmigkeit aus, Theologie ist sein Steckenpferd. Seiner Mutter gibt er Ratschläge, was sie in der Bibel lesen und wie sie ihre Töchter erziehen solle: „Halte sie ja recht ... an, dass sie fleißig in den Stunden der Andacht und in der Bibel lesen. Denn wahrlich die Bibel ist das Buch aller Bücher und unser kostbarstes Gut." Ludwig ist bis zum Ende seiner Schulzeit Musterschüler. Im Zeugnis ist zu lesen, er habe sich „durch seinen offenen Charakter, seine Ordnungsliebe, sowie durch äußerst stilles und ruhiges Wesen, durch vorzügliches sittliches Betragen überhaupt und durch großen Fleiß ausgezeichnet".

Noch ist Gott für ihn das Wichtigste. In Heidelberg, von dessen Schönheit der Natur er fasziniert ist, beginnt er das Studium der evangelischen Theologie, die ihn bald enttäuscht. „Der theologische Mischmasch von ... Vernunft und Glaube", dieser „Schleimauswurf eines missratenen Scharfsinns", ist ihm „bis in den Tod zuwider". Er schreibt: „Palästina ist mir zu eng; ich muss, ich muss in die weite Welt, und diese trägt bloß der Philosoph auf seinen Schultern." Der Vater gewährt seine Bitte, von Theologie zu Philosophie, von Heidelberg nach Berlin zu wechseln, warnt ihn jedoch vor dem Beruf des Philosophen, einer kummervollen Existenz „ohne Brot und Ehre". Feuerbach aber ist begeistert von den Vorlesungen Hegels, den er als „zweiten Vater" bezeichnet, und von Berlin, seine „geistige Geburtsstadt". In der preußischen Hauptstadt ist er „lieber zu Haus" bei seinen Studien „als in Gesellschaften bei einer Tasse Tee ...", berichtet er seinem Vater. Es liegt an den höheren Anforderungen: „An Trinkgelage, an Duelle, an gemeinschaftliche Fahrten usw. ist hier gar nicht zu denken; auf keiner anderen Universität herrscht wohl solch allgemeiner Fleiß, solcher Sinn für etwas Höheres" – „wahre Kneipen sind andere Universitäten gegen das hiesige Arbeitshaus". Sein ganzes Leben beschränkt sich daher auf seine Stube, und sein Weg erstreckt sich nicht weiter „als in das Kollegiengebäude und eine Speiseanstalt, wo Kommen, essen und Fortgehen ein Akt ist ..." Dem Brief an seinen Vater ist eine Bitte angefügt, ihm zusätzliches Geld zu schicken. Nicht für „Erholungen", sondern dass er „den bei meinem Sitzen unentbehrlichen Kaffee trinken und hie und da etwas besser zu Nacht essen kann". Denn seine Ernährung ist asketisch: „... mein Morgen- und Abendessen ist trockenes, dürres Brot, und mein Mittagessen besteht nur aus einer Portion Fleisch und Gemüse, das in einer Restauration nach Berliner Art, d. h. kraft- und saftlos gekocht ist."

Mit Hegels Zeugnis in der Tasche – „mit rühmlichsten Fleiß" – geht er zurück nach Bayern, wo er in Erlangen promoviert und wenige Wochen nach seiner Habilitation mit erst 24 Jahren als Privatdozent beginnt. In der beschaulichen Stadt der Strumpfwirker und Handwerker bezieht er eine Gartenlaube und fühlt sich in seiner Bescheidenheit glücklich: „Eine so ruhige, von der Natur umgebene Wohnung wie meine jetzige, vormittags ein Glas Wasser, mittags ein mäßiges Essen, abends ein Krug Bier und höchstens noch einen Rettich: wenn ich das immer so beisammen hätte, so wünschte ich mir nie mehr von und auf der Erde."

Den Weg zur Professur versperrt sich der Freigeist selbst. Seine religionskritische Erstlingsschrift, *Gedanken über Tod und Unsterblichkeit*, schmeckt nicht allen. Für ihn ein „Lavastrom" von „titanischer Genialität und übersprudelnder

Bilderfülle", ist das Werk für den Staat Bayern ein Affront. Es erscheint 1830 und wird wegen seines ketzerischen Inhalts sofort verboten, der anonyme Verfasser polizeilich ermittelt. Der Kommentar des Vaters: „Diese Schrift wird Dir nie verziehen, nie bekommst Du eine Anstellung." Er soll damit Recht behalten – der hochangesehene Ritter Feuerbach interveniert zwar für seinen Sohn, doch der Karriereknick scheint besiegelt. Ludwig bewirbt sich an mehreren Universitäten und wird jedes Mal abgewiesen, in Erlangen, München, Frankfurt und Zürich. Er schreibt seiner Schwester: „Ich stehe im Geruch, ein grässlicher Freigeist, ein Atheist, ja, noch nicht genug, der leibhaftige Antichrist zu sein." Zermürbt bricht er seine freie Vorlesungstätigkeit in Erlangen ab. Mit dem Tod seines Vaters endet die finanzielle Unterstützung und es zieht ihn nach Paris. Als nichts daraus wird, fällt er den Entschluss, Schriftsteller zu sein. Ein Privatgelehrter fernab von Universitäten, „wo außer dem Kartoffelanbau der Brotwissenschaft nur noch die fromme Schafszucht im Flor ist". Sein Scheitern münzt er kurzerhand in einen Sieg um. „Zum Professor der Philosophie qualifiziere ich mich nicht, eben weil ich Philosoph bin". Und: Ein „extraordinäres Wesen" wie ihn dürfe man nicht „zum Rang eines ordinären Fachprofessors erniedrigen".

Er freut sich über die gewonnene Freiheit als Schriftsteller, die es ihm erlaubt, den Menschen die Philosophie „sozusagen ans Herz legen" zu können. Später wird er einmal über sich sagen: „Ich bin kein Schreiber von Profession, am wenigsten ein Viel-, Gern- und Schönschreiber. Ich schreibe nur aus Pflicht, nicht aus Lust; aus Notwendigkeit, nicht aus Liebe und schriftstellerischer Eitelkeit." Doch es fehlt ihm finanziell an jeder Ecke, sein „Taschengeld" gibt er für „Tabak, Bier, Stiefel, Barbier" aus. Mit kürzeren Schriften, Essays oder Buchbesprechungen hält er sich über Wasser. Sein Interesse gilt jetzt verstärkt der Natur – er befasst sich intensiv mit Anatomie, Physiologie, Insektenlehre und Botanik.

Ende 1835 hält Feuerbach noch einmal Vorlesungen in der „pietistische Mistpfütze" Erlangen – Studenten bitten ihn darum. Er pflegt im Gasthaus Walfisch Mittag zu essen und danach seinen obligatorischen Spaziergang zu machen. Seiner Braut Bertha Löw schreibt er: „Nach Tische musst Du spazieren gehen oder wenigstens nichts tun. Auch das Nichtstun zur gehörigen Zeit ist Tun. Auch meiner Mutter werfe ich stets vor, dass sie gleich nach dem Essen liest. Ich selbst begehe sehr häufig diesen Fehler; aber ich wehre mich doch auch oft gegen ihn. In allen Dingen Maß zu halten, das war der Gedanke der ersten und ältesten Philosophen Griechenlands."

Der „bildhübschen und liebreizenden" Bertha zuliebe – „das muss ich Dir offen gestehen, meine Teure!" – bewirbt er sich noch einmal bei Universitäten, etwa in Marburg. Doch erneut ohne Erfolg. Sein Empfinden drückt er so aus: Er lebe „wie einer, der am Galgen hängt". Die Liebesheirat mit Bertha Löw, der Tochter eines Porzellanfabrikanten, bringt ihm fürs Erste auch finanzielle Absicherung und Wohnrecht im Schloss Bruckberg bei Ansbach, wo er die Natur und die gesunde Luft des Hasslachtales zu schätzen weiß. Die Abgeschiedenheit ist nicht ganz freiwillig gewählt, doch er hält fest: „Einst in Berlin und jetzt auf dem Dorfe! Welch ein Unsinn! Nicht doch! … Logik lernte ich auf einer deutschen Universität, aber Optik – die Kunst zu sehen, lernte ich erst auf einem deutschen Dorf." Eifrig befasst er sich mit der Natur der Gegend – er züchtet Bienen, beschäftigt sich mit Schmetterlingen und sammelt Steine. Er stellt fest, „gesättigte Empirie führt zur Philosophie zurück" und der Philosoph „muss die Natur zu seiner Freundin haben" –, also unternimmt er ausgedehnte Wanderungen. Nicht nur bei Schönwetter, denn da er das Leben seit jeher als „Feldzug" betrachtet, rüstet er sich dafür, wann immer es möglich ist. Er härtet sich ab, indem er sich jeder Witterung aussetzt und seinen „Schwächen" trotzt. Wie ein „ungeselliges Tier" streift er dann durch Wälder und Berge.

Sein philosophisches Schaffen hat zwei Jahreszeiten, im Sommer wird studiert, im Winter geschrieben: „Im Winter bin ich Norddeutscher – Idealist, Kopfmensch –, im Sommer ein Südländer – Realist, Sinnen-, Herz- Naturmensch …" In der warmen Jahreszeit liegt das Studierzimmer unter dem Dach des Schlossturms, das ihm zwar „viertelstündlich die Vergänglichkeit der Zeit in die Ohren rasselt", das er aber auch „zum Ausbrüten" seiner Gedanken braucht. Er liebt es, „in Dachstuben, in der Nähe der Sperlinge, Stare und Schwalben" sein „sicheres, obskures Nest" aufzuschlagen. In der Stube, die er eigenhändig aufräumt, herrscht größte Ordnung und Sauberkeit. Das gilt auch für seine tadellose, einfache Kleidung, die an einen Forstmann erinnert. „Alles Schlampige, Nachlässige, schmutzige Philisterhafte" hasst er, ebenso wie „alles Gezierte, Geckenhafte Modische". „Der Frack", führt er weiter aus, „ist mir unausstehlich; ich trage nur Überröcke, am liebsten kurz, oben geschlossen".

Er gilt als vornehm zurückhaltend, was Besucher manchmal als unfreundlich auffassen. Über sich selbst schreibt er als knapp 50-Jähriger: „Meine Lebensweise ist höchst einfach, regelmäßig und naturgemäß – alle meine Werke sind Früchte des Tags nicht der Nacht, des natürlichen nicht des künstlichen Lichts, der gesunden Nüchternheit, nicht der Aufregung und Überreizung durch Genüsse. Nur zwei Tassen nicht besonders starken schwarzen Kaffees ohne Milch und Zucker trinke ich täglich, eine morgens, die andre nach Tisch, aber jeder geht voran und folgt nach noch ein Glas kalten Wassers. Erst am Abend, nach getaner Arbeit, ungefähr nach 8 oder 9 Uhr, trinke ich Bier, wobei ich eine Pfeife schmauche, mich unterhalte oder Zeitungen u. dgl. lese." Eine „diätische Lebensweise", wie er sie selbst nennt, aus der er nur durch „besondere Veranlassungen" herauskomme: „Da haue ich allerdings oft tüchtig über die Schnur." Aus Vorsatz nämlich, um in sein „System von Ruhe und Ordnung" eine „wohltätige Revolution" hineinzubringen.

Zuweilen trinkt er übers Maß. In Heidelberg wird er seiner Frau einmal schreiben: „Ich lebe sehr mäßig. Nur gestern Nacht habe ich mit dem jungen Kapp, Fröbel und Maler Kaufmann ... etwas zu tief in das Weinglas geguckt." Auch mit seinem Dichterfreund Johann Gottfried von Herder, der stets für einen „guten Trunk" sorgt, geht es öfter über den Durst. Als Herder ihn wieder mal nach Erlangen einlädt, hat Feuerbach nicht ganz ernste Bedenken, „ob die Wunden, die ich Deinem ... Hause geschlagen ... Lücken in Deinem Weinkeller ... Verschütten des Wasserglases oder gar des Nachttopfes ... ob alle unsaubern Bier- und Weingeister, die ein sensualistischer, blasphemischer Philosoph ... als Andenken zurücklässt, bereits exorziert und verschwunden sind". Dem Bier widmet er einen Vers in *Gedanken über Tod und Unsterblichkeit*: „Ein paar Schoppen nur einfachen Biers erquicken am Abend/Uns Taglöhner der Erd', lindernd den quälenden Durst". Guten Wein liebt er sehr, „es ist das meiner Natur entsprechende Getränk, aber ich trinke ihn selten". Sein Verleger will ihn einmal zu sich nach Leipzig locken – wohl wissend, was Feuerbach gern hat: „Ein gutes Bett, gutes Glas Wein, feine Zigarre und ungarische Pfeife finden Sie bei / Ihrem getreuen / Otto Wigand." Ein anderes Mal ist es wieder das Bier, das Wigand in Aussicht stellt: „Hotel Pologne hat famoses Bier."

Feuerbach mag das schlichte Dorfleben und seine Einwohner. Gern blickt er aus dem Fenster auf den Bach und die Brücke, wo sich die Dorfjugend trifft und alte Lieder singt. Jedes Individuum, es „mochte noch so bescheiden und einfach sein", interessiert ihn. So setzt er sich am Abend in der Wirtschaft des Schlosses mit den Fabriksarbeitern, den Handwerkern, Bauern, dem Lehrer und dem Bürgermeister zum Stammtisch, stopft die Pfeife und trinkt Bier. Ein andermal ist es ein 73-Jähriger „äußerst gescheiter und religiös freisinniger" Bauer, mit der er im Bürgleiner Wirtshaus „eine köstliche Unterhaltung" hat. Er fühlt sich bei den Bauern wohler als in der Stadt unter der feinen Gesellschaft: „Mir gebührt die Preißelbeere, nicht die üppige Aprikose, die saure Schlehe, nicht die süße Traube ..." So wird dem späten Feuerbach ein „Bauernphilosoph" aus Goisern bei Bad Ischl zu einem guten Freund. In Konrad Deubler, Gastwirt und Bäckereibesitzer, findet er nach einer Beschreibung seiner Tochter Eleonore eine „gleichartige, wahlverwandte Natur" – sie hatten die „reinste Herzensfreude aneinander". „Unter honetten Leuten" dagegen kann er sich nach eigener Aussage „gar nicht sehen" lassen – Schuld sei seine „unmitteilsame, stocksteife Individualität" und sein „abnormes, ketzerisches ... Selbst". Seinem Neffen Anselm zufolge, hat er eine „Antipathie gegen alle literarischen Klubs und Salons".

Das Jagdschloss in Bruckberg mit seinem ansehnlichen Obst- und Gemüsegarten, einem großen Wald mit Wild und Geflügel und einem Karpfenteich ist ihm sein „geliebter Musensitz". Er beschreibt ihn so: „Bruckberg ist ein kleines, in einem anmutigen, aber beschränkten, von Wäldern und Äckern umgrenzten Wiesental gelegenes Dörfchen, das aber den großen Vorteil hat, dass hier kein Pfarrer und keine Kirche ist. Die hiesige Kirche oder das Kirchlein hat zu Ende des vorigen Jahrhunderts der Blitz vernichtet."

In Bruckberg wendet sich der einstige Hegelianer von seinem Idol und dessen „trunkener Philosophie" ab. Er entwickelt seine religionskritischen Thesen, mit der er zum Kirchenvater des modernen Atheismus wird. 1841 entsteht sein Hauptwerk, *Das Wesen des Christentums*. Darin postuliert er, Jenseitsvorstellungen seien rückschrittlicher Aberglaube, metaphysische Spekulationen pure Eitelkeit, Gott ein „eingebildetes, unwirkliches, phantastisches Wesen". Der Mensch erschaffe Gott als sein Ebenbild, nicht umgekehrt. Er erregt damit Aufsehen. Heftige Proteste folgen. Das Werk macht ihn berühmt, er beeinflusst damit Richard Wagner, Gottfried Keller oder Karl Marx, der ihm einmal schreibt: „Meine Frau lässt Sie unbekannterweise grüßen. Sie glauben nicht, wie viel Anhänger Sie unter dem schönen Geschlecht haben." Auch Friedrich Engels findet sein Werk befreiend und erinnert sich: „Wir waren alle momentan Feuerbacherianer."

Sein Leben wird nun etwas bewegter. Er geht häufiger auf Reisen, wie im Sommer 1841 zu seinem Freund Friedrich Kapp. Sechs Wochen bleibt er bei ihm in Heidelberg, wo sich dessen Tochter Johanna unsterblich in Feuerbach verliebt. Sein Freund Wilhelm Bolin beschreibt sie als „schon mit sechzehn Jahren zur vollen Jungfrau von hoher üppiger Gestalt und starkem Gliederbau, doch ohne eigentliche Schönheit herangereift". Aufgeweckt, künstlerisch sensibel und charmant, übt sie einen „unwiderstehlichen Zauber" aus. Auch Feuerbach hegt tiefe Gefühle für sie. Fünf Jahre ist er hin- und hergerissen zwischen ihr und seiner Frau, bei der er schließlich bleibt. Für die junge Johanna ist es eine unglückliche und nicht enden wollende Liebesgeschichte. So lehnt sie unter anderem einen Heiratsantrag von Gottfried Keller mit folgenden Zeilen ab: „Mir ist als sei ein Zauber wohl über mich gesprochen und wer ihn lösen wollte, das Herz sei bald gebrochen." Unverheiratet und verwirrt stirbt sie ein Jahr vor Ludwig. Nach seinen Reisen hat er Probleme, die innere Ruhe eines Philosophen wiederzugewinnen: „Solche Bestien wie ich dürfen nicht ins Freie gelassen, müssen stets in ihrem Käfig festgehalten werden. ... Ich wollte, ich könnte die Welt, die Feder auf dem Hut, statt in der Hand, durchschweifen, frei und frank." Der Familie Kapp schreibt er nach einem Heidelberger Aufenthalt: „Ein anderer Ort, ein anderer Magen. Was dir dort süß, schmeckt dir hier bitter." Hat ihn sein Enthusiasmus an der Philosophie wieder, so ist er wieder der Arbeiter, der nichts anderes tun kann: „Ich gehe an meinen Gegenstand zugrunde, er verschlingt mich wie der Walfisch den Jonathan."

Feuerbach ist ein Mensch der Feder, nicht des Wortes. Das zeigt sich in Heidelberg, wo der glühende Verfechter der Demokratie nach der Revolution 1848 von Studenten eingeladen wird, Vorlesungen zu halten. Im Rathaussaal – die Universität verweigert ihm Räumlichkeiten – hören ihm neben Studenten

Bürger, Handwerker und Arbeiter zu. Viele, darunter Eduard Brockhaus, sind von seinen Ideen begeistert, weniger aber von seinem Redestil. Seine Schwägerin Henriette findet den Inhalt interessant, aber „der Form nach zerissen und nicht gut vorgetragen". Er weiß das selbst, fühlt sich in seiner Haut als Dozierender nicht wohl. So schreibt er: „Ich habe die traurigsten Zustände durchlebt, die nur immer ein Mensch erleben kann. Ich hatte die grässlichste Sehnsucht nach meinem alten, stillen, einfachen und doch so geliebten Leben. Alles war mir unheimlich, unbehaglich." Am Vortragspult, wo er von seinem Manuskript mit keinem Wort abweicht, fühlt er sich wie ein armer Sünder, „der aufs Schafott muss". Sein Neffe Anselm beschreibt ihn in einer Abendgesellschaft in Düsseldorf, zu der Ludwig ihm zuliebe mitgeht, so: „Er war zerstreut, sprach wenig und das wenige in hastig hervorgestoßener Weise, wie das so seine Art war, wenn er sich unbehaglich fühlte." Nimmt Ludwig an Gesprächen teil, so ist im Gegensatz zu seiner literarischen Ausdrucksform seine Wortwahl unbeholfen, „als koste ein jedes Geburtswehen", wie sein Dichterfreund Georg Herwegh es ausdrückt. Ein anderer Freund zählt ihn sogar zu der Rasse der Schweiger. Doch es ist nicht immer so. Wenn es aus ihm herausbricht – hastig, überstürzt und eruptiv –, dann sind seine Wendungen treffend, hinreißend, genial.

In Heidelberg, wo er regelmäßig nach den Vorlesungen ins Kaffeehaus geht, entstehen neue Freundschaften, etwa mit dem Maler Bernhard Fries oder eben Gottfried Keller, dem Feuerbach „täglich lieber" wird, „vielleicht auch ein wenig darum, weil er ein Glas Roten nicht verachten tut". Für seine Schwägerin Henriette ist das Zusammensein mit ihm „sehr unerquicklich". Er sei „in hohem Maße verschlossen" und über seinen Freiheitskämpferbart, den er nach eigenen Aussagen „keinesfalls aus politischen oder ästhetischen Gründen, sondern nur aus ökonomischen Gründen" trägt, befindet sie: „Ein roter struppiger Republikanerbart zerstört den Adel und die Feinheit seiner Züge." Für den Schriftsteller Theodor Hettner ist „das Barthaar" dagegen „voll und naturwüchsig" und sein Träger eine „männlich starke, gedrungene Gestalt mit scharf ausgeprägten Formen ... die Stirn hochgewölbt, gedankenschwer durchfurcht ... das Auge voll Feuer, kühn und offen vordringend". Beeindruckt fährt Hettner fort: „In seinem ganzen Wesen liegt kriegerische Entschlossenheit, ungebeugte Naturfrische; nichts, was irgend an die Erscheinung unseres stubenverhockten, lichtscheuen Zopfgelehrtentums erinnern könnte. Diesem Mann sieht man es an, es ist ein Charakter, ein Mann der Tat, ein Mensch aus einem Gusse." Dass sein Äußeres keinen „Berufsgelehrten" ankündigt, bezeugt auch Wilhelm Bolin: „Seine bräunliche Gesichtsfarbe zeugte für eine Gesundheit, die man etwa auf rühriges Wirken im Forst zurückführen mochte, vom Stubenhocker und Bücherpedanten nicht die geringste Spur ... In seinem äußeren Gehaben war er von echter, ehrlicher Bescheidenheit, die einer großen Selbststrenge und einer ihm durchaus natürlichen Zurückhaltung entsprach."

Mehrere Male will sich Feuerbach aus seinem Leben befreien, denkt den Neuanfang. 1848 etwa: „Die französische Revolution hat auch in mir eine Revolution hervorgebracht. So bald ich kann, sobald ich hier alles ins Reine gebracht, gehe ich nach Paris, ohne Weib, ohne Kind, ohne Bücher, ohne – –." Oder 1850, er schreibt seinem Freund Friedrich Kapp: „Du würdest mir daher eine große Freundschaft erweisen, wenn Du Dich auch meinetwegen in Amerika umsähest ..." Doch seine Pläne scheitern am Geld und an seinem Wesen – Henriette beschreibt ihn als „bis zur Krankheit unentschlossen". Also bleibt er in Bruckberg, zurückgezogen und in ständiger Geldknappheit in seinem Elfenbeinturm, den er jetzt als „melancholisches Arbeitszimmer" bezeichnet. Die Porzellanfirma seiner Frau, in die er investierte, ist bankrott. Er selbst fühlt sich verbraucht, sein schriftstellerisches Feuer „unter Null herunter". Die „Verachtung gegen die Gegenwart und ihre Literatur" ist so groß, dass ihm „das Schriftstellerhandwerk oft als das nichtsnutzigste und nichtswürdigste, ehr- und trostloseste

Handwerk unter der Sonne" erscheint. Holzhacker wäre er lieber als Philosoph. Dennoch reicht seine „Gallenabsonderung" zu weiteren kritischen Schriften. Seine Philosophie wird leiblicher, ausgehend von einer gastrosophischen Anthropologie. Nicht Geist stehe Materie vor, sondern erst das sinnlich-physische Wesen Mensch bringe die Welt der Gedanken hervor. Damit bricht er mit einer Vorstellung, die sich in der Philosophie von Platon bis in seine Zeit zieht. Feuerbach betrachtet den philosophierenden Menschen nicht als vergeistigten Kopf mit einem Körper als lästiges Anhängsel. Zuallererst kommt der Bauch. Für ihn ist „Nahrungsstoff" „Gedankenstoff". Er fordert: „Damit muss man anfangen zu denken, womit man anfängt zu existieren ... Der Anfang der Existenz ist aber die Ernährung, die Nahrung also der Anfang der Weisheit. Die erste Bedingung, dass du etwas in dein Herz und deinen Kopf bringst, ist, dass du etwas in deinen Magen bringst." In seiner Schrift über Moleschotts Lehre der Nahrungsmittel poltert er: „Ich beginne meine Denunziation mit der Philosophie und behaupte, dass diese Schrift, obgleich sie nur von Essen und Trinken handelt, den in den Augen unserer supranaturalistischen Scheinkultur niedrigsten Akten, doch von der höchsten philosophischen Bedeutung und Wichtigkeit ist." Er macht den sinnlichen Körper zur Voraussetzung der Philosophie und erhebt dessen scheinbar banale Grundbedürfnisse Essen und Trinken zum Ausgangspunkt des Denkens. Nicht die Vernunft ist das, was den Menschen über alle stellt, denn sie verheddere sich zu leicht im Spekulativen. „Die Sinnlichkeit ist das Wesen des Menschen". Für die „Wahrheit des Sinnlichen" bricht er eine Lanze: „Sinnlich ist der berauschende Wein, aber sinnlich ist auch das ernüchternde Wasser, sinnlich ist die Üppigkeit und Schwelgerei eines Alkibiades [athenischer Staatsmann und Feldherr], aber sinnlich ist auch die Armut und Barfüßigkeit eines Phokion [athenischer Politiker und Feldherr]; sinnlich ist die Gänseleberpastete, an der der Materialist La Mettrie starb, aber sinnlich sind auch die Gerstenklöße und die schwarze Suppe spartanischer Enthaltsamkeit." So ortet Feuerbach den blinden Fleck der Philosophen am Esstisch. „Welche Gemeinheit! Welcher Verstoß gegen die gute Sitte, auf dem Katheder der Philosophie über den Materialismus aus allen Leibeskräften zu schimpfen, dafür aber am table d'hôte von ganzem Herzen und von ganzer Seele dem Materialismus im gemeinsten Sinne zu huldigen!"

In seiner letzten Lebensphase muss er Bruckberg verlassen, das Wohnrecht läuft aus. Der Abschied kommt ihm vor wie eine „Scheidung der Seele vom Leib". Mit dem Mietvertrag für das obere Stockwerk eines bescheidenen Bauernhauses in Rechenberg bei Nürnberg, so Feuerbach pathetisch, hätte er auch sein „Todesurteil" unterzeichnet. „Akustische Kloake" nennt er es, Straßenlärm, Kindergeschrei und Hundegebell stören seinen Arbeitsfrieden. Vermögende Freunde aus früheren Zeiten sichern ihm und seiner Familie immerhin ein bescheidenes Auskommen. Bertha schildert, dass er „verstimmter und noch unzugänglicher" war, „als er es früher schon war". Dennoch, langsam wird er in Rechenberg heimisch und findet, von seiner Wohnung habe er „die schönste Aussicht" in die ganze Umgebung Nürnbergs. Er liebt die „lehr- und genussreiche Stadt" und besucht mit Freunden oft ihre Bierwirtschaften wie das Wirtshaus Zum Grauen Kater. Nach einem leichten Schlaganfall 1867 verbringt er den Sommer bei Deubler in Goisern, wo er die Bergwelt genießt und sich mit den hiesigen Dorfbewohnern ausgezeichnet versteht. Im kommenden Frühling packt ihn das letzte Mal die schöpferische Kraft: „Ich bin wieder Schriftsteller geworden, und zwar Schriftsteller wie in meinen besten Jahren, Schriftsteller, der mit Lust und Liebe arbeitet." Einen Tag nach Ausbruch des deutsch-französischen Krieges erleidet er einen weiteren Schlaganfall mit Gedächtnisverlust und Apathie. Für seine Frau Bertha eine schwere Zeit: „Unser Leben ist so monoton, dass wir fast buchstäblich an geistigem Hunger totsterben." Am 12. September 1872 stirbt Feuerbach an einer Lungenentzündung. Für Bertha ein friedlicher Abgang: „Ich glaube nicht, daß je ein Mensch so dahingeschlummert ist als er."

Mit Sicherheit hat der epochale Religionskritiker am Sterbebett kein Heiliges Abendmahl verlangt, denn im „heiligen Brot" sah er nichts weiter als Näscherei: „... das Brot ist der Gegenstand eines natürlichen Bedürfnisses, das Konfekt aber nur der Gegenstand eines überschwänglichen, supranaturalistischen Gelüstes, jenes esse ich, um meinen Hunger zu stillen, also aus Interesse, dieses aber nur aus Luxus, aus reiner, interessenloser Konfektliebhaberei."

Menü

Feuerbach bevorzugte ein einfaches Ambiente. An der Spitze der Nahrungsmittel stehen bei ihm die Hülsenfrüchte. Daher gibt es hier ein komplettes Menü dazu. Je nach Geschmack kann Wein oder Bier serviert werden. Feuerbach liebte beides.

Linsensalat

200 g grüne Linsen
½ l Gemüsebrühe
2 EL Olivenöl
2 EL Essig

1 Bund Petersilie
40 g würziger Hartkäse
Salz und Pfeffer

Linsen waschen und in der Gemüsebrühe kalt aufsetzen. Langsam zum Kochen bringen, dann etwa 20 Minuten bei geringer Hitze ausquellen lassen, bis die Linsen bissfest sind.

Essig, Öl, Pfeffer und Salz zu einer Marinade verquirlen, grob gehackte Petersilie beifügen und mit den Linsen vermischen. Mit gehobeltem Käse garnieren.

Bayrischer Bohneneintopf

250 g grüne, weiße und rote Bohnen
200 g Champignons
300 g Weißwürste
2 Zwiebeln
1 EL Butter

½ Bund Schnittlauch
Weißwein
1 EL süßer Senf
Salz und Pfeffer

Bohnen waschen und über Nacht in dreifacher Wassermenge einweichen.
Bohnen im Einweichwasser aufkochen und im geschlossenen Topf etwa 45 Minuten garen.
Champignons putzen und würfeln. Die Weißwürste enthäuten und in Scheiben schneiden. Zwiebel fein würfeln und in der Butter glasig andünsten. Champignons und Weißwurst dazugeben und kräftig anrösten. Mit beigemengtem Weißwein aufkochen lassen und zu den Bohnen geben. Bei kleiner Hitze ca. 10 Min. köcheln lassen. Mit Salz, Pfeffer und süßem Senf abschmecken und mit Schnittlauch garnieren.

Tomaten mit Erbsenfüllung

20 kleine Tomaten
100 g Erbsen
1 EL Schalotten
1 EL Butter

1 Esslöffel Rahm
Minze
Salz und Pfeffer

Tomaten kappen und aushöhlen. Erbsen und feingeschnittene Schalotte in heißer Butter einige Minuten dünsten. Rahm und klein geschnittene Minze dazugeben und anschließend im Mixer pürieren. Mit Salz und Pfeffer kräftig abschmecken. Tomaten füllen und auskühlen lassen.

„Alles will in langsamen Zügen genossen sein.": Der christliche Hedonist Sören Kierkegaard

Kopenhagen 1836. Eine Stadt mit etwa 100.000 Einwohnern und einigen Annehmlichkeiten für die wohlhabenden Teile der Bevölkerung, wie den 23jährigen Studenten Sören Kierkegaard, einen Dandy, wie er im Buche steht. Man darf ihn sich vorstellen in engen Hosen und Schaftstiefeln, Seiden- oder Samtweste in schillernden Farben, einem blauen oder braunen Rock mit blanken Knöpfen, um den Hals einen Seidenschal und auf dem Kopf einen hohen schwarzen oder grauen Zylinder. Als einen Menschen also, wie er in einer Selbstbeschreibung meinte, „mit modernen Kleidern, Brille auf der Nase und Zigarre im Mund." Nicht irgendeine Zigarre, sondern nur die edelsten, Las Tres Coronas oder La Paloma, waren seine bevorzugten Marken. Keine Frage, dass so einer nur die feinsten Lokale besuchte. Damals waren die alten Gaststätten gerade nach ausländischem Vorbild modernisiert worden und hießen jetzt „Conditoreien". Sie trugen südländische Namen wie Capozzi, Ferrini oder Lardelli. Das beste Kaffeehaus war das Mini, „auf französische und italienische Art eingerichtet, wo eine jede anständige und gut gekleidete Person zu jeder Tageszeit Tee, Kaffee, Schokolade und besonders feine Liköre erhalten kann."

Den Abend verbrachte man dann im Hotel Knirsch, wo es eine Kegelbahn und Billardtische gab.

So ein Lebensstil kostete Geld, um genau zu sein, 1262 Reichstaler in einem einzigen Jahr und damit mehr als ein Professorengehalt. Darüber wissen wir deshalb so gut Bescheid, weil die Schuldscheine erhalten geblieben sind, mit denen Kierkegaard am Jahresende vor seinem Vater, einem reichen Kaufmann, zu Kreuze kriechen musste, damit der ihn auslöste.

Das libertinöse Leben des jungen Studenten war eine unmittelbare Reaktion auf die strenge Erziehung des Vaters. Seine Auflehnung hatte allerdings Programm, denn der junge Kierkegaard brannte darauf, andere, neue Erfahrungen zu machen.

„Die Spießbürger haben niemals das Heimweh nach einem unbekannten, fernen Etwas gefühlt, sie haben keine Ahnung von der Lebensanschauung …, die Welt durch die Sünde kennen zu lernen … Deshalb glaube ich, ich würde mich dem Satan übergeben, damit er mir jede Abscheulichkeit, jede Sünde zeigen könnte in ihrer schrecklichsten Gestalt."

Hinter dem scheinbar gewissenlosen Lebemann verbarg sich jedoch ein äußerst schwermütiger Mensch: „Ich komme eben jetzt von einer Gesellschaft, in der ich die Seele war, Witze entströmten meinem Mund, alle lachten, bewunderten mich – ich aber ging … hin und wollte mich erschießen … Meine Schwermut … ist die treueste Geliebte, die ich je gekannt habe."

So exzessiv Kierkegaard trotz oder wegen seiner Melancholie gezecht und geschmaust haben mag, ob er sich auch sexuell ausgelebt hat, ist nicht verbürgt. Es gibt zwar diese eine kurze, aber viel zitierte Stelle in seinem Tagebuch – „mein Gott, mein Gott … Das tierische Gelächter" –, von der immer wieder behauptet wird, er habe sie mit schlechtem Gewissen nach einem Bordellbesuch niedergeschrieben, was aber reine Spekulation ist.

Apropos Frauen. Die Liebe spielte in Kierkegaards frühen Schriften eine bedeutende Rolle. In seinem ersten bedeutenden Werk, *Entweder – Oder*, findet sich das „Tagebuch des

Verführers", in dem Kierkegaard sein tatsächliches prekäres Verhältnis zu Regine Olsen fiktionalisiert. Mit ihr hatte er sich verlobt, die Verbindung später aber trotz innerster Zuneigung zu der jungen Frau wieder gelöst. Im Tagebuch des Verführers stellt er dieses Hin und Her – die Verführung und den darauf folgenden Rückzug, der ihm tatsächlich sehr zu Herzen ging – als diabolisches Spiel dar. Seine Zweigespaltenheit drückte sich auch im Buch aus, entwarf er dort doch neben dem Verführer und Tagebuchschreiber auch einen Finder dieses Tagebuches, der im Vorwort deutlich Distanz hält zu dem geheimnisvollen Don Juan:

„Er gehörte der Wirklichkeit nicht an ... Er litt an einer exacerbatio cerebri (Überhitzung des Gehirns), der die Wirklichkeit nicht Anreiz genug bot ... Von diesem Mann könnte man sagen, dass sein Weg durchs Leben spurlos war, denn seine Füße waren dergestalt eingerichtet, dass er die Spur an den Sohlen behielt."

Andererseits blickte ebendieser Kritiker auch wieder verständnis- bis neidvoll auf den Verführer: „... ein schlechtes Gewissen kann das Leben doch interessant machen", seufzt er da etwa.

Der Verführer ist ein selbstbewusster Dandy – „... meinen Seitenblick vergisst man nicht so leicht ..." – und als Hedonist ein Vorfahre von Oscar Wilde: „Keine Ungeduld, keine Gier, alles will in langsamen Zügen genossen sein ... Eine lieben ist zu wenig; alle lieben ist Oberflächlichkeit; sich selbst kennen und so viele lieben wie möglich ... das ist Genuss, das heißt Leben." Außerdem ist er ein überzeugter Einzelgänger: „Du weißt, ich rede sehr gerne mit mir selbst. Ich habe in mir die interessanteste Person meiner Bekanntschaft gefunden."

Im kulinarischen Zusammenhang interessant ist, dass Kierkegaard das Begehren und die Leidenschaft mit dem Essen kurzschließt, denn das Objekt der Begierde, eine Cordelia Wahl, lernt „in der königlichen Küche kochen."

Philosophisch gesehen ist die Zerrissenheit, die in *Entweder-Oder* zum Ausdruck kommt, die zwischen einer ästhetischen und einer ethischen Existenz. Später sollte sich Kierkegaard von beiden Möglichkeiten distanzieren und sich für ein religiöses Leben entscheiden, für ein Christentum in extremum. Selbst die Staatskirche und ihre Pfarrer sind ihm da noch zu nachgiebig: „Man ist in einem zu sanften Christentum erzogen und verzärtelt durch die Gnade, dass alles Gnade ist."

Für ihn steht das Verhältnis zu Gott über allem anderen: „Gott hat das erste Anrecht auf mein Leben."

Sein Christentum kannte keine Kompromisse und, wie im viele Kritiker vorwarfen, auch keine Nächstenliebe: „Das Christentum vereint die Menschen nicht, nein, es trennt sie, um jeden Einzelnen mit Gott zu vereinen. Und wenn dann einer derart geworden ist, dass er Gott zugehören kann, so ist er dem abgestorben, was die Menschen vereint ... was Gott haben will, ist ... Ursprünglichkeit. Doch vor dieser Anstrengung schaudern die Menschen am allermeisten zurück; während sie sich wohl fühlen in allem, was Nachäffung heißt."

Kierkegaard war stolz darauf, der Erste gewesen zu sein, „welcher der Askese den Platz im System angewiesen hat." Wobei – mit der Askese nahm es Kierkegaard auch nach seiner Sturm-und-Drang-Zeit nicht allzu ernst. Von Frauen hielt er sich zwar fern, aber Nahrung, Kleidung und Wohnungsinventar verschlangen auch weiterhin Unsummen. Was Kierkegaard sich auch leisten konnte, denn schon 1838 verstarb sein Vater und hinterließ ihm ein Vermögen, das es dem Sohn erlaubte, sein ganzes Leben als freier Schriftsteller ohne wesentliches eigenes Einkommen zu verbringen.

Nur einmal kam Kierkegaard finanziell ins Strudeln. Da fünf von Kierkegaards Geschwistern nicht älter als 33 Jahre wurden, war er fest davon ausgegangen, vor seinem 34. Geburtstag zu sterben und hatte auch sein Vermögen daraufhin eingeteilt. Umso erstaunter war er, als er an seinem 34. Geburtstag noch immer am Leben war: „Verwunderlich, dass ich jetzt 34 Jahre alt geworden bin. Das ist mir völlig unbegreiflich; ich war so sicher, vor dem Geburtstag oder an ihm zu sterben, dass ich wirklich versucht sein könnte anzunehmen, mein Geburtstag sei verkehrt angegeben."

Es muss aber doch noch Rücklagen gegeben haben, denn er setzte sein schwelgerisches Leben kurz darauf unvermindert fort.

Auf Unverständnis stieß der Widerspruch zwischen der gepredigten asketischen Existenz am Rande der Zivilisation und diesem gefrönten Luxus natürlich bei seinen Zeitgenossen, besonders bei den von ihm scharf angegriffenen Geistlichen. Pastor Birkedal erzählt von einem Treffen mit Kierkegaard: „Ich traf ihn in einem Restaurant. Auf dem Teller vor ihm eine königliche Portion, daneben ein sehr großer Kelch mit Schaumwein. Damals hatte er gerade mit seiner strengen Polemik gegen das offizielle Christentum begonnen und da sah ich mit eigenen Augen, dass dieses Wegsterben von der Welt oder das Märtyrertum, das er uns fortwährend vorpredigte, anscheinend nicht für ihn galt."

In seiner Freizeit kannte Kierkegaard wenig Zurückhaltung, das mag stimmen, doch war diese seine Freizeit knapp bemessen. Denn er war richtiggehend getrieben von seinem Schaffensdrang:

„Produzieren war mein Leben. Eine ungeheure Schwermut, innere Leiden sympathetischer Art, alles, alles konnte ich bewältigen – wenn ich produzieren durfte. Da stürmte die Welt auf mich ein, Misshandlung, die einen anderen unproduktiv gemacht hätte – mich machte sie nur produktiver; und alles, alles war vergessen, hatte keine Gewalt über mich, wenn ich nur produzieren durfte."

Das angesprochene körperliche Leiden, möglicherweise Epilepsie, sah er als Antriebskraft für seine geistige Arbeit: „... leiblich und seelisch ganz gesund sein und dann ein wahres Geistesleben führen sollen – das kann kein Mensch. Dann geht sofort das unmittelbare Wohlbefinden mit ihm durch."

Kierkegaard war überzeugt, ein Märtyrer zu sein und seine Gesundheit für sein schriftstellerisches Werk zu opfern: „Wenn mein Leiden, meine Zerbrechlichkeit nicht die Voraussetzung für meine intellektuelle Arbeit gewesen wären, dann hätte ich es bestimmt mit einer herkömmlichen medizinischen Behandlung versucht. Es hätte keinen Sinn gehabt zu leiden, so wie ich gelitten habe, wenn das Leben ohnehin keine höhere Bedeutung hat. Aber das ist mein Geheimnis: Dass die Bedeutung meines Lebens unmittelbar aus meinem Leiden hervorgeht."

Es gibt medizinische Theorien, wonach bestimmte Formen der Epilepsie zur Hypergrafie, einem zwanghaften Schreibdrang, führen können. Bei Kierkegaard war er jedenfalls gegeben: „Es scheint mir, dass ich selbst mit zehn geflügelten Schreibfedern noch immer nicht mit meinen Ideen Schritt halten könnte."

In seinem Kopf muss zeitweise ein regelrechtes Stimmengewirr geherrscht haben:

„Wenn zuweilen ein solcher Lärm in meinem Kopf ist, dass es ist, als werde der Schädel angehoben, und dann ist das ebenso, wie wenn die Kobolde einen Berg ein wenig anheben und nun Ball und Lustbarkeit darin halten."

Um dieser Ideenflut Herr werden zu können, gab es in jedem Zimmer Tinte, Feder und Papier, so dass er, wenn er in seiner Wohnung nachdenkend auf und ab ging, immer Schreibutensilien zur Hand hatte. Außerdem hatte er besondere Rituale entwickelt, die ebenfalls den Schaffensprozess erleichtern sollten. So musste es in Kierkegaards Wohnung genau 17° Celsius haben. Zudem spritzte er immer wieder Tropfen von Eau de Cologne auf den Kachelofen. Und dann schreibt er noch, und das ist eines seiner ganz seltenen privaten Bekenntnisse, dass „ich, um mir meine Mühen zu erleichtern, manchmal bei meiner Arbeit singe."

Wahrscheinlich Arien aus seiner Lieblingsoper, aus Mozarts *Don Giovanni*. Auf die war er versessen, denn ebenso wie er nie die Sonntagsmesse versäumte, ließ er auch „keine Aufführung des Don Giovanni aus". Auch wenn er oft nur für die Ouvertüre ins Theater stürzte und anschließend gleich wieder zurück an Schreibpult und Arbeit eilte.

Das körperliche Leiden und das Schaffen bis zur Erschöpfung; dass es da ein Ventil brauchte, um den inneren Druck abzulassen, Zeiten also, in denen man sich entspannen und erholen konnte, lässt sich nachvollziehen. Für Kierkegaard bestand dieses Abschalten eben in einem kostspieligen Konsumrausch: „Ohne Verschwendungssucht hätte ich nach dem Maßstab, nach dem ich gearbeitet habe, nie arbeiten können; denn meine Verschwendungssucht war immer dazu da, mich nach dem ungeheuren Maßstab produktiv sein zu lassen."

Ein nicht unbeträchtlicher Teil seines Vermögens floss in die opulenten Mahlzeiten, die er gewöhnlich zu Hause einnahm und meist allein. Das Essen wurde von einem Diener zubereitet oder wurde ihm zugestellt. Er frequentierte aber auch noble Restaurants in Kopenhagen, wo er hohe Summen für Speisen und Wein ausgab.

Israel Levin war von 1844 bis 1850 Kierkegaards Sekretär. Beschrieben wird er als Frauenhasser, Querulant, Trinker, aber auch als Philologe, Literat und Übersetzer. Er war, den Erzählungen seiner Zeitgenossen nach, „eine kleine, untersetzte, plattfüßige Person mit langen Armen, großem Kopf und intelligenten Zügen."

Von ihm wissen wir über die kulinarischen Vorlieben Kierkegaards: „Täglich gab es Suppe, eine starke Bouillon, dann Fisch und ein Stück Melone, dazu ein Glas feinen Sherrys; anschließend wurde der Kaffee hereingebracht: In zwei silbernen Kannen, dazu Milch und eine Zuckerdose, die jeden Tag frisch aufgefüllt wurde. Dann öffnete er einen Schrank, in dem er mindestens 50 Tassen und Untertassen aufbewahrte, von denen kein Set dem anderen glich." Levin musste sich eine Tasse aussuchen und ihre Auswahl begründen. Dann füllte Kierkegaard die Tassen bis zum Rand mit Zucker und goss dann den Kaffee darüber. Jeden Tag freute er sich aufs Neue darüber, wie sich der Zucker langsam auflöste. „Der Kaffee war so stark, dass er sich damit zu Grunde richtete. Es war exzellenter Kaffee; die Bohnen kamen von Mini's und kosteten ein Vermögen."

Kierkegaards Lieblingsspeisen waren Ente in Curry oder gepökelt, Gans, wiederum gepökelt, als ganz gewöhnlicher Gänsebraten serviert oder eine Gänsebrust mit Spinat oder Schnittbohnen, aber auch Taube und Lachs.

Sein Essen hat er sich häufig von einer Madame Andersen liefern lassen. Da das Geschäftsbuch erhalten blieb, wissen wir etwa genau, dass Kierkegaard im November 1847 viermal Entenbraten gegessen hat, zweimal Lachs, viermal gepökeltes Lamm und andere gewöhnlichere Gerichte. Bouillon scheint er geliebt zu haben. Häufig hat er sie sich mittags und abends bringen lassen.

Es gibt übrigens einen sehr frühen Beleg dafür, wie wichtig Kierkegaard das Essen war. Seine Schwester berichtet, dass er schon als Kleinkind auf die Frage, was er am liebsten wäre, geantwortet hätte: „Eine Gabel". Als man ihn fragte, warum, meinte er, „weil er dann alles auf dem Esstisch aufspießen könne."

Neben den Mahlzeiten kostete ihn auch seine Sammelwut viel Geld. Neben den oben angesprochenen 50 Tassen füllten etwa Dutzende Spazierstöcke das Vorzimmer seiner Wohnung.

Ein anderes Mittel, neben seinem Konsumrausch, um sich abzulenken und zu entspannen, fand Kierkegaard im Erfinden fiktiver Lebensentwürfe. So war er eine Zeitlang von der Idee besessen, einen Diebstahl zu begehen und dann mit seinem schlechten Gewissen und in Angst, entdeckt zu werden, zu leben.

Ansonsten spielte er gerne mit fremden Identitäten, umgab sich mit Pseudonymen oder unterschrieb einen Brief mit Farinelli, dem Namen des berühmtesten italienischen Kastraten, der 25 Jahre lang in Spanien lebte, wo er dem melancholischen Philip V. allabendlich dieselben vier Lieder vorsang. Mit dem

Namen eines Mannes also, der wie Kierkegaard selbst seine körperlichen Leidenschaften seiner Kunst untergeordnet hatte. Kierkegaard arbeitete daran, seine Existenz zur interessantesten zu machen, „die je von einem Autor in Dänemark geführt wurde ... Und deswegen werden einst nicht einmal nur meine Schriften, sondern wird gerade mein Leben, die listenreiche Heimlichkeit der ganzen Maschinerie studiert und wieder studiert werden."

Eine andere Strategie Kierkegaards, seiner Biografie eine rätselhafte oder ironische Note zu verleihen, waren Vereinsbeitritte. Wie sonst wären die teuren Mitgliedschaften wie etwa in der „Gesellschaft zur Förderung der Gartenpflege" und in der „Frauenvereinigung von 1843" zu erklären.

„Er schien", schrieb ein Zeitgenosse, „wie ein Gedanke ... etwas Unwirkliches haftete ihm an."

Da hätte es Kierkegaard wahrscheinlich gut gefallen, von seinen Zeitgenossen ebenso mythifiziert zu werden wie der Theaterstar seiner Zeit, die Schauspielerin Johanne Luise Pätges. Deren Porträt gab es aufgestickt auf Taschentüchern oder Hüten zu kaufen; außerdem gab sie einer Zigarre, einer Pflanze, einer Lampe, einer Seife, einem Kuchen, einer Schokolade, Briefpapier sowie einem Walzer ihren Namen.

Heute könnte Kierkegaard da locker mithalten, findet sich sein Namenszug doch mittlerweile auf Bierkrügen, Umhängetaschen und Stringtangas und sein Konterfei auf Krawatten.

Schon zu seinen Lebzeiten legendär waren seine ausgedehnten Spaziergänge durch die belebtesten Straßen Kopenhagens und aus der Stadt hinaus. Um sich gesundheitlich halbwegs in Schuss zu halten, war er, egal bei welchem Wetter, oft von morgens bis abends unterwegs. Und zeigte dabei einige Schrullen. So erzählte eine Bekannte in ihren Erinnerungen an Kierkegaard, dass man bemerkt wurde, „wenn man ihn begleitete, denn er focht immer so sonderbar mit seinem Stock in der Luft und blieb so oft auf der Straße stehen, gestikulierte und lachte so laut." Den Spazierstock hat er später durch den „unentbehrlichen Regenschirm" ersetzt, den er auch bei Sonnenschein und sogar im Wohnzimmer herumführte. So hatte er eine kindliche Freude daran, mit dem aufgespannten Schirm gegen den Wind anzugehen: „Dieser Zeitvertreib ist zugleich der Bewegung äußerst zuträglich, weil man so sonderbare Sprünge machen muss."

Für den Komfort auf seinen ausgedehnten Spaziergängen hatte sich Kierkegaard für teures Geld Spezialstiefel mit elastischen Korkeinlagen angeschafft. Oft dachte er auf seinen Wegen alleine vor sich hin und entwarf oft im Gehen ganze Abschnitte seiner Bücher. Traf er aber einen Bekannten, packte er ihn am Arm und verwickelte ihn in ein oft endloses Gespräch. Dafür soll er kaum jemanden in seine Wohnung gelassen haben, die sein Schreibrefugium war. Überkam ihn dort einmal die Einsamkeit, dann konnte es passieren, dass er sich wie für eine Abendveranstaltung zurecht machte und dann in den hell erleuchteten Räumen seiner Wohnung auf und ab ging und in der Vorstellung mit fiktiven Gästen parlierte.

Neben den Spaziergängen unternahm er auch immer wieder gern Kutschenfahrten übers Land, die, egal wie die Route verlief, zumeist ein festgesetztes Ziel hatten, nämlich den Gasthof Postgaarden in Hörsholm, wo Kierkegaard über Jahre hinweg regelmäßiger Gast war. Grund dafür war die dortige Köchin, Tagine, die ihm die mitgebrachten Rebhühner und Schnepfen wie keine andere zubereitete. Unvergleichlich soll auch ihr Kalbsbraten gewesen sein. Außerdem sorgte sie dafür, dass der Rheinwein Marke Liebfraumilch (den Kierkegaard ganz besonders wegen des Namens liebte) immer vorrätig war. Und zum Dessert servierte sie zwölf gekochte Kathrinenpflaumen, die der „Herr Magister" wegen seines empfindlichen Magens brauchte.

Der liebte es, nach dem Essen mit der Landbevölkerung zu plaudern. So begegnete er einmal bei einer Wanderung über die Heide von Jütland einem alten Mann, ein Erlebnis, das er in seinem Tagebuch festhielt: „Glückliches Leben! Wie unbekümmert er dort im Heidekraut lag und schlief ... Und dies ist das Leben, das zu verachten wir erzogen werden! Und wir anderen, wie sehr wir auch schuften und ackern, welch ein Leben führen wir nur!"

Die Kutschenfahrten waren für Kierkegaard nicht nur Zeitvertreib. Manchmal fuhr er auch die Nacht durch, um seine Schlaflosigkeit zu besiegen.

Weitere Reisen hingegen unternahm er selten. Abgesehen von mehreren Berlin-Besuchen, kam er aus Dänemark nicht hinaus. Auch dort machte er sich zuerst auf die Suche nach einem gediegenen Lokal und wurde in der Konditorei Spargnapani fündig, die unübertrefflichen Kaffee und Schokolade servierte: „Das ist mein Kaffeehaus, das beste, das ich in Berlin gefunden habe. Ein Kaffeehaus, das besseren Kaffee serviert, als man in Kopenhagen bekommen kann, mehr Zeitungen hat, außerdem eine exzellente Bedienung. Solange er (Spargnapani) hier in Berlin ist, werde ich nicht unter Heimweh leiden."

Bei Spargnapani trank er auch seine „philosophische Schokolade", an der er nippte, während er über Hegel nachdachte. Ein Zeitgenosse beschrieb ihn damals folgendermaßen: „Dieser Sören Kierkegaard ist der komischste Kauz, den ich kenne; ein sehr guter Kopf, aber äußerst eitel und von sich selbst eingenommen; immer will er anders sein als andere Menschen, und immer macht er mit seinen Macken auf sich aufmerksam."

Was ihn an Berlin störte, waren die nur spärlich verteilten öffentlichen Toiletten, die seine ausgedehnten Spaziergänge zu Spießrutenläufen werden ließen: „In dieser moralischen Stadt hier ist man fast genötigt, mit einer Flasche in der Tasche auszugehen ... Ich könnte mich sehr viel weitläufiger über diese Sache verbreiten; denn die greift störend in alle Lebensverhältnisse ein."

Dafür hatte die Stadt mit ihrer fremden Sprache den Vorteil, dass er hier Distanz zu sich selbst finden konnte: „Nächst dem, mich gänzlich nackt auszuziehen, nichts in der Welt zu besitzen, auch nicht das mindeste, und dann mich ins Wasser zu stürzen, behagt es mir am meisten, eine fremde Sprache zu sprechen, am liebsten eine lebende, um auf die Weise mir selbst entfremdet zu werden."

Wie schon erwähnt, bastelte Kierkegaard an einer interessanten Existenz. Seinen zukünftigen Biografen hatte er dafür aber erstaunlich wenig Material hinterlassen, denn in den Tagebüchern finden sein Alltag, seine Macken und Lebensentwürfe kaum Erwähnung; da dringt nichts aus seinem Privatleben an die Öffentlichkeit. Ganz im Unterschied übrigens zu einem von Kierkegaard scharf kritisierten Zeitgenossen, dem Märchendichter Hans Christian Andersen. Der hat mit einer unvergleichlichen Offenheit Aufzeichnungen über seine schmerzenden Hoden hinterlassen und im Kalender die Tage, an denen er onaniert hat, mit einem Kreuz versehen.

Kierkegaard hat auch nur selten Briefe geschrieben, nur manchmal kurze Nachrichten, deren Inhalt er dann auch ganz genau überdachte. Briefe, die er bekam, zerstörte er gewöhnlich. Auch dass er sich nie hat fotografieren lassen, obwohl die technischen und finanziellen Möglichkeiten vorhanden gewesen wären, gehört zur Geheimniskrämerei, die Kierkegaard rund um sein Leben veranstaltete.

Kierkegaard hatte schnell gelebt, der Tod ereilte ihn früh. 1855, mit 42 Jahren, verstarb er in einem Kopenhagener Krankenhaus. Todesursache war eine sich langsam ausdehnende Lähmung, die im letzten Stadium das Gesicht befallen hatte. Dem „Total-Ironiker" Kierkegaard hätte sein Anblick auf dem Sterbebett gefallen, denn zuletzt hatte es ihm zuerst den linken, dann den rechten Mundwinkel nach oben gezogen, sodass er in seinen letzten Stunden starr vor sich hin lächelte.

Menü

Als Hommage an Kierkegaard bietet sich eine Mahlzeit zu zweit an. Als Wein wird Liebfraumilch empfohlen, ein Wein aus den Regionen Rheingau, Rheinhessen und Pfalz, ein Cuvée aus den Reben Riesling, Müller-Thurgau, Silvaner oder Kerner.

Zu hören gibt es Mozarts *Don Giovanni*. Als Geschirr sollte man das Feiertagsporzellan verwenden und im Anschluss an die Mahlzeit aus ausgesuchten Tassen einen guten Kaffee genießen.

Bouillon

500 g Suppenfleisch	50 g Rüben
(Beinfleisch oder Rippe)	50 g Lauch
300 g Markknochen	50 g Zwiebeln
1½ l Wasser	50 g Leber vom Rind
50 g Sellerie	3 Pfefferkörner
50 g Champignons	1½ TL Salz

Fleisch und Knochen waschen, in einem großen Topf mit kaltem Wasser bedecken, langsam zum Kochen bringen und bei kleinstmöglicher Hitze 2 Stunden köcheln lassen. Anschließend Gemüse, Pilze und Leber in kleine Stücke schneiden und zur Brühe geben. Das Ganze aufkochen und noch eine weitere Stunde bei kleiner Flamme weiterköcheln lassen. Um eine klare Brühe zu bekommen, muss darauf geachtet werden, dass wirklich nur mit geringer Hitze gekocht wird!

Nach insgesamt 3 Stunden Kochzeit Fleisch und Knochen aus der Brühe nehmen und diese durch ein feines Sieb gießen. Das Fett kann nach dem Erkalten abgeschöpft werden. Das von den Knochen abgelöste Fleisch kann als Einlage dienen.

Mortens Ente mit süßen Apfelhälften und Gelee

1 Ente (etwa 2 kg)
2 Zwiebeln
Salz
Pfeffer
½ TL gemahlener Kümmel
1 EL körniger Senf

1 EL Honig
4 säuerliche Äpfel
2–3 dl Wasser
3 EL Zucker
etwas Zitronensaft
Ribiselgelee

Die Talgdrüse am Schwanz und sonstiges überschüssiges Fett aus der Ente herauslösen, sie anschließend abspülen und nach dem Trockentupfen innen und außen mit Salz, Pfeffer und Kümmel einreiben. Die Flügel so unter den Rücken stecken, dass sie anliegen, die Keulen fest an den Körper drücken und zusammenbinden. Ente mit dem Rücken nach oben in einen Bräter legen, die grob zerkleinerten Zwiebeln dazugeben und mit einem Achtelliter Wasser auffüllen. Bei 250 Grad 40 Minuten braten, Ente wenden und bei 175 Grad eineinhalb Stunden weiterbraten. Ab und zu etwas heißes Wasser nachgießen. Honig im Wasserbad erwärmen und mit dem Senf verrühren. Ente auf den Rost des Backofens legen, mit der Honigmischung bestreichen und bei 200 Grad noch etwa 15 Minuten knusprig braten.

Wasser mit Zucker und Zitronensaft aufkochen lassen. Die Äpfel schälen, halbieren und das Kerngehäuse entfernen. Apfelhälften in das Zuckerwasser legen und kochen, bis sie fast mürbe sind. Anschließend im Zuckerwasser abkühlen lassen, abtropfen lassen. Vor dem Servieren füllt man in jede Hälfte etwas Ribiselgelee.

Dänische Pflaumengrütze

1 kg Pflaumen
¼ l Apfelsaft
½ l Wasser
1 Zitrone, Saft und geriebene Schale
1 Zimtstange

1 Nelke
200 g Zucker
50 g Speisestärke
4 dl Schlagobers

Die Pflaumen waschen und entkernen, dann den Apfelsaft zusammen mit Wasser, Zitronensaft, Zitronenschale, Zimtstange und Nelke erhitzen. Die Pflaumen hinzugeben und alles so lange kochen lassen, bis die Pflaumen zu zerfallen beginnen (ca. 10 Minuten). Mit Zucker süßen und mit der in etwas Wasser angerührten Stärke binden. In Schalen füllen und im Kühlschrank mindestens 1 Stunde abkühlen lassen. Mit steifem Schlagobers servieren.

„Man schaffe mir eine Köchin!": Friedrich Nietzsche auf der Suche nach seiner Denkersmahlzeit

„Durch den vollkommenen Mangel an Vernunft in der Küche ist die Entwicklung des Menschen am längsten aufgehalten, am schlimmsten beeinträchtigt worden."

Das schrieb der 42-jährige Nietzsche 1886 in *Jenseits von Gut und Böse*, ein Werk, das er im Untertitel „Vorspiel einer Philosophie der Zukunft" nannte. In Zukunft also, so meinte Nietzsche, sollte der Philosoph alle metaphysischen Grübeleien beiseite lassen und sich lieber der „Lehre von den nächsten Dingen" widmen. Und dazu gehörte es, „auf Küche und Ernährung, Vegetarismus und Beefsteakgenuss, auf alkoholische Getränke und Tabakrauchen, auf die Vortrefflichkeit des Wassertrinkens, die Untunlichkeit von Kaffee und Tee, auf die förderlichen und die hinderlichen Wirkungen von Aufenthaltsort und Klima"  zu achten. Ein damals außergewöhnliches Interesse, das deshalb auch gegenüber anderen Intellektuellen verteidigt werden musste. Was Nietzsche auch vehement tat: Als einmal auf einem Spaziergang ein Professor meinte, dass solche Themen einem Gelehrten wohl nicht zu Gesicht stünden, soll Nietzsche darüber ernsthaft in Rage geraten sein.

Gerade diese „nächsten Dinge" begriff er nämlich als ungeheuer weitläufiges Themen- und Arbeitsfeld für die Philosophie: „Alle Arten Passionen müssen einzeln durchdacht, einzeln durch Zeiten, Völker, große und kleine Einzelne verfolgt werden ... Bisher hat alles das, was dem Dasein Farbe gegeben hat, noch keine Geschichte ... Kennt man die moralischen Wirkungen der Nahrungsmittel? Gibt es eine Philosophie der Ernährung? (Der immer wieder losbrechende Lärm für und wider den Vegetarianismus beweist schon, dass es noch keine solche Philosophie gibt!)"

Diese Forschung über die „nächsten Dinge" sollte aber nicht nur anhand historischer Studien betrieben werden, da ging es bei weitem nicht nur um eine theoretische Beschäftigung. Vielmehr drängte Nietzsche zu einem Leben im Experiment, das Individuum sollte „Essen, Wohnen, Sich-Kleiden" zum „Objekt des stetigen unbefangenen und allgemeinen Nachdenkens" machen und sich durch die laufend neuen Erkenntnisse auch fortwährend neu erschaffen.

Da ist es nur konsequent, dass sich Nietzsche seine Kenntnisse der Küche ganz unmittelbar aneignete, wie man aus einem seiner zahlreichen Briefe erfährt: „Und noch etwas Heiteres: gestern habe ich auf meiner Maschine [wahrscheinlich ein Gaskocher; Anmerkung des Autors] ein Genueser Gericht unter Anleitung meiner Wirtin gekocht, und siehe, es war vortrefflich! Hauptbestandteile Artischocken und Eier."

Und auch in einem Brief an die Schwester zeigte sich Nietzsche als ewig suchender und dauernd neugieriger Hobbykoch: „... hilf mir und schlage bei Wiel [Diätetisches Kochbuch, Freiburg 1881; Anmerkung des Autors] nach: der erwähnt ein kleines, genial konstruiertes Maschinchen, womit man Eier zu Schaum schlägt (unter dem Kapitel Eierspeisen oder sonstwo)."

Und er bat sie, ihm diese Maschine zu schicken. Nach Nizza, wo er damals gerade lebte. Die Stadt an der die Côte d'Azur war nur eine von unzähligen Stationen, die der freie Gelehrte und Halbnomade Nietzsche auf der Suche nach dem für ihn und seine Arbeit optimalen Ort machte. Denn neben der Küche war es vor allem das Klima, das einen ungeheuren Einfluss auf den

Organismus hatte. Städte und Landschaften wurden also ausprobiert und anschließend ein Zeitplan erstellt.

„Da ich mitten in der entscheidenden Arbeit meines Lebens bin, so ist mir eine vollkommene Regel für eine Anzahl Jahre die erste Bedingung. Winter Nizza, Frühling Turin, Sommer Sils [Sils-Maria im Engadin, in der Nähe von St. Moritz; Anmerkung des Autors], zwei Herbstmonate Turin – dies ist der Plan … Der Erfolg des allmählich von mir ausprobierten Optimums von Existenz zeigt sich in einer enormen Steigerung der Arbeitskraft."

Grund für diesen peniblen Jahresplan waren Nietzsches vielerlei Beschwerden, an denen er chronisch litt. Er war hochgradig kurzsichtig, „dreiviertel blind", wie er selbst schrieb, damit aber nicht genug, waren seine Augen auch noch hochempfindlich und schmerzten häufig. Gerade für einen Gelehrten mit Hang zum Alleinsein eine kleine Katastrophe, denn Nietzsche konnte deshalb immer nur eine Viertelstunde am Stück lesen oder schreiben. Die damals verfügbare Technologie schaffte da nur in einem Punkt Abhilfe: „Nach der Schreibmaschine wäre eine Vorlesemaschine eine sehr schöne Erfindung. Jeder Vorlese-Mensch ist eine Störung für ein denkendes und sensibles Tier, wie ich bin."

Nietzsche setzte sich jetzt, wenn seine Augen zu schwach zum Lesen wurden, an die Schreibmaschine, um zu dichten. Die ersten getippten Zeilen sind übrigens erhalten geblieben, ein kurzer Lobgesang auf das wilde Denken:

„Glattes Eis ein Paradeis
Fuer den der gut zu tanzen Weiss."

Neben der Kurzsichtigkeit malträtierten ihn vor allem seine fast dauernden Kopfschmerzen, die ihn immer wieder zum Nichtstun zwangen. Dazu kam häufig ein „lähmungsartiges Gesamtgefühl vom Kopfe bis in die Fußspitzen." Allerdings musste Nietzsche seinen Leiden fast dankbar sein, hatten sie ihm doch die Möglichkeit zum Befreiungsschlag gegeben. Denn bevor Nietzsche sein Leben als freier Philosoph antrat, war er Professor der Philologie an der Universität Basel. Was ihn anfangs mit Stolz erfüllte – immerhin war er schon mit vierundzwanzig auf diesen Posten berufen worden –, war ihm nun schon die längste Zeit nur mehr lästige Verpflichtung, die ihn eigentlich von Wichtigerem abhielt: „… war diese Professur nicht eine Schlange, die mich verführt hat, weg vom Pfade, der … in die blauen Weltwunder führt?" Schon früh denkt Nietzsche da über den Rückzug nach: „Übrigens bin ich wieder stark im Plänemachen, um mich ganz und gar zu verselbständigen und von aller offiziellen Beziehung zu Staat und Universität mich in die unverschämteste Singulärexistenz zurückzuziehen, miserabel einfach, aber würdig."

Tatsächlich war es aber erst die Krankheit, die es ihm erlaubte, die ungeliebte Basler Professur niederzulegen und mit einer nicht unansehnlichen Pension ein freies Philosophendasein zu beginnen: „Die Krankheit gab mir … ein Recht zu einer vollkommenen Umkehr aller meiner Gewohnheiten … sie gebot mir Vergessen, sie beschenkte mich mit der Nötigung zum Stillliegen, zum Müßiggang, zum Warten und Geduldigsein … Aber das heißt ja Denken! … Ich war vom Buch erlöst, ich las jahrelang nichts mehr – die größte Wohltat, die ich mir je erwiesen habe! Jenes unterste Selbst, gleichsam verschüttet, gleichsam still geworden unter einem beständigen Hören-Müssen auf andere Selbste … erwachte langsam, schüchtern, zweifelhaft – aber endlich redete es wieder."

Nietzsche verließ also Basel und das Baseler Wetter „mit seinem ewigen feuchten Gedusel" und machte sich auf die Suche nach seinem optimalen Arbeitsort, der unzählige Kriterien erfüllen musste. Wichtig waren ein blauer, möglichst wolkenloser Himmel und keine extremen Temperaturen. Nietzsche zeigte sich aber auch gegenüber anderen Einflüssen hochsensibel: „Mehrere böse Tage! Ach die verfluchte Wolken-Elektrizität!"

Oder bei einem Kurzaufenthalt in Leipzig: „Soeben stelle ich aus dem ‚Tageblatt' fest, woher mein verhältnismäßiges Wohlbefinden von gestern kommt. Die Luftfeuchtigkeit war von 99 plötzlich auf 62 heruntergegangen."

Seiner Feinfühligkeit gegenüber äußeren Einflüssen konnte Nietzsche trotz allen Leidens mit Selbstironie begegnen: „In Paris ist eine Ausstellung für Elektrizität: ich sollte eigentlich dort sein, als Ausstellungsgegenstand, vielleicht bin ich in diesem Punkte empfänglicher als irgendein Mensch, zu meinem Unglücke."

Im Herbst 1885 reiste Nietzsche in nur zehn Tagen von Deutschland über Italien an die Côte d'Azur, wie es scheint zum guten Teil aus körper-wissenschaftlichem Interesse: „Es war mir sehr wertvoll, fast gleichzeitig die Luft von Leipzig, München, Florenz, Genua und Nizza zu experimentieren. Ihr könnt gar nicht glauben, wie sehr bei diesem Wettkampfe Nizza triumphiert hat."

Mehrere Winter verbrachte Nietzsche in Nizza, allerdings mit unterschiedlichem Erfolg. In Hochstimmung war er jedenfalls zu Weihnachten 1885, wo er sich nach einem langen Spaziergang in ein Lokal direkt am Meer setzte. In einem Brief an Mutter und Schwester berichtete er: „Da trank dann Euer Tier ganz große Gläser eines süßen Landweins und war beinahe a bitzeli betrunken; wenigstens sagte ich nachher zu den Wellen, wenn sie gar zu heftig heranschnoben, wie man zu den Hühnern sagt, ‚Butsch! Butsch! Butsch!'"

Und nicht nur der Wein begann ihm in Nizza zu schmecken: „Ich gestehe, dass ich eine überraschend wohltätige Wirkung gespürt habe, seit ich jeden Abend mit einem Glase Bier beschließe. Gerade in solchen stimulanten Klimaten scheint das Bier wie ein Medikament zu dienen."

Das waren aber Ausnahmezeiten, denn Nietzsche lebte gewöhnlich weitgehend abstinent: „Alkoholika sind mir nachteilig; ein Glas Wein oder Bier des Tags reicht vollkommen aus, mir aus dem Leben ein „Jammertal" zu machen … ich weiß nicht ernsthaft genug die unbedingte Enthaltung von Alcoholicis allen geistigeren Naturen anzuraten. Wasser tut's."

Nach den warmen Weihnachtstagen, die Nietzsche euphorisch verlebt, kippt aber das Wetter und damit auch seine Stimmung. Das Leben in der Pension lässt ihm überdies nicht den gewohnten Freiraum. Er habe, schrieb er damals, „die Herren Mit-Pensionäre satt, man darf kaum hinsehen, wie der liebe Tisch-Nachbar bei Tisch Messer und Gabel führt. Von dem, was bei Tisch geredet wird, nicht zu reden! Ich denke an meine ehemalige Genueser Isoliertheit mit Trauer und Sehnsucht zurück, obgleich ich wie der ärmste Schlucker gelebt habe; aber ich war nicht von solchem mittelmäßigen ‚Pack' umgeben."

Aber nicht nur die Tischgesellschaft, auch die Mahlzeiten selbst bereiteten ihm Probleme: „Ewige Anfälle, Erbrechen über Erbrechen, jetzt weiß ich vor jeder Mahlzeit nicht mehr, ob essen oder nicht essen. Die Schwäche des Magens ist in einer eklatanten Weise wieder zum Vorschein gekommen, und in einer Pension ist da schlimm sich einrichten. Mein Seufzer, den ich schon einmal ausdrückte, heißt auch heute wieder: man schaffe mir eine Köchin!"

Da sich Nietzsche nur ein unbeheiztes Nordzimmer leisten konnte, litt er darüber hinaus unter der Kälte, die ihm „blaue Finger und schauerliche Empfindungen" bescherte. Was ihn schließlich so weit trieb, sich von der Mutter einen Ofen schicken zu lassen. Das Eintreffen drei Wochen später feierte er beglückt: „Ich genieße diesen Morgen eine große Wohltat: zum ersten Male steht ein ‚Feuergötze' in meinem Zimmer: ein kleiner Ofen – ich bekenne, dass ich um ihn herum bereits einige heidnische Sprünge gemacht habe."

Da Nietzsche meist allein lebte, gab es nur selten Auskunft von anderen über seine ausgeklügelte Lebensweise, dieses „System von so oft sehr delikaten Rücksichten". Nur einmal, in Venedig, betreute ihn ein Freund, der junge Komponist und Pianist Heinrich Köselitz. Anfangs genoss der die Aufgabe, doch nach und nach machten ihm Nietzsches Hypersensibilität und

Egomanie immer mehr zu schaffen, wie aus seinen Briefen von Tag zu Tag deutlicher herauszulesen ist. „Hier regnet es fast unaufhörlich fort ... Wie es da bei Nietzschen geht, der gegen jede Wolke, die sich am Himmel zeigt, empfindlich ist, kannst du dir denken ... was ich nun zum Himmelmillionendonnerwetter an Zeit, Kraft, Gedankenzusammenhaltung und allem möglichen sonst verloren habe."

Als Nietzsche am 29. Juni 1880 endlich in Richtung Kärnten aufbrach, war Köselitz dementsprechend erleichtert, aus dieser Zwangsverpflichtung entkommen zu sein: „... eine Wut erfasste mich oft, dass ich Nietzsche unter den krampfhaftesten Gebärden in Tod und Hölle verwünschte ... Wenn ich mühsam um 4, um 5 Uhr früh den Schlaf gefunden hatte, kam Nietzsche öfter um 9 oder 10 Uhr früh, ich möchte ihm Chopin vorspielen."

Die kalte Jahreszeit verbrachte Nietzsche also meist im Süden, in Genua, Nizza oder eben in Venedig. Für den Sommer hatte er sich, um der Hitze zu entkommen, im Engadin einquartiert und zwar in Sils-Maria, einer kleinen Gemeinde nahe Sankt Moritz. Sie lag malerisch zwischen zwei Seen auf 1800 Metern Seehöhe, von Bergen umringt, ein Panorama, das Nietzsche immer wieder in Hochstimmung versetzte: „In den Alpen bin ich unbesiegbar, namentlich wenn ich allein bin und keinen andern Feind als mich selbst habe."

Und an anderer Stelle schwärmte er: „Ich bin in dem lieblichsten Winkel der Erde untergebracht worden: so still habe ich es nie gehabt und alle 50 Bedingungen meines armen Lebens scheinen hier erfüllt zu sein. Ich nehme diesen Fund hin als ein ebenso unerwartetes wie unverdientes Geschenk."

Von Zeitzeugen wissen wir über Nietzsches damalige Essgewohnheiten recht genau Bescheid: „Nietzsche aß nur mittags im Hotel Alpenrose, nicht an der Table d'Hôte, sondern allein im Touristenrestaurant und bestellte sich fast täglich Beefsteak mit Erbsen. Öfters trank er dann auch ein Glas Bier."

Von Nietzsches „Beefsteakgenuss" war oben schon die Rede gewesen und tatsächlich stellte Fleisch einen Fixpunkt seiner täglichen Ernährung dar. Und nicht nur mittags. Da aber die Ernährungslage in den Bergen recht trist war, ließ er sich das Fleisch für seine Abendessen von seiner Mutter in Esspaketen schicken: „Da mein Sommer die Länge von 4 Monaten ungefähr hat, so brauche ich mindestens noch 6 Kilo Lachsschinken. Es handelt sich um meine ganze Abendmahlzeit für 4 Monate ... Ich bin mit der kleinen Wurst fertig: sie war zu trocken, wegen ihrer Kleinheit. Die größere ist besser, doch lange nicht so gut, wie die dicke, runde vom letzten Herbst."

Auch das Dankschreiben nach Eintreffen des Pakets ist erhalten geblieben und gibt einen ganz guten Begriff davon, welche zentrale Rolle eine gute Mahlzeit in Nietzsches Leben spielte: „Der Schinken sieht äußerst delikat und stattlich aus: ich blicke mit neuem Vertrauen in die Zukunft – und das ist etwas!!"

Das tägliche Rindfleisch zu Mittag war eine Angewohnheit, die wohl aus seiner Internatszeit stammte. Da schon der 14-jährige Nietzsche sehr zur Selbst- und Alltagsbeobachtung neigte und damals bereits seine ersten Memoiren verfasste, besitzen wir ganz genaue Schilderungen des damaligen Tagesablaufs. Den gesamten Speiseplan einer Woche hat er da akribisch abgeschrieben, obwohl sich die Tagesmenüs weitgehend glichen. Von Montag bis Samstag gibt es „Suppe, Rindfleisch und Gemüse, Obst", nur am Freitag gibt es „Schweinebraten ... und Klöße ... oder Linsen und Bratwurst."

Später, als Professor in Basel, als Nietzsche mehr und mehr seine Alltagsgewohnheiten in Frage stellte und mit Tagesablauf und Speiseplan herumexperimentierte, versuchte er auch „eine Lebensweise nach den Vorschriften des Italieners Cornaro". Dieser war in der Spätrenaissance durch seine asketische Lebensweise berühmt geworden, die ihm das damals biblische Alter von 98 Jahren beschert haben soll. Seine diätetischen Schriften waren im 19. Jahrhundert wieder aufgetaucht und hatten für einiges Aufsehen gesorgt. Auch Nietzsche stellte damals seine Ernährung um und „lebte nur von Früchten, Zwieback, jenen für Kranke in Tafeln hergestellten Leguminosensuppen [auf Basis von Hülsenfrüchten von zumeist Erbsen oder Bohnen; Anmerkung des Autors] und etwas kaltem, gebratenem Fleisch."

Damals unterhielt der junge Professor bereits ein intensives Verhältnis zu Richard Wagner, der im nahen Tribschen sein Domizil hatte, wo ihn Nietzsche regelmäßig besuchte. Trotz des ungeheuren Respekts, den er damals gegenüber seinem musikalischen Übervater hegte, ließ er sich in Sachen Lebensführung doch nicht dreinreden. So notierte Wagners Lebensgefährtin und spätere Frau Cosima von Bülow:

„Kaffee mit Professor Nietzsche; leider verdrießt dieser Richard sehr durch ein Gelübde, das er getan hat, kein Fleisch und nur Vegetabilien zu essen. Richard hält dies für Unsinn, auch für Hochmut, und wie ihm der Professor sagt, es sei doch von ethischer Wichtigkeit, keine Tiere zu essen, antwortet Richard, unsere ganze Existenz ist ein Kompromiss, den man nur dadurch sühnen kann, dass man etwas Gutes zustande bringe … Um etwas Gutes zu tun in unserm Klima, bedürfen wir einer guten Nahrung. Da der Professor Richard Recht gibt und doch bei seiner Abstinenz bleibt, wird Richard böse."

Tatsächlich jedoch beendete Nietzsche bald darauf sein Vegetariertum: „Ich bin überzeugt, dass das Ganze eine Marotte ist." Zwar gibt er zu, „dass eine zeitweilige Enthaltsamkeit von Fleisch, aus diätetischen Gründen, äußerst nützlich ist. Aber warum, um mit Goethe zu reden, daraus ‚Religion machen'?"

Später wandte er sich noch vehementer und vor allem reflektierter gegen Cornaros Lehre. Hier würden, meinte Nietzsche, und das sei ohnehin eines der Grundprobleme der Menschheit, Ursache und Wirkung miteinander verwechselt. Nicht die Diät habe für den gesunden Körper Cornaros gesorgt, vielmehr sei dessen Organismus so beschaffen gewesen, dass er alle andere Ernährung gar nicht hätte verdauen können. Der Körper schreibe die Ernährung vor und deshalb konnte Nietzsche später zufrieden aus Sils-Maria melden: „Die Gegenwart verlangt übrigens – Würste und Schinken."

Neben Fleisch gehörte Nietzsches besondere Vorliebe Süßspeisen, wo er auch richtig maßlos werden konnte. Ebenfalls aus Sils-Maria berichtete da ein Zeitzeuge: „Oh, er lebte manchmal etwas unvernünftig. Wenn seine Mutter etwas schickte, was er besonders gern mochte, aß er sich öfters krank. Besonders liebte er Honig in Waben, und er brachte es fertig, eine große Scheibe in drei Tagen aufzuessen."

Die Mutter erfuhr in einem Brief davon nur die halbe Wahrheit: „Der Honig ist mir leider sehr schlecht bekommen ... Es trat Erbrechen ein."

Aber es gab auch noch andere Süßspeisen, die Nietzsche schätzte und in seinem Alpendorf schmerzlich vermisste: „Sehr ist alles Süße hier oben von mir geschätzt, z. B. die guten Pfefferkuchen."

Die Mutter reagierte postwendend und Nietzsche schwelgte: „In Betreff der Hallischen Pfefferkuchen bin ich alles Lobes voll, es ist mein ‚Leib'-Konfekt, das mir immer gut tut."

Süßspeisen gab es schon daheim regelmäßig von der Mutter, und als Nietzsche zum Studium zuerst nach Bonn und später nach Leipzig ging, behielt der ansonsten asketisch lebende junge Mann diese Vorliebe bei: „Der einzige Luxus, den sich der auf alkoholische Genüsse sowie auf das Rauchen fast absolut verzichtende Nietzsche gestattete, war der tägliche Besuch der Konditorei von Kintschy in der Klostergasse, wo er Kaffee oder Schokolade trank und ab und an ein Stück Kuchen oder Torte aß", berichtete einer seiner Studienkollegen.

Den Kakao sollte er später während seiner diätetischen Experimente übrigens wiederentdecken: „Jetzt habe ich mir etwas Neues erfunden, das sich 5 Wochen schon bewährt hat: um 5 Uhr nehme ich eine Tasse bittren Kakao (van Houten), die ich selbst aufgieße, dann lege ich mich wieder zu Bett, schlafe mitunter wieder ein, stehe aber Punkt sechs auf und trinke, wenn ich mich angezogen habe, noch eine große Tasse Tee. Dann geht es an die Arbeit – und es geht. Das ganze System ist viel beruhigter und mehr im Gleichgewicht; auch ist meine Laune besser. Ich habe im Monat Juli nur 3 große Anfälle meines Kopfleidens mit tagelangem Erbrechen gehabt: was ein wirklicher Fortschritt ist."

An Heißgetränken genoss Nietzsche häufig Souchong, einen chinesischen, geräucherten Tee, der auch bei längeren Ziehzeiten nicht bitter wird; was ihm aber „gut tut, ist feiner Congo."

Das waren aber nur einige wenige Konstanten in Nietzsches Speiseplan, denn er war überzeugt, dass sich die Ernährung mit dem Ort ändern musste, und probierte diverseste Nationalküchen aus: „Auch die englische Diät, die, im Vergleich mit der deutschen, selbst der französischen, eine Art ‚Rückkehr zur Natur', nämlich zum Kannibalismus ist, geht meinem eignen Instinkt schwer zuwider; es scheint, dass sie dem Geist schwere Füße gibt – Engländerinnen-Füße. Die beste Küche ist die Piemonts."

Überhaupt fühlte sich Nietzsche in der italienischen Küche gut aufgehoben. Als er in Genua an seiner *Morgenröte* saß, hielt ihn die dortige Gastronomie bei Kräften: „Die Genueser Küche ist für mich gemacht. Werdet ihr's mir glauben, dass ich jetzt 5 Monate fast alle Tage Kaldaunen gegessen habe? Es ist von allem Fleische das Verdaulichste und Leichteste, und billiger; auch die Fischchen aller Art, aus den Volksküchen, tun mir gut. Aber gar kein Risotto, keine Makkaroni bis jetzt! So veränderlich ist es mit der Diät nach Ort und Klima!"

Was trotz guter Küche immer wieder auftrat, waren seine chronischen Kopfschmerzen. Ihnen versuchte er mit viel Bewegung beizukommen. Nietzsche, zeitlebens ein ausdauernder Spaziergänger und täglich zwischen vier und fünf Stunden unterwegs, dehnte in Sils-Maria diese Spaziergänge zu richtigen Wanderungen aus: „Diese herrlichen Wälder! Ich bin 7–8 Stunden täglich im Freien." Meist führte er ein Notizbuch mit, in dem er unterwegs Aphorismen und Gedanken eintrug: „Ich kritzele auf meinen Wegen hie und da etwas auf ein Blatt, ich schreibe nicht am Schreibtisch, Freunde entziffern meine Kritzeleien."

Auch die Idee zu seinem revolutionären *Also sprach Zarathustra* kam ihm auf einem seiner Wege. Ein geistiger Befreiungsschlag für Nietzsche: „Die Intensitäten meines Gefühls machen mich schaudern und lachen. Schon ein paar Mal konnte ich das Zimmer nicht verlassen aus dem lächerlichen Grund, dass meine Augen entzündet waren – wodurch? Ich hatte jedes mal den Tag vorher auf meinen Wanderungen zu viel geweint, und zwar nicht sentimentale Tränen, sondern Tränen des Jauchzens; wobei ich sang und Unsinn redete, erfüllt von einem neuen Blick, den ich allen Menschen voraus habe."

Und auch körperlich fühlte sich Nietzsche damals so wohl wie noch selten: „Mein Aussehen ist übrigens vortrefflich, meine Muskulatur in Folge meines beständigen Marschierens fast die eines Soldaten, Magen und Unterleib in Ordnung. Mein Nervensystem ist, in Anbetracht der ungeheuren Tätigkeit, die es zu leisten hat, prachtvoll und der Gegenstand meiner Verwunderung, sehr fein und sehr stark."

In die Heimat verschlägt es Nietzsche nur mehr selten. Zu sehr ist er abgestoßen von Preußentum und Deutschtümelei. So wie er allen kirchlichen Autoritäten abgeschworen hatte, wandte er sich auch gegen alle Herrscher und Politiker, wie den preußischen Monarchen Wilhelm I.: „Heute feiert man hier den Geburtstag des Kaisers, aber ich kann mir inmitten der schwarzen und gelben Farben immer nur etwas Schreckliches, etwa den Geburtstag der Pest, denken."

Abgestoßen war er auch von der deutschen Küche: „Was hat sie nicht alles auf dem Gewissen! Die Suppe vor der Mahlzeit, die ausgekochten Fleische, die fett und mehlig gemachten Gemüse; die Entartung der Mehlspeise zum Briefbeschwerer! Rechnet man gar noch die geradezu viehischen Nachgussbedürfnisse der alten, durchaus nicht bloß alten Deutschen dazu, so versteht man auch die Herkunft des deutschen Geistes – aus betrübten Eingeweiden."

Zuwider war ihm auch der immer stärker grassierende Antisemitismus. Er war nicht nur ein Verfechter des europäischen Gedankens, sondern war sich auch bewusst, welch zentrale Rolle die Juden spielten: „Der Himmel erbarme sich des europäischen Verstandes, wenn man den jüdischen Verstand davon abziehen wollte!"

Besonders entsetzte ihn die Hochzeit seiner Schwester mit dem Antisemiten Bernhard Förster. Sie begleitete ihren Mann später nach Paraguay, wo dieser eine rein deutsche Kolonie zu begründen versuchte. Auch Nietzsche dachte einmal daran, in die Ferne zu gehen: „Ich möchte ein paar Jahre in Abenteuern verbringen, um meinen Gedanken Zeit, Stille und frische Erdkrume zu geben." Als Ziele schwebten ihm die „Hochlande Mexikos", „die Palmenoase Biskra", Japan oder Tunesien vor: „Ich will unter Muselmännern eine gute Zeit leben … so wird sich wohl mein Urteil und mein Auge für alles Europäische schärfen."

Eine andere Autorität, der Nietzsche misstraute, waren die Ärzte, weshalb er nicht nur mit dem Essen, sondern auch mit Medikamenten herumexperimentierte. So stellte er sich selbst Rezepte aus, unterschrieb sie mit Dr. Nietzsche und ließ sie sich in Apotheken zusammenmischen. Mit teils beträchtlichem Erfolg: „In Folge eines starken Abführmittels, ein guter Tag, und helle Sonne!"

Seine Schmerzen und seine Nervosität trieben ihn außerdem dazu, Schlafmittel zu nehmen. Über zwei Jahre schluckte er jeden Abend Chloral, das nicht nur wegen seiner Nebenwirkungen gefährlich war, sondern auch abhängig machte.

Nietzsche hatte nach dem Weggang aus Basel die meiste Zeit ein Leben in Einsamkeit geführt. Er war überzeugt, dass seine Denkarbeit das Alleinsein brauchte, litt aber zeitweise dennoch unsäglich darunter und schmiedete dann sogar Heiratspläne, die von anderen auch unterstützt wurden. Nicht nur von der Familie, auch vom väterlichen Freund während Nietzsches Baseler Zeit, Richard Wagner. Der machte sich damals Sorgen, dass Nietzsche zu viel Kontakt mit Männern pflege, „das könne auf Dauer nicht gut gehen und sei auch nicht normal ... Ich meine, Sie müssen heiraten oder eine Oper komponieren. Eines würde Ihnen so gut und schlimm wie das andere helfen."

Eine Ehe scheint Nietzsche im Laufe seines Lebens nur einmal in Betracht gezogen zu haben. Über seinen Freund Paul Rée lernte er im Frühling 1882 die Schriftstellerin und Philosophin Lou Salomé in Rom kennen. Und er verliebte sich, so scheint es, auf den ersten Blick in die junge Frau, denn er begrüßte sie mit den Worten „von welchen Sternen sind wir hier einander zugefallen?" und machte ihr schon wenig später einen Heiratsantrag, den die emanzipierte junge Frau aber zurückwies, weil sie eine „grundsätzliche Abneigung gegen alle Ehe überhaupt" verspürte.

Später, auf einer gemeinsamen Reise in der Schweiz, sollte er ihr einen zweiten Antrag machen, den sie ebenfalls ablehnte. Briefe bezeugen allerdings, dass Nietzsche dennoch weiterhin verliebt blieb: „Wenn ich ganz allein bin, spreche ich oft, sehr oft ihren Namen und – zu meinem größten Vergnügen."

Auf jeden Fall verdanken wir Lou Salomé eine der sensibelsten Beschreibungen Nietzsches: „Der mittelgroße Mann in seiner überaus einfachen, aber auch überaus sorgfältigen Kleidung, mit den ruhigen Zügen und dem schlicht zurückgestrichenen braunen Haar konnte leicht übersehen werden. Er hatte ein leises Lachen, eine geräuschlose Art zu sprechen und einen vorsichtigen, nachdenklichen Gang. Unvergleichlich schön und edel geformt waren an Nietzsche die Hände. Im gewöhnlichen Leben war er von großer Höflichkeit und einer fast weiblichen Milde, von einem stetigen, wohlwollenden Gleichmut – er hatte Freude an den vornehmen Formen im Umgang und hielt viel auf sie."

Sonst hielt sich Nietzsches Kontakt zu Frauen in Grenzen und beruhte mehr auf Zufällen, so wie damals in Venedig, wo

Nietzsche bei der Zimmersuche übersah, dass seine Vermieterin eine Prostituierte war. Als er schließlich dahinter kam, trug er es mit Fassung und Humor: „Teufel auch, zur Feier von Zarathustras Fertigwerden bei einer putana veneziana wohnen, das ist toll!"

Mit Wagner hat Nietzsche später ja gebrochen, er warf ihm dessen Rückkehr zum Christentum vor und litt fortan körperlich, wenn er dessen Kompositionen hörte. Als Freund Köselitz im Hotel Teile aus der *Götterdämmerung* spielte, hatte Nietzsche, dessen Zimmer über dem Raum mit dem Flügel lag, darüber „Furchtbares ausgestanden." Als Köselitz auf Nietzsches Zimmer kam, war der „ganz matt und beschwor mich hoch und heilig, ich solle ihm nie wieder diese verrückte, verzerrte Musik Wagners hören lassen, bei der fast jeder Akkord eine grelle, gesuchte Absonderlichkeit sei."

Nietzsche hatte von Jugend an Klavier gespielt und komponiert und war sogar als musikalischer Wunderknabe gefeiert worden: „Wo ich bin, muss ich spielen, es wird ‚bravo' gerufen, es ist lächerlich."

Später war er von Georges Bizets *Carmen* überwältigt und zählte sie zu seinen „Glücksgütern": „Jedes mal kommt hinter einem Abend Musik (ich habe vier mal Carmen gehört) ein Morgen voll resoluter Einsichten und Einfälle."

Die letzte selbst gewählte Station auf Nietzsches rastlosem Weg war Turin, eine Stadt, die ihn von Anfang an überwältigte, vor allem wegen ihrer Küche: „Die Stadt ist mir auf eine unbeschreibliche Weise sympathisch ... Ich esse in einem sehr guten Restaurant; da ich aber wenig esse (immer nur eine Minestra und ein Fleisch), so halte ich diesen Luxus aus ... Man isst zu allen Sachen ganz dünne Brotröhrchen, Grissini genannt, die sich knuppern lassen und überdies dem Magen sehr zuträglich sind. Ich vergaß die Schokolade Turins, die berühmteste Europas."

Die Stimmung stieg also und Nietzsche ließ sich sogar neu einkleiden: „Das scheint mir auch ein Zeichen eines gewissen

Fortschritts in der Besserung meiner Gesundheit. So lange man kaputt ist, macht man sich nichts draus, ob man auch so aussieht."

In den nächsten Wochen sollte sich die Hochstimmung zum Größenwahn steigern und schließlich zum Zusammenbruch führen. Am 27. Dezember 1888 wurde Nietzsche Zeuge, wie ein Kutscher auf sein Pferd einschlug, und fiel daraufhin dem Tier weinend um den Hals. In den nächsten Tagen verfasste er noch zahlreiche kurze Briefe an Freunde und Bekannte, die er mit Dionysos, Nietzsche Caesar und Der Gekreuzigte unterzeichnete. Die Jahre bis zu seinem Tod 1900 verlebte er aber im Dämmer.

Eine der letzten vernünftigen Aufzeichnungen, die von Nietzsche existieren, drehen sich ein letztes Mal um das Thema Essen. Nur zwei Tage vor seinem Zusammenbruch schwärmte er da von einem Restaurantbesuch: „Ich esse in einer der ersten Trattorien, ich bekomme das Ausgesuchteste in der ausgesuchtesten Zubereitung. Heute z.B. die ausgesuchtesten osso bucchi, Gott weiß, wie man deutsch sagt, das Fleisch an den Knochen, wo das herrliche Mark ist! Dazu Broccoli auf eine unvergleichliche Weise zubereitet, zuerst die allerzartesten Maccaroni."

Menü

Nietzsche war notgedrungen die meiste Zeit seines Lebens ein einsamer Esser. Besuchten ihn Freunde an seinen jeweiligen Lebensorten, genoss er aber deren Tischgesellschaft. Wer es pikant mag, der darf sich auch, eingedenk der schmerzhaften Dreiecksbeziehung zwischen Nietzsche, Lou Salomé und Paul Rée, in einer ménage à trois zu Tisch setzen. Im Hintergrund spielt jedenfalls Georges Bizets *Carmen*, die für Nietzsche zu seinen „Glücksgütern" gehörte. Zum Trinken gibt es einen roten italienischen Landwein.

Primo piatto: Maccaroni Pomodoro

500 g Makkaroni	1 Bund Frühlingszwiebeln
1 Zwiebel	Salz und Pfeffer
1 Knoblauchzehe	2 Stück Mozzarella
400 g Tomaten	Basilikum
2 EL Tomatenmark	Paprikapulver
2 TL Honig	Cayennepfeffer
1 TL Chilipaste	Öl

Die Makkaroni im Salzwasser bissfest kochen. Währenddessen Zwiebel und Knoblauch fein hacken, in etwas Öl kurz andünsten und die geschnittenen Tomaten hinzufügen. Tomatenmark, Honig und Chilipaste dazugeben und das Ganze einige Minuten einkochen lassen. Die in Ringe geschnittenen Frühlingszwiebeln unterrühren und alles mit Salz, Pfeffer, Paprika, Cayennepfeffer und nach Belieben mit Basilikum abschmecken.

Die Makkaroni in eine große Schüssel geben, mit der heißen Sauce und dem in Würfel geschnittenen Mozzarella vermischen, sodass der Käse noch etwas schmilzt, und sofort servieren.

Come secondo: Osso Bucco mit Brokkoli

4 Ossi Bucchi (Kalbshaxen)	3 dl Gemüsefond
800 g Brokkoli	1 Zitrone (nur die geriebene Schale)
2 EL Olivenöl	½ Knoblauchzehe
30 g Butter	1 EL Petersilie
1 kleine Zwiebel	Mehl
½ Stangensellerie	Salz
1½ dl trockener Weißwein	Pfeffer

Die vier Ossi Bucchi im Mehl einstauben, in einer Pfanne goldbraun anbraten und aus der Pfanne nehmen. Butter und das Gemüse mit etwas Salz bei mittlerer Hitze für einige Minuten dünsten. Sobald das Gemüse weich ist, die Fleischstücke wieder dazugeben und mit dem Wein aufgießen. Bei mittlerer Hitze weiterkochen, bis fast alle Flüssigkeit verdunstet ist. Mit dem Gemüsefond aufgießen und bei geringer Hitze zugedeckt 1½ Stunden weiterkochen, bis sich das Fleisch vom Knochen löst, dabei die Fleischstücke etwa alle zwanzig Minuten vorsichtig wenden.

Von dem Brokkoli die Röschen und Stiele trennen, Stiele klein schneiden und das Gemüse in kochendem Salzwasser bissfest dünsten. Danach abschrecken und auf einem Sieb abtropfen lassen. Inzwischen die Knoblauchzehe und die Petersilie fein hacken und mit der geriebenen Zitronenschale zur Gremolata vermischen, diese auf dem Teller über die Fleischstücke verteilen. Dazu die Brokkoli servieren.

Pfefferkuchen (Lebkuchen)

125 g Butter
375 g Zucker
1 dl Milch
250 g Honig
10 g Hirschhornsalz

10 g Lebkuchengewürz
750 g Mehl
1 Eiweiß
250 g Staubzucker

Butter, Zucker, Milch und Honig in einem Topf unter Rühren erhitzen. Danach in eine Schüssel geben, Hirschhornsalz, Lebkuchengewürz und Mehl dazugeben und alles zu einem glatten Teig verkneten. Eine Stunde zugedeckt kalt stellen.

Anschließend den Teig auf einer mit Mehl bestäubten Fläche etwa vier Millimeter dick ausrollen, Figuren ausstechen und diese auf ein mit Backpapier belegtes Blech geben. Das Ganze im vorgeheizten Backofen etwa sechs Minuten backen.

In der Zwischenzeit mit dem Mixer aus Eiweiß und Staubzucker Eischnee schlagen. In einen Spritzbeutel füllen und die etwas abgekühlten Lebkuchen damit verzieren.

Auf dem Weg zum mechanischen Menschen:
Filippo Tommaso Marinetti und die Küche der Futuristen

Ein Herbstabend 1930 in Mailand. Im Restaurant Penna d'oca (Gänsefeder) war eine illustre Gesellschaft zusammengekommen. Hohe Herren aus der Politik, unter ihnen der Präfekt von Mailand, wurden von den Futuristen, allen voran ihr Begründer Filippo Tommaso Marinetti, in die Besonderheiten ihrer Küche eingeführt. Und die war nicht weniger illuster als die anwesenden Gäste. So wurde den Gästen als Suppe eine „Brühe aus Rosen und Sonne" serviert, als Hauptgang „Lammbraten in Löwensauce", dazu ein „Salatblättchen im Morgenrot" und als Dessert bekamen die Anwesenden „Regen aus Zuckerwatte" und „Eis im Mondschein" gereicht. Als Cocktail wurde „Lachgasschaum ‚Cinzano'" ausgeschenkt.

Im Anschluss an das Mahl erhob Marinetti sich zu einer Rede, in der er die Prinzipien der futuristischen Küche vorstellte und die mehr als dringende völlige „Erneuerung des italienischen Ernährungssystems" ankündigte. Dem Volk sollten durch neue Nahrungsmittel und Speisekreationen „neue heroische und dynamische Kräfte" zugeführt werden. Althergebrachte Gerichte, die „skeptisch, langsam, pessimistisch" machten, sollten von den Tischen verbannt werden.

Damit folgte er dem Programm des Futurismus, der sich von Beginn an gegen Vergangenheit und Tradition gewandt hatte. Ins Leben gerufen hatten ihn Marinetti und seine Mitstreiter 1909.

Als genaues „Geburtsdatum" kann der 20. Februar 1909 gelten, als das mit „Le Futurisme" überschriebene Manifest auf der Titelseite des konservativen, bürgerlichen *Figaro* erschien.

Es war eine Huldigung an das neue, technische Zeitalter und an die Umwälzungen, die es mit sich brachte und die man mit offenen Armen begrüßte. Die „Schönheit der Geschwindigkeit" wurde da gepriesen und es fiel der berühmte Satz, „ein aufheulendes Auto ist schöner als die Nike von Samothrake". Ebenso fühlten sich die Futuristen angezogen von der Anspannung des modernen Lebens und seiner Aggressivität und priesen „die angriffslustige Bewegung, die fiebrige Schlaflosigkeit, den Laufschritt, den Salto mortale, die Ohrfeige und den Faustschlag." Das ging so weit, dass auch der Krieg „als einzige Hygiene der Welt" verherrlicht wurde.

Gleich dieses erste Manifest zeigte: Es ging hier nicht um die Begründung einer neuen Kunstrichtung, sondern um die Propagierung einer Lebenshaltung. Das Manifest, eigentlich ein politisches Medium, wurde zu diesem Zweck literarisiert und poetisiert. Mehr als 40 Manifeste verfassten die Futuristen bis 1917 und Marinetti organisierte von Italien aus Propagandafeldzüge quer durch Europa, auf denen er die futuristischen Ideen einer breiten Öffentlichkeit vorstellte.

Zeitgenossen wie der Expressionist Alfred Richard Meyer sprachen damals von der „manifestischen Besessenheit des Futuristen-Häuptlings Marinetti" und Marcel Duchamp bezeichnete Marinetti überhaupt treffend als den „Manager" des Futurismus.

Aber wer war dieser Mann, der die gerade in Italien so standhaften Säulen der Tradition zum Einsturz bringen wollte? Geboren wurde Filippo Tommaso Marinetti 1876 im ägyptischen Alexandria als Sohn eines wohlhabenden italienischen Rechtsanwalts. Bereits mit siebzehn ging er nach Paris, das eine seiner Lebensstädte bleiben sollte. Dort schloss er auch Bekanntschaft mit dem Dichter Guillaume Apollinaire und dem noch jungen Pablo Picasso. Wieder in Italien schloss er sein Studium des Rechts ab. Er trat dann allerdings nicht in die Fußstapfen des Vaters und wurde Rechtsanwalt, sondern begann ein Leben als Journalist und freier Schriftsteller. Nach Auskunft eines Zeitgenossen handelte es sich bei Marinetti um „einen jungen, sehr reichen Mailänder, der besser Französisch als Italienisch kann."

Marinetti war nicht nur Dichter, so hatte er zwar begonnen und hier hatte er sich bereits in der Schulzeit einen Namen gemacht, er war auch Romancier. Sein Roman *Mafarka der Futurist* erschien 1910 und damit fast zeitgleich mit Rainer Maria Rilkes *Die Aufzeichnungen des Malte Laurids Brigge* und mit Gabriele D'Annunzios *Vielleicht – vielleicht auch nicht*, alle drei Bücher, die den Beginn einer neuen Epoche markierten.

In *Mafarka der Futurist* entwarf Marinetti die Figur eines Maschinenmenschen, der ohne Frau gezeugt wurde und all seine Kräfte in den gegenwärtigen Moment legt. Eine Idee, die auch in Marinettis Manifesten wieder auftaucht, als ganz ernst genommener Entwurf eines „durch eigene Kraft vervielfältigten Menschen" und eines „mechanischen Menschen mit Ersatzteilen." Gewissen, Gefühl und Liebe werden als „Gifte der unerschöpflichen vitalen Energie" eliminiert, weil sie nur Hindernisse darstellen für den „Fluss unserer mächtigen physiologischen Energie."

„Wir glauben an die Möglichkeit einer unabsehbaren Zahl menschlicher Verwandlungen und erklären in vollem Ernst, dass im Geist des Menschen Flügel schlafen ... Der für eine allgegenwärtige Geschwindigkeit geschaffene ahumane und mechanische Typus wird natürlich grausam, allgegenwärtig und kampfbereit sein. Er wird mit überraschenden Organen ausgestattet sein, angepasst an die Erfordernisse einer Umwelt voller unablässiger Erschütterungen."

Die Körper sollten statt massig und bleischwer von einer neuen Agilität sein, „den leichtesten Zügen aus Aluminium angepasst, die die gegenwärtigen schweren aus Eisen, Holz und Stahl ersetzen."

Viele Arbeiter besäßen bereits, so Marinetti weiter, durch ihren dauernden Kontakt mit Maschinen diesen „metallischen Sinn", mit dem man „in stahlfarbener Stimmung beinahe ohne Liebe durchs Leben schreiten" könne; die Liebe sollte demnach eine „einfache Körperfunktion wie Trinken oder Essen" werden und junge Männer müssten eben „methodisch lernen, ihre Gefühle täglich zu zerreißen und ihr Geschlecht mit ebenso kurzen wie souveränen Kontakten zu Frauen unendlich zu amüsieren."

Marinettis futuristische Mitstreiter brachten in dem Manifest *Die mechanische Kunst* das neue Menschsein auf den Punkt: „Wir fühlen wie Maschinen, wir fühlen uns aus Stahl erbaut, auch wir Maschinen, auch wir aus Stahl erbaut."

Da konnte dem Verfechter einer – wie oben beschrieben – eigentlich lyrischen und abwechslungsreichen Küche dann auch eine rein pragmatische Ernährung einfallen, „unentgeltlich vom Staat verteilt, in Pulver- oder Pillenform", die dem Körper schnell die notwendigen Kalorien zuführen sollte. Nahrung als Treibstoff gewissermaßen.

Rein funktional ist auch Marinettis fantastische Idee, „Ernährungswellen über das Radio zu verbreiten ... Wie das Radio erstickende und einschläfernde Sendungen bringen kann, wird es auch den Extrakt des besten Mittagessens und Frühstücks übertragen können. Welch ein Schlaraffenland!"

Die Annäherung von Mensch und Maschine blieb ein zentrales Thema und wurde auf verschiedenste Arten weitergesponnen, etwa als tatsächliche Liebesbeziehung. Da wurden Maschinen zu beseelten, erotisch aufgeladenen, ja heiligen Wesen, die menschliche Züge trugen und „ihre Launen" hatten, „als hätten sie eine Persönlichkeit." Bald, so versprachen die Futuristen, würde man die Gesetze ihrer „Sensibilität" entdecken. Die Sensibilität von Lokomotiven, Schiffen, Flugzeugen und dem Automobil: „Wir gingen zu den drei schnaufenden Bestien, um ihnen liebevoll ihre heißen Brüste zu streicheln."

Und in einem Manifest war dazu zu lesen: „Die schönen Maschinen haben uns umgeben, sie haben sich liebevoll über uns geneigt und wir wilden und instinktiven Entdecker jedes Geheimnisses haben uns von ihrem wunderlichen und rasenden Reigen betören lassen. In sie verliebt, haben wir männlich, voll Wollust, von ihnen Besitz ergriffen ... Die Maschine ist die neue, erleuchtende, Gaben spendende und strafende Gottheit unserer Zeit."

Die neue Solidarität mit den Maschinen wurde auch bei den zahlreichen futuristischen Banketten gezeigt, als man Wein aus Blechbehältern ausschenkte, den gleichen Kannen, mit denen man auch Motoröl in Automobile leerte.

Gerade das Automobil versprach ja auch am eindringlichsten das Einswerden mit der Maschine, und der wohlhabende Marinetti gehörte in Mailand zu den wenigen Menschen, die auch eines besaßen. In seinem Gedicht „An mein Rennautomobil" feierte er den Rausch der Geschwindigkeit und die Loslösung von der Erde: „Nichts bindet mich mehr an die unreine Erde! Endlich reiß ich mich los und fliege leicht über die berauschende Fülle des Sternenstroms im großen Bett der Nacht!"

Der Küche widmete sich Marinetti, abgesehen von kurzen kulinarischen Einsprengseln in seinen Manifesten, erst in den 30er Jahren, da aber dafür intensiv. Ein kurzes Manifest der futuristischen Küche erschien gleich im Dezember 1930 in der Turiner Gazzetta del Popolo. Darin machte er auf den Einfluss der Mahlzeiten für die persönliche Entwicklung aufmerksam: „Man denkt, man träumt und man handelt nach Maßgabe dessen, was man trinkt und isst." In der Kochkunst sollten deshalb die gleichen revolutionären Neuerungen stattfinden wie in den anderen Lebensbereichen auch. Im 1932 erschienenen kulinarischen Hauptwerk Marinettis, *Die futuristische Küche*, schrieb er gleich im ersten Absatz, sein Ziel sei, „die Ernährung unserer Rasse zu ändern, um diese zu stärken, zu dynamisieren und zu spiritualisieren, und zwar durch ganz neue Speisen, bei denen Erfahrung, Intelligenz und Phantasie so wichtig sein werden wie bei den bisherigen Quantität, Einfallslosigkeit, Wiederholung und Preis."

Die futuristische Küche sei, so Marinetti weiter, „wie der Motor eines Wasserflugzeugs auf hohe Geschwindigkeiten eingestellt" und solle „eine Übereinstimmung zwischen dem Gaumen der Menschen und ihrem Leben heute und morgen schaffen."

Um sich in der neuen Lebenswelt der Geschwindigkeit und Gleichzeitigkeit der verschiedensten Eindrücke zurecht finden zu können, habe es deshalb wenig Sinn, sich nach der Art der Vorfahren zu ernähren. Einen ersten Feldzug führte Marinetti deshalb gegen die italienischen Nationalgerichte. So trat er für die „Abschaffung der Pasta asciutta" ein, „der Patriot bevorzugt stattdessen den Reis."

Und in einem Manifest lieferte er sogar eine pseudowissenschaftliche Erklärung nach: „Im Unterschied zu Brot und Reis ist die Pasta asciutta eine Nahrung, die man hinunterschlingt, aber nicht kaut. Diese stärkehaltige Nahrung wird zum großen Teil durch den Speichel im Mund verdaut, und Pankreas und Leber sind von der Verdauungsarbeit entbunden. Dies führt zu einem Ungleichgewicht mit Störungen dieser Organe. Davon leiten sich ab: Schlappheit, Pessimismus, nostalgische Untätigkeit und Neutralismus."

Als der Oberbürgermeister einer italienischen Stadt daraufhin eine Entgegnung veröffentlichte, in der er meinte, dass „die Engel im Paradies nur Fadennudeln mit Tomatensauce essen", sah Marinetti darin nur „die wenig attraktive Monotonie des Paradieses und des Lebens der Engel" bestätigt.

Daneben holten die Traditionalisten auch auf andere Weise zum Gegenschlag aus. So soll ein als Marinetti verkleideter Student Pasta asciutta gegessen haben, um ihn und seine Prinzipien in Misskredit zu bringen. Und aus demselben Grund kursierten auch Fotomontagen, die Marinetti beim Nudelverzehr zeigten.

Neben zahlreichen solchen Polemiken findet sich in Marinettis Buch *Die futuristische Küche* auch eine Anekdote, in der über ein gemeinsames Kochen im futuristischen Freundeskreis berichtet wird, mit dem man einen selbstmordgefährdeten Mitstreiter auf andere Gedanken bringen wollte.

In der Geschichte spiegelt sich der alte Mythos vom antiken Bildhauer Pygmalion wider, der sich aus Elfenbein seine Traumfrau erschuf. Er verliebte sich in seine Statue und die Göttin Aphrodite erweckte sie aus Mitleid mit ihm zum Leben.

Auch die vier Futuristen wollten eine anbetungswürdige weibliche Skulptur schaffen. Die ganze Nacht arbeitete man sie aus Kastanienmehl, Eiern, Milch und Kakao heraus, bis bei der ersten Dämmerung der Freudenruf erschallte: „Endlich halte ich sie in den Armen und sie ist schön, bezaubernd, fleischlich, so dass sie jeden Wunsch nach Selbstmord heilen kann. Kommt her, sie zu bewundern."

Anders als Pygmalion hatten die futuristischen Köche allerdings nicht den Wunsch, sie anschließend zum Leben zu erwecken. Bei ihnen ging die Liebe durch den Magen. „Schmackhaft war in der Tat das Fleisch an der Stelle der Kurve, die die Synthese aller Bewegungen der Hüfte bedeutete. Und der Glanz ihres zuckrigen Flaums erregte den Schmelz der Zähne in den aufmerksamen Mündern der beiden Genossen ... Mit dem Mund sympathischer Menschenfresser stärkten sich Giulio Onesti, Marinetti, Prampolini und Fillia dann und wann den Magen mit einem schmackhaften Bruchstück der Statue."

Das Meisterwerk war betitelt *Die Kurven der Welt und ihre Geheimnisse*. Marinetti, Prampolini und Fillia hatten dort in Zusammenarbeit „den süßen Magnetismus der schönsten Frauen und der schönsten afrikanischen Träume hineingeimpft."

Ein richtiggehender amouröser Kannibalismus brach da aus: „Wir lieben die Frauen. Oft sind wir bei tausend köstlichen Küssen von der Sehnsucht gequält, eine von ihnen zu verspeisen … Ihr Herz, wenn es sich im höchsten Liebesgenuss zusammenzieht, schien uns die ideale Frucht zum Beißen, Kauen, Saugen. Alle Formen des Hungers, welche die Liebe ausmachen, brachten uns dazu, diese Werke des Genies und der unersättlichen Zunge zu schaffen. Es sind unsere verwirklichten Seelenzustände."

Die hätten, so schreibt Marinetti weiter, „durch unsere Hände einen künstlerischen Ausdruck gefunden, der so intensiv ist, dass er nicht nur die Augen und entsprechende Bewunderung verlangt, nicht nur das Gefühl und entsprechende Liebkosungen, sondern auch die Zähne, die Zunge, den Magen, den Darm, die gleichfalls verliebt sind."

Was Marinetti im Anschluss an diese stimmungsvolle Anekdote vor dem Leser entwarf, war die „vollkommene Mahlzeit". Da ging es nicht nur um die Speisen an sich, sondern auch um das Ambiente, in dem sie gegessen wurden. So sollten Geschirr und Dekor mit Geschmack und Farben der Speisen harmonieren. Und damit die futuristische Mahlzeit ein Fest für alle Sinne würde, sorgte man für die Abschaffung des Bestecks, denn die Finger sollten fühlen, was die Nase roch und der Mund schmeckte. Musik und Lyrik gab es in den Pausen zwischen den Gängen und nur dann, denn beim Essen selbst sollte es keine Ablenkung geben. Sie hatten die Funktion, als Ouvertüre auf den nächsten Gang einzustimmen und auch auf besondere Geschmacksnuancen aufmerksam zu machen.

Gerade die Funktion der Lyrik lag Marinetti besonders am Herzen. Als futuristischer Dichter arbeitete er an einer „Befreiung der Worte" und einer Dynamisierung der Sprache. Man darf sich die bei Tisch vorgetragenen Gedichtrezitationen als maschinengewehrartiges Stakkato vorstellen, eine harte Aneinanderreihung von Substantiven und Infinitiven unter Vermeidung jeglicher ausschmückender Adverbien und Adjektive. Ziel war ein atemloses Erzählen, indem es nur darum ging

„alle Vibrationen seines Ichs wiederzugeben." Auf dem Papier fanden sich zur Rhythmisierung deshalb auch mathematische Symbole und Notenzeichen.

Auf klar erkennbare Zusammenhänge wurde kein besonderer Wert gelegt. Vielmehr ging es um die Freilassung einer „drahtlosen Fantasie" mit assoziativen Sprüngen und „ohne syntaktische Leitfäden". Damit sollte laut Marinetti den Worten „die Geschwindigkeit der Sterne, der Wolken, der Flugzeuge, der Züge, der Wellen, der Sprengstoffe, der Teilchen des Meerschaums, der Moleküle und der Atome" verliehen werden.

So viel zu den Vorgängen im Speiseraum. In der Küche wiederum standen wissenschaftliche Instrumente bereit, um Speisen mit ultraviolettem Licht anzureichern, Extrakte zu gewinnen oder den Säurewert der Speisen zu kontrollieren.

Was Design und Ausstattung anbelangte, war die Taverna Santopalato, also die „Taverne zum Heiligen Gaumen" in Turin, das Nonplusultra. Am Abend des 8. März 1931 wurde sie eröffnet. Für die Innenausstattung wurde vorwiegend Aluminium verwendet, das wegen seiner „Metallischkeit, seinem Glanz, seiner Elastizität, seiner Leichtigkeit und Klarheit" unter allen Materialien der wahre „Sohn des Jahrhunderts" war. Daneben nutzte man die raumbildende Wirkung von indirektem Licht.

Eine die Speisen betreffende Maxime war, dass sie neu und noch nie dagewesen sein und ihre Namen und ihr Erscheinungsbild Augen und Fantasie anregen mussten. Und diese Vorgabe erfüllte die Speisekarte der Taverne zum Heiligen Gaumen am Eröffnungsabend auf Aufsehen erregende Weise. Die verschiedenen Gänge des präsentierten futuristischen Mahls lasen sich da wie ein dadaistisches Gedicht. Von einer „Sonnenbrühe", einer „Luftspeise zum Anfassen", „mit Geräuschen und Gerüchen", von „Ultramännlichem", einer „Fleischplastik", einer „Nahrungslandschaft", dem „Meer von Italien", „Äquator+Nordpol", „Elastiksüß" und den „Netzwerken des Himmels" ist da im Menü des Eröffnungsabends die Rede.

Futuristisch essen bedeutete, wie bereits erwähnt, alle fünf Sinne zu gebrauchen. Wie das funktionieren sollte, erklärte Marinetti anhand der Luftspeise: „Auf dem Teller wird ein Fenchelviertel, eine Olive, eine kandierte Frucht und der Berührungsapparat serviert. Man schluckt die Olive hinunter, dann die kandierte Frucht, dann den Fenchel. Gleichzeitig führt man die Kuppe des Zeigefingers und des Mittelfingers der linken Hand mit Zartheit an dem rechteckigen Apparat vorbei, der aus einem Flecken von rotem Damast, einem kleinen Viereck von schwarzem Samt und einem Stückchen Glaspapier zusammengesetzt ist ... und gleichzeitig spritzt der geschickteste und anmutigste Kellner ein Parfum in die Luft."

Wie sich die zwischen den Gängen gegebene futuristische Musik angehört haben könnte, darüber gab ein Manifest Auskunft, das einer von Marinettis Mitstreitern, der Maler Luigi Russolo, verfasst hatte. Darin vorweggenommen sind Ideen, die erst Jahrzehnte später von der experimentellen Musik aufgegriffen wurden: „Uns wird viel größerer Genuss aus der idealen Kombination der Geräusche von Straßenbahnen, Verbrennungsmotoren, Automobilen und geschäftigen Massen als aus dem Wiederhören beispielsweise der ‚Eroica' oder ‚Pastorale' zuteil ... wir werden uns damit unterhalten, dass wir im Geiste die Geräusche ... der Massenunruhe der Bahnhöfe, Stahlwerke, Fabriken, Druckpressen, Kraftwerke und Untergrundbahnen orchestrieren. Auch sollten wir die Geräusche des Krieges nicht vergessen."

Und in welchem Aufzug die Futuristen bei ihren Festbanketten aufgetreten sein könnten, darüber findet man beim futuristischen Maler Giacomo Balla einen Hinweis. Danach war die futuristische Kleidung „fröööööhhhhhlich frech in strahlenden Farben, dynamisch einfach in der Linienführung und vor allem kurzlebig, um die industrielle Aktivität anzuregen und unseren Körpern das ständige Vergnügen der Neuheit zu geben."

Im Futurismus ließ sich eine ähnliche Tendenz wie im Dadaismus erkennen. Durch satirische Übertreibungen, durch scheinbar gegen jede Vernunft zielende Aktionen wollte man der Gesellschaft und ihrem Wertesystem begegnen, die man von Grund auf ablehnte. Während der Dadaismus aber auf Individualität beharrte und nach den Schreckenserfahrungen des ErstenWeltkriegs einen äußersten Pazifismus verfocht, stellte der Futurismus ein politisches Programm auf, das den Krieg verherrlichte und für einen rigiden Nationalismus einstand. Viele Futuristen, allen voran Marinetti, gingen sogar so weit, sich Mussolini und dessen faschistischer Bewegung anzugliedern. So stand Marinetti als Zweiter auf der faschistischen Liste für die Wahlen 1919 und wurde gemeinsam mit Mussolini inhaftiert.

Von dieser menschenverachtenden Haltung innerhalb des Futurismus ist in der „futuristischen Küche" allerdings wenig zu spüren. Hier dominierte eine oft unverhohlene Ironie, die ihren Gegenstand nicht ganz ernst zu nehmen schien. Einerseits blitzte sie in den Formulierungen auf, andererseits in der Machart des Buches, da Marinetti immer wieder fiktive Zeitungsartikel zitierte, die in Wahrheit von ihm selbst verfasst worden waren. Ein vermeintlicher Journalist berichtete da etwa über das futuristische Luftessen in Chiavari: „Unter den lebhaftesten Erwartungen der Anwesenden, von denen viele ein Zittern in der Magengrube verspürten, das durchaus nicht dem Appetit, sondern einer gewissen rationalen Furcht zuzuschreiben war, begann das Essen mit einer Einleitungs-Pastete: einer Art Vorspeise, die vielleicht zu poetisch war, um pflichtgemäß vom Magen geschätzt zu werden, der, wie jeder weiß, ein roher Materialist ist."

Serviert wurde ein Kalbskopf, der in einer Sauce aus Ananas, Nüssen und Datteln schwamm, wobei die Datteln noch einmal mit Anchovis gefüllt waren.

So ging es weiter bis das Menü bei den Tafelnden erste Folgen zeitigte: „Schon an diesem Punkt befanden sich die Verdauungsorgane vieler Esser nicht mehr im Normalzustand, so dass man es ihnen nicht zum Vorwurf machen kann, wenn sie eine instinktive Schreckensgebärde nicht unterdrücken konnten, als auf dem Tablett das abschließende Gericht erschien: Kandierte atmosphärische Elektrizität. Diese liebe und unvergessliche ‚Elektrizität' sah aus wie stark gefärbte Seifenstücke aus falschem Marmor; sie enthielten in ihrem Inneren einen süßlichen Teig, der aus Zutaten gebildet war, welche genau anzugeben nur aufgrund einer sorgfältigen chemischen Analyse möglich wäre. Mit der Gewissenhaftigkeit des Chronisten müssen wir sagen, dass nur der kleinste Teil der Bankett-Teilnehmer es wagte, diese Seifenstücke zum Munde zu führen. Die Namen derer, die es wagten, kennt man unglücklicherweise nicht. Wir sagen unglücklicherweise, weil eine Handvoll solcher Helden es verdient hätte, sich wenigstens auf einer Gedenktafel aus Erz verewigt zu sehen."

Zu einem anderen legendären futuristischen Bankett kam es im Zuge der Kolonialausstellung 1931 in Paris. Um 21.30 ging es los an einer in grünes Licht getauchten Tafel. Gleich der Einstieg brachte zwei Neuerungen im futuristischen Menü, zwei als Aperitif gereichte Cocktails: „Die Sämtlichen Fontänen und das Alkoholkarussell. Zur allgemeinen Überraschung fischt man aus der einen Mixtur Schokolade und Käse heraus, die in Rotwein, Limonade und Magenbitter schwimmen, und aus der anderen eine schneeweiße Oblate, die etwas Anchovis enthält. Einige Grimassen, aber das erste zufriedenstellende Ergebnis, so sehr, dass manche noch mehr davon nehmen."

Einen weiteren kulinarischen Ausnahmefall stellte das Exaltierte Schwein dar: „Die in eine Sauce aus Kaffee und Eau de Cologne getauchte Salami wurde für hervorragend erklärt."

Für einen unerwarteten Höhepunkt des Abends sorgte zudem das Erscheinen Josephine Bakers: „In der Tat war ihrem unwiderstehlichen Zauber die Überwindung der letzten Zweifel bei den Teilnehmern über die Konsequenzen der futuristischen Küche zuzuschreiben."

Nicht mehr zu rekonstruieren ist, wo in diesem Bericht Marinettis die Grenze zwischen Fiktion und Wahrheit verlief.

Nach seinen Berichten über die legendären futuristischen Festbankette stellte Marinetti in seinem Buch Mahlzeiten für ganz konkrete Situationen und Anlässe vor. Oben war bereits die Rede davon, dass nach Ansicht der Futuristen „der Mensch denkt und handelt nach Maßgabe dessen, was er trinkt und isst." Mahlzeiten konnten also Zufriedenheit, Ausgeglichenheit und neuen Mut bringen.

So gab es ein Heroisches Winteressen für Soldaten, die an die Front mussten. Serviert wurde Kolonialfisch bei Trommelwirbel: gekochte Meeräsche, 24 Stunden in einer Marinade aus Milch, Likör, Kapern und rotem Pfeffer eingelegt. Unmittelbar vor dem Servieren wird der Fisch tranchiert, mit Dattelkonserven belegt und mit Bananenscheiben und Ananasscheiben garniert. Er wird bei fortwährendem Trommelwirbel gegessen.

Außer an die Frontsoldaten hatte Marinetti auch an die Künstler gedacht. Ein üppiges Essen würde sie träge machen und den Tag „mit künstlerischem Herumschlendern" verbringen lassen. Stattdessen serviere man ihnen rote Tomatensauce, gelbe Polenta und grünen Salat, dazu Olivenöl, Essig, Honig, Radieschen und Rosen und überlasse ihnen diese inspirierende Farbenpracht „ohne Besteck".

Beim Essen als Liebeserklärung werden Superleidenschaft und Schenkmirdiesenacht serviert: Ersteres eine „Torte aus süßem, sehr schweren Teig", belegt und beträufelt mit „Anis, Pfefferminzeis, Rum, Wacholder und Magenbitter. Zweiteres ein Dessert aus einer reifen Orange und einer ausgehöhlten Pfefferschote in dickem Eierpunsch, garniert mit Austernstückchen und Meerwassertropfen."

Den bereits Verliebten wiederum widmete Marinetti ein „Liebesnachtmahl", bestehend aus in Milch eingelegtem Schinken „aus hundert verschiedenen Sorten Schweinefleisch" und Austern. Außergewöhnlicher ist der dazu gereichte anregende Cocktail Kriegimbett aus Ananassaft, Ei, Kakao, Kaviar, Mandelteig, einer Prise rotem Pfeffer, einer Prise Muskatnuss und einer Gewürznelke, in Strega-Likör aufgelöst.

Ganz anders bei den Junggesellen: Denen schlägt Marinetti vor, um der Einsamkeit bei Tisch zu entgehen, Porträt-Speisen zuzubereiten. Eine Blonde Porträt-Speise etwa, aus einem guten Stück Kalbsbraten, darin eingegraben zwei lange Pupillen aus Knoblauch in einem Gewirr aus geraspeltem und gekochtem Kohl und grünen Salatblättchen; Ohrgehänge aus roten, mit Honig beschmierten Radieschen. Oder die Porträt-Speise der Nackten Schönen, zwei gekochte Kapaunenschenkel in Milch, mit Veilchenblättern bestreut.

Für das Extremistenmahl müssen die Teilnehmer zwei Tage lang gefastet haben, um dann mit Gerüchen Vorlieb zu nehmen. Die Speisen werden nur vorbeigetragen und die Gäste haben die Möglichkeit, die Düfte mit kleinen Handventilatoren nach Belieben hin und her zu treiben.

Noch abstrakter wird es, wenn Marinetti zum Futuristischen Luftdichteressen einlädt. Da geht es mit einem dreimotorigen Flugzeug durch eine Halbmondnacht. „Gegessen" wird mit den Augen vom Nachthimmel: Weiße Anismarmelade, „die aus einer Wolke trieft", „Mondlikör" und der „ewige Sommer Afrikas".

Für offizielle Essen, die häufig unter „verlegenem Schweigen" und der Zurückhaltung „der diplomatischen Etikette" litten, empfahl Marinetti als Animator einen „Kinnladenverrenker", ein Mann ohne Parteizugehörigkeit, „der unter den intelligentesten und jüngsten Parasiten der Aristokratie ausgewählt wurde und für seine umfassende Kenntnis aller obszönen Witze bekannt ist." Außerdem sollte man einen Betrunkenen von der Straße holen und ihm die besten italienischen Weine auftischen, jedoch nur unter der Bedingung, „dass er zwei Stunden lang über die möglichen Lösungen des Abrüstungsproblems, die Revision der Verträge und die Finanzkrise spricht." Als Dessert würde dabei Der gewohnte Vertrag serviert, „ein vielfarbiges Schloss aus Nougat mit ganz kleinen Sprengbomben im Inneren, die zur rechten Zeit explodieren und den Saal mit dem typischen Geruch von Schlachten erfüllen."

Beim Geografischen Essen trägt die Kellnerin eine weiße Tunika, auf der die Landkarte Afrikas gezeichnet ist, und der Gast wählt nun die Speise, indem er auf eine Region zeigt.

Als künstlerische Bewegung wird dem Futurismus mit Recht der Vorwurf gemacht, sich bei anderen Bewegungen und Stilen eklektizistisch bedient zu haben. Das galt für die Maler ebenso wie für Marinettis literarische Produktion. Schon Franz Marc, Mitbegründer des Blauen Reiters, schrieb anlässlich einer Futuristen-Ausstellung an Kandinsky: „Ich schreibe nur kurz; Dinge, die Sie interessieren, z.B., dass ich die Futuristen in Köln gesehen habe und von dem größeren Teil der Bilder rückhaltlos begeistert bin ... es sind glänzende Maler; natürlich Impressionisten; strengster Naturalismus; es sind nicht die Ideen des Blauen Reiters und das, was sie als Kommendes sehen ..."
Grund für die mangelnde Originalität war wohl, dass weit mehr Energie in die Destruktion bestehender Denkmuster und Ideen gelegt wurde als in Konstruktion und Entwurf neuer Ansätze. Selbst in den eigenen Reihen fand Marinetti Kritiker, die sich schließlich sogar abspalteten. Diese neuen Futuristen kritisierten am „Marinettismus", dass ihm „echte theoretische Grundlagen völlig fehlen und er unfähig ist, den Dingen auf den Grund zu gehen", weshalb seine Werke auch oberflächlich seien und ihm die geforderte neue Sensibilität fehle.
Als einzige wahre Ausnahme darf da wirklich *Die futuristische Küche* gelten. Weil hier, wenn auch gewürzt mit einem gehörigen Schuss Ironie, Alltagserscheinungen wie Essen und Trinken zum Gegenstand der Kunst erhoben wurden und damit eine Brücke zwischen Leben und Kunst geschlagen wurde.

Menü

Das Essen sollte in einer Runde Gleichgesinnter stattfinden, also Maschinenmenschen und solche, die es noch werden wollen. Als Getränke werden Cocktails serviert. Als musikalische Untermalung empfehlen sich Fabrikslärm und Geräusche der Großstadt. Bei den folgenden Rezepten handelt es sich um futuristische Originalrezepte. Leichte (oder gröbere) Abwandlungen sind unter Umständen geboten.

Primo piatto: Meer von Italien

Auf einem rechteckigen Teller bereite man eine Grundlage, die aus geometrischen Streifen von frischer Tomatensauce und passiertem Spinat gebildet wird, und zwar derart, dass man eine genaue Dekoration in Grün und Rot schafft. Auf dieses grüne und rote Meer setze man Komplexe aus kleinen gekochten Fischfilets, Bananenscheiben, einer Kirsche und einer trockenen Feige. Jeder dieser Komplexe wird mit einem Zahnstocher befestigt, der die verschiedenen Bestandteile senkrecht hält.

Come secondo: Gebackene Reisbällchen

Man bereite einen guten Risotto mit Safran oder Tomaten, wobei man dafür Sorge trage, dass er nicht knackig, sondern eher zerkocht vom Feuer genommen wird, und lasse ihn abkühlen. (Er darf nicht knackig sein, damit die Reiskörner aneinander kleben können.) Man forme daraus Kugeln von der Größe einer halben Orange, wobei man die Hände mit Wasser oder besser mit Olivenöl befeuchtet, drücke in jede Kugel mit dem Daumen ein Loch, das erweitert wird, ohne die Wände zu zerstören, und fülle es mit grob gehacktem, vom eigenen Saft feuchten Fleischragout. Dazu gebe man Käsewürfel (Fontina oder Mozzarella oder Caciocavallo oder frischen Provolone), Stückchen von Salami oder rohem Schinken, Pinienkerne und Rosinen. Man bedecke sie mit anderem Risotto und forme sie wieder zur Kugel. Die so vorbereiteten Bällchen wälze man in weißem Mehl, dann in geschlagenem Ei und schließlich in Semmelbröseln. Man backe sie in reichlich Olivenöl, bis sie goldblond werden, und serviere sie warm und knusprig.

Come Dessert: Verdauungslandung

Aus dem Brei von in Zuckerwasser gekochten Maroni und Vanilleschoten forme man Berge und Ebenen. Darüber forme man aus blau gefärbter Eiscreme atmosphärische Schichten, die von landenden Flugzeugen aus Mürbteig durchpflügt werden.

Cocktails
(von den Futuristen Polygetränke genannt)

Der „Entscheider" sollte dazu dienen, nach kurzer, aber tiefer Meditation eine wichtige Entscheidung zu fällen.

¼ Wein mit Chininzusatz
¼ Rum
¼ heißer Barolo-Wein
¼ Mandarinensaft

Die „Erfinderin" wirkt erfrischend und leicht berauschend und soll helfen, blitzartig eine neue Idee zu finden.

⅓ Asti Spumante
⅓ Ananaslikör
⅓ eiskalter Orangensaft

Die Lust an der Einfachheit:
Ludwig Wittgenstein, ein Meister der kulinarischen Reduktion

„Er hat ein winziges Zimmer mit gekalkten Wänden, mit einem Bett, einer Waschschüssel, einem Tischchen und einem harten Stuhl. Mehr Platz ist nicht da. Sein Abendbrot, das ich gestern mit ihm teilte, ist eher ungenießbar, Vollkornbrot, Butter und Kakao." Mit diesen Zeilen berichtete der Mathematiker und Philosoph Frank Ramsey 1923 seiner Mutter über einen Besuch bei Ludwig Wittgenstein. Der lebte damals in Puchberg am Schneeberg im niederösterreichischen Voralpengebiet, wo er an der Volksschule des Ortes als Lehrer tätig war. Der Grund für den Besuch war der *Tractatus logico-philosophicus*, Wittgensteins revolutionäres Werk, mit dem – nicht nur – Ramsey seine Probleme hatte. So saßen die beiden zwei Wochen lang Abend für Abend zusammen, um die zahlreichen Verständnisfragen zu klären. Was Ramsey in seinem Brief mit Verwunderung bemerkte, die asketische Lebensweise Ludwig Wittgensteins, stellte damals das ganze Umfeld des gerade 34-jährigen Philosophen vor ein Rätsel. Als Millionenerbe, der außerdem Bertrand Russell, einen der angesehensten Denker der damaligen Zeit, zu  seinen Freunden und Fürsprechern zählen konnte, hätte Wittgenstein auch in weit wohligeren Verhältnissen in Cambridge sitzen und dort unterrichten und forschen können. Was naheliegend gewesen wäre, hatte er doch in jungen Jahren, den luxuriösen Lebensstil, den ihm sein wohlhabendes Elternhaus ermöglichte, sehr genossen. Der Vater, Karl Wittgenstein, ein Eisen- und Stahlmagnat, war einer der reichsten Männer der k.u.k. Monarchie und schickte seinen jüngsten Sohn zum Studium der Ingenieurswissenschaften nach Berlin und anschließend an die Universität von Manchester. Dort arbeitete Ludwig an einer Forschungsstation für aeronautische und meteorologische Studien inmitten einer weitläufigen Moorlandschaft. Die einzige Übernachtungsmöglichkeit in der Gegend war der kleine und äußerst einfache Gasthof The Grouse Inn. Und von dort schrieb er seiner Schwester Hermine noch, dass Essen und Waschgelegenheiten recht „ländlich" wären und es ihm schwerfalle, sich daran zu gewöhnen. Die Vorliebe für asketische Lebensverhältnisse war ihm also keineswegs in die Wiege gelegt worden.

Als Wittgenstein infolge seiner Studien versuchte, einen Propeller zu konstruieren, begann er sich für mathematische Grundfragen zu interessieren und stieß auf diesem Umweg auf die Philosophie, die ihn dann völlig gefangen nahm. Schon im nächsten Semester finden wir ihn in Cambridge immatrikuliert, wo er sich bei Bertrand Russell in seine Studien zur Logik stürzte. Wittgenstein war alles andere als ein angenehmer Zeitgenosse. Russell schrieb, er „ist schrecklich starrköpfig, er lässt keinen ausreden und gilt allgemein als unerträglich." Nicht nur seine Umwelt, auch Wittgenstein selbst litt unter seinen übersensiblen Nerven. Immer wieder suchte er spät nachts Russell auf, der es nicht wagte, ihn vor die Tür zu setzen, aus Angst, dieser könne sich etwas antun: „Wittgenstein steht am Rande eines Nervenzusammenbruchs; vom Selbstmord ist er nicht weit entfernt, denn er hat das Gefühl, ein elendes Geschöpf voller Sünden zu sein … Ich habe ihm gesagt, er soll reiten, er soll Kekse auf der Kommode bereithalten für den Fall, dass er nachts wach liegt, er soll sich besser ernähren."

Vor allem Letzteres half Wittgenstein, sich von der Denkarbeit abzulenken. Zumindest erfahren wir aus den Tagebüchern seines Freundes David Pinsent, dass Mahlzeiten eine äußerst positive Wirkung auf seine Stimmung hatten: „Wittgenstein war anfangs, wie üblich, schlecht gelaunt, wurde aber (wie das bei ihm immer so ist) nach dem Essen plötzlich munter."

Und auch Wittgenstein selbst gab zu, dass Essen für ihn die beste Ablenkung vom Denken darstellte: „Erst muss man leben – dann kann man auch philosophieren. Ich denke die ganze Zeit ans Essen. Da meine Gedanken wie in einer Sackgasse angelangt sind, kommen sie immer wieder aufs Essen zurück als auf das, was die Zeit vertreibt."

Daneben versuchte man, ihn mit Sport, vor allem Reiten, Tennis und Rudern, abzulenken. Dort fehlte ihm aber meist die nötige Geduld, vor allem beim Tennis, wo er Anfänger war: „Er war heute nicht recht in Form, schließlich hatte er es satt und brach mitten im Spiel ab", vermerkte Tennispartner David Pinsent bereits eine Woche nach Trainingsbeginn in seinem Tagebuch. Wittgenstein befürchtete wirklich, dass er über seiner Arbeit an der Logik noch „verrückt werde", aber auch für Russell war die Logik „die reine Hölle". Russells Geliebte, Lady Ottoline, schlug den beiden Kakao vor, ein Mittel, auf das progressive Denker damals große Stücke hielten.

Trotz all der Schwierigkeiten, die Russel mit Wittgenstein hatte, erkannte er aber schnell das Talent, das der junge Denker aus Österreich besaß. Als Wittgenstein von seiner Schwester Hermine in Cambridge besucht wurde und beide bei Russell zum Tee eingeladen waren, verkündete dieser, in Cambridge erwarte man, dass „der nächste entscheidende Schritt in der Philosophie von ihrem Bruder gemacht werde."

Was Wittgenstein damals immer wieder über nervöse Anspannungen und Depressionen hinweghalf, war die Beziehung zum bereits oben erwähnten David Pinsent, der mit Wittgensteins schwieriger Art umzugehen wusste. Im Sommer überraschte Wittgenstein seinen Freund mit einer Einladung. Gemeinsam, so Wittgensteins Plan, würde man nach Island reisen, Geld würde dabei keine Rolle spielen: „Ich habe kein Geld und du hast kein Geld … dafür hat mein Vater einen ganzen

Haufen." Tatsächlich stiftete der Vater eine Summe für die Reise, die „sämtliche Erwartungen" übertraf und so leistete man sich unterwegs alle Annehmlichkeiten, fuhr erster Klasse und stieg in den besten Hotels ab. David Pinsent notierte in seinem Tagebuch: „Ihm ist es unendlich wichtig, genügend Kleidung dabeizuhaben: Er hat drei Gepäckstücke und ist sehr beunruhigt, weil ich nur einen einzigen Koffer mitgenommen habe."

Gespeist wurde in den Hotelrestaurants. Wenn sie sich Alkohol bringen ließen, oft wird das von Pinsent allerdings nicht erwähnt, dann vom feinsten: „Wir ... tranken Champagner (sehr süß!), was ihn etwas aufheiterte."

Was Wittgenstein schon damals wichtiger war als eine gute Mahlzeit, war seine Ruhe. Als die beiden im Hotel in Reykjavik einen laut Pinsent „herrlichen Schwerenöter" trafen, den Wittgenstein aber nicht ausstehen konnte, weigerte er sich, „an ein und demselben Tisch mit ihm zu essen! ... Schließlich aß er ein paar Zwiebackschnitten oben in seinem Zimmer."

Dass Wittgenstein auf Alkohol oder Drogen zurückgriff, um sich zu beruhigen oder umgekehrt sein Denken zu stimulieren, davon ist, abgesehen vom aufheiternden Champagnergenuss, nirgendwo die Rede. Ein anderer skurriler Versuch, das Unbewusste in die Denkarbeit einzubinden, um in seiner oft stockenden Denkarbeit das „erlösende Wort" zu finden, ist jedoch belegt. Sein Freund David Pinsent berichtete, dass Wittgenstein einer damals in Cambridge grassierenden Mode folgte und sich hypnotisieren ließ. Da er wusste, dass Menschen unter Hypnose über besondere körperliche Kräfte verfügten, meinte er, dass auch die geistigen Leistungen derart gesteigert werden könnten. Allerdings schlug der Versuch fehl, da Wittgenstein unter Hypnose „weder Willen noch Kraft gehabt" und „sich wie in Narkose gefühlt" habe.

Auch in den nächsten Ferien wollten Wittgenstein und Pinsent wieder gemeinsam auf Reisen gehen. Zur Auswahl standen einerseits die Azoren, eine Idee, die Wittgenstein aber missfiel, weil er sicher war, „dort Horden amerikanischer Touristen anzutreffen, und die kann er nicht ausstehen!"

Damit fiel die Wahl auf Norwegen, eine schicksalhafte Entscheidung, weil dieses Land für Wittgenstein zu einem seiner wichtigsten Schreibrefugien werden sollte. Auf der Norwegenreise zeigte sich auch eine besondere Eigenart Wittgensteins. Hatte er einmal eine Tätigkeit entdeckt, die ihm Spaß machte oder ihn zumindest entspannte, dann hielt er daran fest und baute sie als fixes Ritual in seinen Alltag ein. Als er in Bergen ein Dominospiel kaufte, wurde das, genauso wie das gemeinsame Musizieren, zu einem fixen Punkt nach dem Abendessen: „Später spielten wir etwas Schubert und wie üblich Domino. Unser Repertoire umfasst derzeit 40 Schubertlieder – die wir aufführen, indem Ludwig die Melodie pfeift, und ich ihn auf dem Klavier begleite."

In Norwegen begriff Wittgenstein, dass er in Cambridge seine Arbeit nicht fortführen konnte. Er brauchte die Einsamkeit und ließ sich deshalb in Skjolden, an einem abgelegenen Fjord gelegen, eine Hütte errichten.

Dann brach allerdings der Erste Weltkrieg aus und Wittgenstein meldete sich freiwillig an die Front. Zum einen steckte Überzeugung dahinter, denn so avantgardistisch seine Philosophie war, so konservativ war er in seinen Ansichten. Er vertrat die alten Werte der k.u.k. Monarchie, der Moderne hingegen stand er überaus kritisch gegenüber. Anderen Schilderungen zufolge wurde Wittgenstein gerade zur Zeit des Kriegsausbruchs wieder von schweren Depressionen geplagt und sah in seinem Zug an die Front die Möglichkeit zum Selbstmord auf Umwegen.

Er wurde auf dem Wachschiff Goplana stationiert, das auf einem Nebenfluss der Weichsel östlich von Krakau kreuzte. In dieser Zeit arbeitete Wittgenstein bereits an seinem *Tractatus*, selbst wenn Feindberührung zu befürchten war. Am besten konzentrieren konnte er sich damals bei der Küchenarbeit. In seinen teilweise in Geheimschrift verfassten Tagebüchern ist da nachzulesen: „Die Russen sind uns auf den Fersen! Wir sind in unmittelbarer Nähe des Feindes. Bin guter Stimmung; habe wieder gearbeitet. Am besten kann ich jetzt arbeiten, während ich Kartoffeln schäle. Melde mich immer freiwillig dazu. Es ist für mich dasselbe, was das Linsenschleifen für Spinoza war."

Daneben finden sich in den Tagebüchern natürlich zahlreiche philosophische Gedanken, daneben aber auch häufig sehr intime Bekenntnisse: „Die guten Stunden des Lebens soll man als Gnade dankbar genießen und sonst gegen das Leben gleichgültiger sein. Heute habe ich lange mit einer Depression gekämpft, dann nach langer Zeit wieder onaniert und endlich den vorigen Satz geschrieben."

Über Essensvorlieben vermerkt er nichts in seinen Kriegstagebüchern, doch gibt hier die Feldpost interessante Einblicke, vor allem die Dankschreiben für erhaltene Lebensmittelpakete. Von Professor Jolles, seinem ehemaligen Lehrer in Berlin, bekam er da etwa „Schokoladenbriefe", manchmal aber auch einfach nur ein halbes Kilo Brot, „da Sie ja ein solcher Brotesser sind und ich nicht weiß, ob Sie außer Kommisbrot etwas bekommen können."

Während eines Heimaturlaubs, den er von Juli bis September 1918 bei seinem Onkel Paul in Hallein verbrachte, vollendete Wittgenstein seinen Tractatus. Damit hielt er seine „philosophische Aufgabe für beendet". Im Vorwort des Tractatus schrieb er, dass ihm „die Wahrheit der hier mitgeteilten Gedanken unantastbar und definitiv" scheine und er davon ausgehe, dass „die Probleme im Wesentlichen endgültig gelöst" waren.

Während des Ersten Weltkriegs hatte sich Wittgenstein auch mehr und mehr dem Christentum zugewandt. Bereits vor dem Krieg soll er nach dem Besuch des Theaterstücks *Die Kreuzelschreiber* von Ludwig Anzengruber plötzlich „die Möglichkeit des Religiösen" erkannt haben, in den Kriegs-Tagebüchern finden wir dann zahlreiche Gottesanrufungen und 1920, nach einem Treffen mit Bertrand Russell, berichtete dieser, dass Wittgenstein „ganz zum Mystiker geworden ist".

In italienischer Kriegsgefangenschaft spielte er dann sogar mit dem Gedanken, Priester zu werden, entschied sich dann aber für den Lehrerberuf: „Ich werde auch als Lehrer mit den Kindern das Evangelium lesen."

Was sich mit dem Ersten Weltkrieg noch verändert hatte, war Wittgensteins Lebensweise. Hier setzte er gleich nach seiner Rückkehr aus der Kriegsgefangenschaft einen entscheidenden Schritt und überschrieb seinen Anteil am väterlichen Erbe an seine Geschwister. Wie in seinem Denken, so suchte er jetzt in all seinen Lebensverhältnissen nach größtmöglicher Einfachheit. So schrieb er, dass der gegenwärtige Geist auf einen Fortschritt abziele, der im Bauen „immer größerer und immer komplizierterer Strukturen" besteht, während es ihm um ein „Streben nach Klarheit und Durchsichtigkeit welcher Strukturen immer" ging.

Die Abgabe seines Vermögens ging einher mit einer asketischen Lebensweise. In seiner Zeit als Lehrer im niederösterreichischen Voralpengebiet lebte Wittgenstein, wie bereits erwähnt, immer in kärglichen Unterkünften, in kleinen Dachkammern und eine Zeit lang sogar in der Schulküche. Auch seine Kleidung entsprach nicht dem Standard, den man von Lehrern damals gewohnt war. Statt Hut, Anzug und Krawatte trug er ein Hemd mit offenem Kragen, graue Hosen und eine Lederjacke. Einen Hut besaß er gar nicht, dafür hatte er fast immer einen Spazierstock bei sich und ein Notizbuch unterm Arm.

Auch seine Mahlzeiten waren mehr als bescheiden. Das Mittagessen nahm er bei einer der ärmsten Bauernfamilien des Ortes ein, zu deren Hof er täglich eine halbe Stunde hinaufstieg. Was dort auf den Tisch kam, darüber kann nur spekuliert werden, viel kann es jedenfalls nicht gewesen sein.

Diese asketische Lebensführung darf aber nicht mit mönchischer Selbstkasteiung verwechselt werden. So wie in seiner Philosophie war auch in seiner Lebenspraxis Einfachheit für Wittgenstein moralische Maxime: Chaos und Durcheinander standen für Sorge und Verzweiflung, Klarheit aber für Zufriedenheit. Darüber hinaus war für Wittgenstein das Gute auch noch schön, wie ein Schlüsselsatz aus dem Tractatus erläuterte: „Ethik und Ästhetik sind Eins."

Die Gegenstände, mit denen man sich umgab, sollten so simpel wie möglich gehalten sein. Das galt zum einen für die Wohnungseinrichtung. In Briefen empfahl er einem Freund, überflüssige Ornamente an seinem Mobiliar einfach abzusägen, und als er selbst zum Möbelkauf ging, warf er dem Händler gerade heraus die Hässlichkeit seiner Ware vor. Wittgensteins Liebe zum Einfachen drückte sich auch bei der Auswahl seines Geschirrs aus. Weil er Henkel, geschwungene Formen und Bemalung ablehnte, servierte er den Tee in kleinen, henkellosen Porzellanschüsseln, die eigentlich von Chemikern für ihre Versuche benutzt wurden.

Und noch zwei andere Leidenschaften Wittgensteins erklären sich aus diesem Charakterzug. Von Wittgenstein ist ja bekannt, dass er ein begeisterter Kinogänger und Leser von amerikanischen Detektivgeschichten war. Eben weil auch sie mit ihren schematischen Handlungsabläufen und dem Happy End klare Strukturen boten. Gerade in Sachen „Happy End" war Wittgenstein erstaunlich konservativ. Er meinte, es sei überhaupt das Wesen der Kunst, zu einem positiven Schluss zu führen. Kunst müsse eine Lösung anbieten.

Daneben ging es ihm aber auch ganz einfach und banal um Spannung und damit einhergehende Ablenkung. Als er 1930, zurück in Cambridge, mit seinen Vorlesungen begann, erschöpfte ihn diese Aufgabe zutiefst. Zweimal wöchentlich hielt er in seiner Wohnung immer von fünf bis sieben Uhr nachmittags seine Kollegs ab. Oft kämpfte Wittgenstein in einem immer wieder stockenden Monolog um einen treffenden Ausdruck, dann wieder verliefen die Stunden als reger Dialog, in dem er die Studenten mit Fragen konfrontierte. Dabei war er sehr ungeduldig und leicht aufgebracht. Kaum waren die Stunden vorbei, nahmen jedoch Verunsicherung und Selbstzweifel überhand, vor denen er dann richtiggehend ins nächste Kino floh. Dort saß er immer in der ersten Reihe, so dass die Leinwand sein gesamtes Gesichtsfeld einnahm. Zusätzlich lehnte er sich auch noch nach vorne, die Augen starr aufs Geschehen gerichtet. „Das ist wie eine Dusche!", soll er einem Freund gegenüber einmal gemeint haben. Neben Wildwestfilmen mochte er besonders Filme mit Ginger Rogers und Fred Astaire.

Sogar noch mehr Bedeutung hatten für ihn die Detektivgeschichten. Als während des Zweiten Weltkriegs die amerikanischen „Pulp Fiction"-Hefte nicht mehr erhältlich waren, ließ er sich welche schicken: „Ich freue mich darauf, Krimis von Ihnen zu bekommen. Sie sind derzeit schrecklich knapp. Ich bin geistig ganz unterernährt. Sie sind reich an geistigen Vitaminen und Kalorien." Das meinte Wittgenstein ganz ernst, denn in mehreren anderen Briefen fragte er, wie jemand *Mind*, die internationale Zeitschrift für Philosophie, lesen könne, solange es die Möglichkeit gäbe, Krimis zu lesen: „Wenn Philosophie irgend etwas mit Weisheit zu tun hat, ist sicherlich nie ein Körnchen davon in Mind, aber sehr oft in den Kriminalgeschichten."

Neben der Liebe zur Einfachheit galt Wittgensteins besonderes Augenmerk den Proportionen. Als er in Wien für seine Schwester ein Haus entwarf, ließ er nach der Fertigstellung die Decke eines Raumes noch einmal um drei Zentimeter anheben, damit der seinen ästhetischen Ansprüchen entsprach. Aus demselben Grund klebte er in seinem Zimmer in Cambridge auch die Fenster teilweise mit schwarzem Klebeband ab, um so die Größenverhältnisse der Scheiben zu verändern, aus einer querformatigen Scheibe machte er z. B. eine hochformatige. Seine Leidenschaft für exakte Proportionen kam auch in seiner Tätigkeit als Hobbyfotograf zum Ausdruck. Wittgenstein legte Fotoalben an, wobei er sich sehr genau der Anordnung der Fotografien und dem Bildausschnitt widmete. Häufig kam es da vor, dass er an den entwickelten Fotos weiter herumschnitt und millimeterfeine Ränder entfernte, bis von manchen Bildern nur wenige Zentimeter große Ausschnitte übrig blieben.

Die elitäre Atmosphäre von Cambridge sagte Wittgenstein übrigens gar nicht zu. So lehnte er es auch ab, am „High Table" der Fellows des Trinity College zu essen. Stattdessen ließ er sich die Mahlzeiten gesondert an einem kleinen Kartentisch servieren. Später aß er kaum mehr im Speisesaal, sondern ging zum Mittagessen ins Gasthaus Red Cow in der Cambridger Petty Cury, wo er versuchte, immer denselben Tisch zu bekommen, weil er das Entgegenkommen der dort bedienenden Kellnerin mochte.

Damals, Mitte der 30er Jahre, spielte Wittgenstein auch mit dem Gedanken, in die Sowjetunion zu gehen. Gemeinsam mit seinem Freund Francis Skinner nahm er deshalb Sprachunterricht bei der Exilrussin Fania Pascal. Während des Unterrichts gab es Tee und Obstkuchen. Wittgenstein war es gewohnt, seinen Tee sehr leicht zu trinken und verlangte immer Wasser nach. Auch sein Freund Maurice Drury bestätigte diese Vorliebe Wittgensteins: „Während er gern eine normale Tasse Kaffee trinkt, muss der Tee ... ganz schwach sein, ja so hell, dass er eigentlich nur aus Milch und heißem Wasser besteht. Er sagte, starken Tee vertrage er nicht."

Beim dazu servierten Obstkuchen wurde er regelmäßig schwach und ließ sich gern zu einem zweiten Stück verleiten. Freundlich meinte er dann jedes Mal: „Den, der einem eine gute Mahlzeit vorgesetzt hat, vergisst man nicht."

„Ich hatte", meinte Fania Pascal in ihren Erinnerungen an Wittgenstein, „stets den Eindruck, dass er kein geborener Asket war und die ‚guten Dinge des Lebens' ... durchaus zu schätzen wusste."

Was Wittgenstein auch selbst zugab: „Ich bin noch nie imstande gewesen, mir etwas zu versagen, nicht einmal eine Tasse Kaffee, wenn ich wirklich Lust darauf hatte."

Die Dinge, bei denen er schwach wurde, waren vor allem Süßigkeiten. Einmal meinte er, wenn man ihm eine Schachtel

Pralinen schenke, wüsste er nicht, wann er zu essen aufhören solle. Bezeichnend in diesem Zusammenhang ist auch ein Dankesbrief an seine Schwester Helene, die ihm zum 45. Geburtstag Schokotrüffel schickte, allerdings ohne Absender, was Wittgenstein zu folgender humorvoller Antwort veranlasste: „Ist es ein Gott, fragte ich mich wieder und wieder, kam aber nach langem Denken zur Einsicht, dass es Menschenwerk sein müsse, da die Sendungen ungenügend frankiert waren."

Zwei Jahre später war es dann ein Gugelhupf, mit dem die Schwester zum Geburtstag gratulierte. Auch wieder ein Geschenk, mit dem Wittgenstein seine Freude hatte: „Er kam gestern früh an und ist heute schon beinahe aufgegessen." Im selben Brief trieb er, inklusive Skizze, „Gugelhupftheorie" und verglich die Formen von Germ- und Biskuitgugelhupf: „Wenn ich wieder nach Wien komme, werde ich weitere Untersuchungen hierüber pflegen."

Die oben erwähnte Russischlehrerin Fania Pascal kam übrigens einmal gemeinsam mit ihrem Mann in den zweifelhaften Genuss einer Gegeneinladung. Über den Besuch bei Wittgenstein berichtete sie: „Das Zimmer war kahl, es gab weder eine Blume noch ein Bild. Sie boten uns dicke Tomatenschnitten an und erwähnten stolz, dass sie von Woolworth stammten."

Woolworth war damals eine Billigkette, wo nichts teurer war als sechs Pence und Wittgenstein am liebsten seine Einkäufe machte.

Aus dem Umzug in die Sowjetunion wurde dann allerdings nur eine Reise. Überhaupt kehrte Wittgenstein Cambridge immer wieder den Rücken. Zeitweise zog er sich allein zur Arbeit in seine Hütte in Norwegen zurück, manchmal unternahm er aber auch Reisen mit seinem Freund Francis Skinner. Einmal besuchten die beiden ihren gemeinsamen Bekannten Maurice Drury in Irland, der sie mit einer üppigen Mahlzeit empfing: Brathühnchen und anschließend eine Süßspeise mit Zuckersirup. Wittgenstein verhielt sich während des Essens recht schweigsam, anschließend meinte er aber: „Jetzt wollen wir gleich klar stellen, so lange wir hier sind, wird nicht in diesem Stil gelebt. Zum Frühstück gibt es Porridge, zum Lunch Gemüse aus dem Garten, und zum Abendessen ein gekochtes Ei."

War Wittgenstein in Cambridge, verbrachte er viel Zeit mit dem Amerikaner Norman Malcolm, der ebenfalls als Professor in Cambridge unterrichtete. Wittgenstein kam regelmäßig zum Abendessen und bestand manchmal darauf, das Geschirr selbst zu spülen. Und zwar in der Badewanne, wo es ständig Warmwasser gab. Wittgenstein hatte penible Ansichten bezüglich Sauberkeit und schenkte Frau Malcolm sogar eine Geschirrbürste.

Sehr unterhaltsam müssen auch die anschließenden Verdauungsspaziergänge gewesen sein. Bei einem fiel es Wittgenstein ein, dass sie die Bewegungen von Sonne, Erde und Mond nachstellen könnten. Frau Malcolm machte die Sonne, Norman Malcolm die Erde und Wittgenstein den Mond: „Wittgenstein gab sich diesem Spiel mit großer Begeisterung und mit Ernst hin und rief uns seine Anweisungen zu, während er selbst lief. Er wurde ganz atemlos und schwindlig vor Erschöpfung."

Bei einem anderen Spaziergang deutete Wittgenstein auf das Sternbild der Kassiopeia und sagte, dass sei ein „W" und stehe für Wittgenstein. Malcolm konterte, dass es ein umgedrehtes „M" sei und für Malcolm stünde, aber Wittgenstein versicherte ihm feierlich, dass er sich im Irrtum befinde.

Das Blödeln war für Wittgenstein eine wichtige Möglichkeit, sich zu entspannen, und für ihn so notwendig „wie nur irgendein Vitamin."

Ende der 40er Jahre nahm Wittgenstein wieder eine Auszeit von Cambridge und zog sich diesmal zum Schreiben nach Irland zurück. In einem abgelegenen Cottage an der irischen Westküste, das seinem Freund Maurice Drury gehörte, lebte Wittgenstein hauptsächlich von Konserven. Tommy Mulkerrins, der sich um das Haus und dann auch um Wittgenstein kümmerte, meinte einmal zu seinem Gast: „Das Dosenfutter wird noch Ihr Tod sein." Die unwirsche Antwort Wittgensteins:

„Die Menschen leben ohnehin zu lang!" Neben Konserven brachte ihm Tommy Mulkerrins allmorgendlich auch Milch und Eier vorbei und beobachtete Wittgenstein hin und wieder bei der Arbeit. Der schrieb seine Gedanken auf Zettel nieder, die er arrangierte, viele davon auch wieder aussortierte und dann Tommy zum Verbrennen mitgab. Die Bewohner der Umgebung hielten ihn für verrückt, weil er Figuren in den Straßenstaub zeichnete, stundenlang Vögel anlockte und fütterte und weil er wollte, dass die Mulkerrins ihren Hund erschossen, da das nächtliche, die Füchse von den Schafherden fernhaltende Bellen seinen Schlaf störte.

Mit der selbst gewählten Einsamkeit kam Wittgenstein erstaunlich gut zurecht: „Gespräche brauche ich nicht. Was ich gern hätte, wäre jemand, dem ich gelegentlich zulächeln könnte." Zwiespältig war sein Verhältnis zur anfallenden Arbeit im Haus. Zwar schätzte er körperliche Arbeit, weil sie den Geist frei machte, so ganz anfreunden konnte er sich dann aber doch nicht mit ihr: „Dass ich die ganze Hausarbeit selbst verrichten muss, ist eine Belastung, aber ohne Zweifel auch eine große Wohltat, denn sie hält mich bei Verstande, sie zwingt mich zu einem regelmäßigen Leben und ist überhaupt gut für mich, obwohl ich sie jeden Tag verfluche."

Wittgensteins abwechslungsreiche Biografie und sein rätselhaftes Wesen sorgten übrigens dafür, dass schon zu seinen Lebzeiten zahlreiche Gerüchte kursierten. Während seiner Zeit in Irland hieß es da etwa, dass er sich in der Türkei aufhalte und dort Ziegen hüte.

Den Herbst 1948 verbrachte Wittgenstein dann in Dublin, wo er zum Mittagessen gewöhnlich in Bewley's Café in der Grafton Street ging, wo er immer das Gleiche bestellte: Omelett und eine Tasse Kaffee. Die Kellnerin brachte ihm, sobald sie ihn kannte, diese Dinge, ohne dass er sie erst ordern musste, was Wittgenstein sehr zu schätzen wusste.

Als es Winter wurde, suchte er einen Arbeitsplatz, an dem er der Kälte entfliehen konnte, und fand ihn im beheizten Palmenhaus des botanischen Gartens von Dublin, wo er einfach auf den Stufen sitzend seine Gedanken niederschrieb, woran noch heute eine Messingtafel erinnert. Was ihn damals behinderte, waren regelmäßige Magenverstimmungen, die er mit der Einnahme keksgroßer Kohletabletten, „charcoal biscuits", bekämpfte. An manchen Tagen soll er nichts anderes zu sich genommen haben. „Meine Arbeit geht halbwegs gut & ich glaube, sie könnte sogar sehr gut gehen, wenn ich nicht an irgendwelchen Verdauungsstörungen litte."

Von Juli bis Oktober 1949 besuchte der 60-jährige Wittgenstein Norman Malcolm und seine Familie in den USA, wohin sie mittlerweile zurückgekehrt waren. Beim Mittagessen servierte Frau Malcolm einmal Schweizer Käse und Roggenbrot, die ihm so gut schmeckten, dass er sie sich fortan zu jeder Mahlzeit wünschte. Er erklärte, es mache ihm nicht viel aus, was er esse, solange es immer das Gleiche sei. Wann immer von da an Brot und Käse aufgetragen wurde, quittierte er das mit einem amerikanischen Slangausdruck, den er damals aufgeschnappt hatte: „Hot Ziggety!"

Nach Wittgensteins Rückkehr nach England wurde bei ihm Prostatakrebs festgestellt. Die letzten Wochen lebte er bei seinem Arzt in Cambridge, Doktor Beaven. Dessen Frau erinnerte sich, dass Wittgenstein nicht auf seine Kleidung achtete, aber sehr auf Sauberkeit. Er soll nie Zeitung gelesen oder Radio gehört haben. Seine Bedürfnisse waren zwar einfach, folgten aber einer präzisen täglichen Routine. So mussten zur rechten Zeit sein Bad eingelassen sein und die Mahlzeiten bereitstehen.

Mit Mrs. Beaven ging er auch jeden Abend um sechs ins nahe gelegene Pub, eine Strecke, die er gerade noch zurücklegen konnte. Dort bestellten sie zwei Gläser Portwein. Sie trank ihres aus, Wittgenstein hingegen goss das seine „mit großem Vergnügen in die Gummipflanze."

Menü

Die meisten Mahlzeiten seines Lebens hat Ludwig Wittgenstein wohl alleine eingenommen. Wer keine Lust auf Gäste hat, kann seinen Wittgensteinabend also in trauter Einsamkeit genießen. Da Wittgenstein aber auch nichts gegen ein Essen im engen Freundeskreis einzuwenden hatte, kann auch eine Einladung ausgesprochen werden. Mit der Vorwarnung vielleicht, dass es kulinarisch nicht allzu abwechslungsreich wird. Getrunken wird Wasser, Alkohol landet rituell in der Zimmerpflanze. Im Hintergrund laufen Schubertlieder, dazu darf, nein soll, gepfiffen werden.

Statt eines Rezepts an dieser Stelle nur eine Einkaufsempfehlung: Ein wirklich gutes Roggenbrot und eine wirklich gute Käsesorte sollten auf dem Tisch stehen.

Deftige Kost als Brennstoff für den Geist:
Ein Rendezvous mit Selbstausbeuter Jean-Paul Sartre

Für Jean Paul Sartre ist Essen Brennstoff für den Körper. Es zählt nur das Schreiben. Ununterbrochen füllt er Papier. 1939 etwa, als er im Zweiten Weltkrieg Dienst in einer Wetterbeobachtungseinheit tun muss, verpasst man ihm den Beinamen „Mann mit den schwarzen Handschuhen", da seine Arme bis zum Ellbogen schwarz vor Tinte sind.

Nicht wichtig. Er muss schreiben, überall, zu jeder Zeit. Während der Wache, beim Küchendienst, während der Suppenausgabe. An die zwölf Stunden täglich. Lapidar notiert er: „Das erklärt die Ermüdung meiner Augen." Ein Hinweis auf die körperliche Selbstausbeutung, der er sich zeitlebens aussetzen wird. Mit allen Mitteln, doch dazu später.

Bleiben wir in der Zeit, in der Sartre auch anderen einiges abverlangt, nur um seinen Lese- und Schreibdrang zu stillen. Mit einem Obergefreiten streitet er heftig, da er sich weigert, Holz zu hacken, und stattdessen lieber das Mobiliar verbrennen will. Er ist getrieben, will keine Zeit verlieren. „Kriegsgewinnler" nennt ihn einmal sein Freund Gaston Pieterkowsky, da der Krieg ihm die Möglichkeit gebe, zu schreiben.

Sartres Verhältnis zum Essen ist ambivalent – mal steht er ihm gleichgültig gegenüber, mal setzt er sich damit auseinander. So erzählt Simone de Beauvoir, die sich zu gemeinsamen Zeiten während des Krieges um das Essen kümmert und Sartre zur ersten Mahlzeit Rübenkraut mit Bouillonwürfel serviert: „Sartre behauptete, es sei gar nicht so übel. Er aß so ziemlich alles, und es machte ihm nichts aus, gelegentlich eine Mahlzeit zu überspringen". Andererseits macht ihm das Kantinenessen wenig Appetit, was er gleich ausnutzt, Diät zu machen und „vier oder sechs überflüssige Pfunde zu verlieren", die er in den letzten drei Monaten zugenommen hat. „Morgens ein Käsebrot, abends ein Stück Brot und Schokolade, gestern gar nichts", notiert er in sein Tagebuch.

Diäten wird er immer wieder halten, aus Eitelkeit: „Alle vier oder fünf Monate betrachte ich meinen Bauch in einem Spiegel und bin untröstlich." Besonders, als er Mitte der 30er Jahre die Schauspielerin Olga Kosakiewicz kennen lernt, mit der eine Affäre beginnt (vor ihm war sie die Geliebte von Simone de Beauvoir), schaut er auf seine Linie. Als Sartre 1934 von seinem Studienjahr in Deutschland zurückkommt, wo er ein „kleiner Buddha" wurde, wie er es selbst ausdrückt, war ihm das noch egal: „Guille packte meinen Bauch mit beiden Händen durch meinen Pullover hindurch, um Madame Morel zu zeigen, wie reichlich ich damit gesegnet sei, und ich lachte vor Behagen, es verdross mich nicht sonderlich, fett zu sein. Aber als ich Olga kennenlernte, flößten mir dicke Leute Abscheu ein, und ich hatte furchtbare Angst, ein glatzköpfiger kleiner Dickwanst zu werden."

Doch Diäten fordern ihm alles ab: „Ich fühle mich absolut außerstande, mich zu kontrollieren, ohne schwach zu werden." Eine Schwäche, die ihm seine kasernierten Freunde freudig vorhalten. Da er ihnen immer wieder Unaufrichtigkeiten vorwirft, was sie verärgert, warten sie sehnsüchtig auf einen Fehler seinerseits. Als er eine vorgefasste Diät beinahe nicht durchsteht, überschütten sie ihn daher mit Spott.

Wenn er fastet, dann extrem und in aller Strenge. Das liegt an seiner Ungeduld, ein Ergebnis zu sehen, und daran, dass er die Fortschritte seiner Abmagerung spüren will, „an den Protesten meines Magens". Aber auch daran, dass er dadurch das Gefühl bekommt, Herr seiner selbst, „also frei zu sein". Sartre spürt seinen Freiheitsbegriff am eigenen Leib, der im Existentialismus, seiner philosophischen Schöpfung, eine zentrale Bedeutung haben wird. Beeinflusst von Hegel, Husserl und Heidegger, vertritt er in seinen Hauptwerken *Das Sein und das Nichts* (1943) und *Der Existentialismus ist ein Humanismus* (1946) die Auffassung, dass der Mensch durch Zufall in die Existenz geworfen ist und sich daher aktiv engagieren muss, seinem Leben einen Sinn zu verleihen. Radikal formuliert er: Der Mensch sei für sich selbst verantwortlich, niemand sonst, weder Schicksal noch Gott. Er erschaffe sich in jedem Augenblick neu. Damit sei er frei und könne frei handeln. Sartre kann sich also selbst entscheiden, frei zu sein. Sogar vom großen Verlangen, Brot zu essen oder Wein zu trinken. Das gelingt ihm nicht ohne Kampf, den er mit sich selbst intellektuell ausficht und penibel in seinen täglichen Notizen dokumentiert.

„Mein morgendliches Frühstück ist ein Felsen", vertraut Sartre an anderer Stelle seinem Tagebuch an. Es sei ihm völlig egal, das Mittagessen oder auch das Abendessen zu überspringen, sich von Brot zu ernähren oder ein oder zwei Tage völlig zu fasten. Nur das Frühstück, das dürfe nicht fehlen. In den Augen Sartres ein freier Entschluss. In den Augen seiner Kritiker wohl eher ein Zeichen, dass er so frei dann doch nicht sein könne. Was Sartre als Freiheit interpretiert, darin könnte man die Macht äußerer Umstände erkennen. Unbewusstes Begehren etwa oder ein Verlangen des Körpers nach Nahrungsaufnahme am Morgen.

Sartre selbst weiß auch nicht recht, warum, und führt im Tagebuch das Begehren eines Frühstücks auf die Zeit des Erwachens zurück: „… es ist eine Zeit, wo ich larvenhaft und unwillig bin, ich möchte mit mir allein sein, aber ich brauch einen Vorwand". Dieser Vorwand ist die Schale Kaffee und die Brotschnitte. „Wenn man sie mir gibt, bin ich selig, ich fühle mich poetisch und duftend." Er mag dann keine Gesellschaft, selbst Simone de Beauvoir, die er wegen ihres Nachnamens Castor nennt (Beauvoir ähnelt dem englischen Wort für Biber), erträgt er dann schwer. „Es ist vorgekommen, dass ich, wenn sie im Rallye auf mich wartete, ins Café des Trois Mousquetaires ging und rasch einen Kaffee und Croissants verschlang, um noch einen Augenblick von mir selbst und den nächtlichen Träumen umhüllt zu sein." Sein Denken ist dann lebhaft und freundlich, er erzählt sich Geschichten und kommt auf Ideen. „Ein Tag, der mit einem Frühstück begonnen hat, ist ein Glückstag." Sartre braucht dieses Ritual und verzichtet lieber auf ein Mittagessen: „… wenn es in den letzten Jahren vorkam, dass ich gegen elf Uhr aufstand, weil ich erst um vier Uhr morgens ins Bett gegangen war, zog ich es vor, im Dôme zwei schwarze Kaffee und Croissants zu mir zu nehmen, statt noch eine Stunde zu warten und Fleisch zu essen." Das Frühstück musste sein und aus Kaffee und Croissants bestehen. Auch wenn Wanda, Olgas Schwester, mit der er seit 1936 ein Verhältnis hat, „hundertmal" darauf besteht, den Tag mit Tee und Obst zu beginnen. Er will auf sein Frühstück nicht verzichten: „Ich habe es vorgezogen, am Morgen vor ihr hinunter ins Café de la Poste am Boulevard Rochechouart zu gehen und mich heimlich mit Croissants vollzustopfen."

Castor, Olga, Wanda – eine monogame Beziehung ist seine Sache nicht, obwohl er sich 1940 fragt, ob „es nicht besser wäre, sein Leben lang einer einzigen Person treu zu sein" und er Wanda im selben Jahr vorschlägt, ihn zu heiraten. Nach dem Krieg sind es bis zu sechs Frauen, mit denen er eine engere Beziehung eingeht. Simone de Beauvoir, Wanda Kosakiewicz, Michelle Vian, Arlette Elkaïm, die er später adoptiert, Evelyn Lanzmann und Liliane Siegel, mit der er keine intime Beziehung eingeht. „Die große Sache für mich war es zu lieben und geliebt zu werden", vermerkt er 1940 in seinem Tagebuch. Sexuelle Beziehungen sind ihm dabei nicht so wichtig, wird er später einmal zugeben, und wenn es doch dazu kommt, dann interessiert ihn eher die Verführung und der Austausch von Zärtlichkeiten: „Ich war eher ein Frauenmasturbierer als ein Beischläfer." Dass er sich hässlich findet, macht ihm dabei nichts aus. Auch hier lebt er seinen radikalen Freiheitsbegriff: Der Mensch ist das, was er aus sich macht. Sartre bemerkt früh, dass Frauen auch durch Worte zu beeindrucken sind und erobert werden können.

Dass er seinen Frauen etwas verheimlicht (wie Wanda die morgendlichen Croissants) oder sie auch belügt, ist für ihn eine Art Spiel, das ihm Spaß macht, eine Möglichkeit, das Leben interessanter zu machen. Er lehne jede Art von Ernsthaftigkeit ab, meint er einmal. Nur gegenüber der emanzipierten Simone de Beauvoir, die ebenfalls nicht gewillt ist, traditionellen Werten zu entsprechen und monogam zu leben, ist er immer ehrlich. Die beiden, die sich stets mit dem förmlichen „Sie" ansprechen, haben ihr Leben lang eine innige Beziehung, wenn auch keine ausschließliche. Weder im Bett noch am Tisch. Mittag- und Abendessen sind oft Vertrauten und Geliebten vorbehalten. Auf beiden Seiten. Dienstag Mittag isst Simone de Beauvoir mit Jean Pouillon, Mittwoch Abend mit Claude Lanzmann, währenddessen speist Sartre entweder mit Michelle, Arlette oder Jacques Bost. Gelegentlich aber trifft sich das Paar auch gemeinsam mit Freunden zum Essen.

Als Sartre in den Nachkriegsjahren zum führenden Intellektuellen Frankreichs aufsteigt und damit zu einem gefragten Mann des öffentlichen Lebens wird, ist sein bewegtes und dichtes Leben auf die Minute genau organisiert. Er schreibt neben Romanen, Erzählungen und Essays auch Theaterstücke, deren Aufführungstermine ihn unter Zeitdruck bringen. Nahrungs-, Genussmittel und – wie wir sehen werden – auch andere Mittel dienen dabei, sein immenses Arbeitspensum zu bewältigen. Das zeigt sich an seinem selbst auferlegten Tagesablauf. Die Biografin Annie Cohen-Solal bezeichnet diesen Ablauf als einen „absolut rigiden Zeitplan von klösterlicher Strenge". Davon auch nur im Geringsten abzuweichen, ist ihm unerträglich. Sartre beginnt den Tag mit einer morgendlichen Arbeitssitzung. „Er setzte sich an den Schreibtisch, zündete eine Zigarette an, nahm seinen Füllhalter und fing sofort an zu schreiben. Von Zeit zu Zeit räusperte er sich", erinnert sich Liliane Siegel, „bei seiner Arbeit war Sartre unerbittlich. Jeder,

der ihm nahe stand, wusste das. Niemand störte ihn." Um halb eins gibt es verschiedene Verabredungen, von seinem Sekretär organisiert, genau für eine Stunde. Dann kommt Simone de Beauvoir oder eine seiner Geliebten. Punkt zwei geht es dann zu Fuß oder mit dem Taxi zum Mittagessen, ins Coupole oder ins Balzar, ins Lipp oder ins Akvavit. Dort lässt er sich schwere, deftige Kost servieren: Wurst, Schinken, Sauerkraut und Schokoladenkuchen, dazu reichlich Wein. Wird es halb vier, springt er vom Tisch auf, ob er nun mitten in einem Gespräch steckt oder nicht, und hastet zurück an seinen Arbeitstisch in der Rue Bonaparte.

Ob für höhere Geistesschärfe, längere Ausdauer oder tiefere Entspannung: exzessiv und ohne Rücksicht auf Verluste konsumiert er eine ganze Palette von Aufputsch- und Beruhigungsmitteln. Besorgten Freunden entgegnet er: „Meine Gesundheit schonen? Aber wozu? Wenn leben bedeuten soll, dass man ständig auf sich aufpassen muss." Auch auf Alkohol will er nicht verzichten. Auf Siegels mahnende Worte, dass Alkohol nicht sein Leben, sondern sein Tod wären, antwortet Sartre kurz: „Und wenn? Jeder muss sterben ..."

Sartre sieht seinen Körper als Werkzeug, das mit Volldampf arbeiten und aus dem er das Letzte herausholen muss. „Ich weiß sehr gut, dass ich nur eine Maschine zum Büchermachen bin." Nicht ohne einen gewissen Stolz weist er später darauf hin, dass er sein unbändiges Schaffen, sein manisches Arbeiten und die damit verbundene Selbstausbeutung dem regelmäßigen Konsum von Amphetaminen verdankt. Für Sartre sind Amphetamine aber nicht nur Antriebsmittel, sondern auch jenes Unterscheidungsmerkmal, wo Literatur aufhört und Philosophie beginnt. Keine Amphetamine nimmt er, „wenn es darum ging, Literatur zu schreiben ... Ich war der Ansicht, dass die Art, wie man die Worte wählte, wie man sie nebeneinander setzte, wie man einen Satz baute, kurz gesagt der Stil, und dann die Art, wie man in einem Roman die Gefühle analysiert, zur Voraussetzung hat, dass man absolut normal ist." Soweit zur Schriftstellerei. Beim Philosophieren dagegen ist er voll mit Drogen: „In der Philosophie bestand Schreiben ... darin, meine Ideen zu analysieren, und ein Röhrchen Corydran [eine Mischung aus Aspirin und Amphetamin, seit 1971 verboten] bedeutete: Diese oder jene Ideen werden in den zwei kommenden Tagen analysiert."

Schon 1947 nimmt er große Mengen an Kaffee und Orthedrin (ein Amphetamin, auch bekannt unter dem Namen Speed) zu sich. Cohen-Solal schreibt über Sartre in den 50ern: „Jetzt entdeckte er neue Drogen, neue Aufputschmittel, nahm zu viel Whisky, zu viel Kaffee, zu viel verschiedene Tabletten zu sich, als ob er sich an der Brutalität gegen sich selbst und gegen die eigenen Reserven berauschte, als ob er einen einsamen Kampf mit seinen physischen, psychischen und intellektuellen Ressourcen führte und von diesem Raubbau an den eigenen Kräften, der eigentlich ein Wüten gegen sich selbst war, fasziniert wäre." Fußt Sartres Existentialismus auf chemischen, heute verbotenen Substanzen?

Lauschen wir nochmals Cohen-Solals Worten: „Nach einem schweren Abendessen und einigen Stunden schlechtem, künstlichem, durch vier oder fünf Schlaftabletten erzwungenem Schlaf begann er gleich nach dem Aufstehen mit Kaffee, gefolgt von Corydran: ein, zwei, drei Tabletten, die er nebenbei während der Arbeit einnahm." Eine Röhre am Tag, manchmal auch zwei, verheißen dreißig, vierzig Seiten – oder auch mehr. „Manchmal war die blaue Tintenschrift ruhig, besonnen, linear – die Wörter aneinander gepresst –, floss munter dahin, nach rechts gebeugt, nach unten abfallend, jedoch immer unter Kontrolle. Von Zeit zu Zeit dagegen gab es ein Gewitter, einen Sturm, die Entladung, den unkontrollierten Wahn: geschundene, deformierte, monströse, nach links, nach unten verdrehte, gedehnte, vergrößerte, anarchische, über die Zeilen springende, reduzierte oder überdimensionale, volltrunkene Wörter." Die *Critique de la raison dialectique* ist in dieser Schrift verfasst. Hastig niedergeschriebene Worte in schlecht gebauten Sätzen.

„In Phasen von Übererregung und Drogeneinnahme mit allen möglichen Begleiterscheinungen, nach vorne, zurück, halt, nach vorne und so weiter und so fort." Er schreibt gegen sich selbst, kämpft gegen die Zeit und gegen den Schlaf. Unterstützt durch maximale Tagesdosierungen: „Zwei Päckchen Zigaretten – Boyard mais – plus zahlreiche mit dunklem Tabak gestopfte Pfeifen; dazu ein Liter Alkohol – Wein, Bier, klare Schnäpse, Whisky usw.; zweihundert Milligramm Amphetamine; fünfzehn Gramm Aspirin; mehrere Gramm Barbiturate, ganz zu schweigen von Kaffee, Tee und den Fetten seiner täglichen Ernährung." Sartre selbst sieht es distanzierter: „Der Zustand, in dem ich beim Arbeiten war, wenn ich morgens zehn Corydran genommen hatte, war die völlige Aufgabe meines Körpers. Ich erfasste mich über die Bewegung meiner Feder, über meine Imagination und meine Ideen, die sich entwickelten."

Im Gegensatz zu Philosophen wie Kant, die nicht viel von Substanzen hielten, die den Geist beeinflussen, steht Sartre für Drogen, die die Leistungen steigern. Eine Pille fürs Aufputschen, eine fürs Herunterkommen, wieder eine andere für den Schlaf. Die gelegentlichen Aussetzer und Abwesenheiten nimmt er in Kauf, „… ich muss gestalten, egal was, nur gestalten …". Besessen vom Schreiben, quetscht er den eigenen Körper bereitwillig aus. Wenn dann eines seiner Werke fertig ist, verliert er daran sein Interesse. Ihn kümmern weder Rezensionen noch Verkaufserfolg. Er steht seinen Texten nicht besonders nahe: „Ich fühle mich durch nichts dem verbunden, was ich geschrieben habe; umgekehrt verleugne ich nicht ein einziges Wort." Auch dass viele Werke unbeendet bleiben, stört ihn nicht – es geht ihm vielmehr ums Schreiben selbst. Er nennt seine Schreibwut auch Krankheit, Wucherung oder Krebsgeschwür.

Die Gesundheit spielt keine große Rolle. Zwar nimmt er als Student Boxunterricht und spaziert später gern mit Simone de Beauvoir, doch sportliche Aktivitäten der Gesundheit wegen unternimmt er kaum. Als Sartre 1934 Student in Berlin ist, sieht man ihn manchmal am Morgen keuchend vor seinem Fenster, wo er mit mehreren Wollpullovern übereinander Gymnastikübungen praktiziert, doch das ist lange her und gilt den überschüssigen Kilos, die ihm das viele Bier und seine Vorliebe für Würste bescheren. Eine gute Konstitution hat er – zumindest was das Trinken anlangt. Simone de Beauvoir erinnert sich an den Tag nach einem gemeinsamen Trinkgelage mit Arthur Koestler Ende der 40er, von dem sie erst um acht Uhr morgens heimkommen: „Als ich Sartre um 4 Uhr nachmittags traf, sah er wüst aus. Er hatte nur zwei bis drei Stunden geschlafen und sich mit Orthedrin vollgepfropft, um den Vortrag entwerfen zu können. Als ich den überfüllten Hörsaal betrat, sagte ich mir: Wenn sie ihn heute früh um sechs gesehen hätten!" Auch die Besuche in der Sowjetunion übersteht er diesbezüglich gut. Der Schriftsteller Konstantin Mikhjalovitch Simonov unterzieht ihn auf seiner Datscha einer harten Probe: In vier Stunden Bankett zwanzig Trinksprüche mit Wodka, dazwischen unzählige Gläser Rosé aus Armenien und Rotwein aus Georgien. Ein Tischgenosse zollt ihm deswegen Respekt, Sartre müsse ein anständiger Mensch sein, da er aufrichtig esse und trinke. Simone de Beauvoir erzählt er: „Ich habe den Gebrauch meines Kopfes nicht verloren, aber teilweise den meiner Beine". Seine Anständigkeit muss er auf späteren Reisen in die Sowjetunion immer wieder neu beweisen. Am Abend seiner Abreise von Taschkent trinkt ein Ingenieur, „robust wie drei Wandschränke", mit Sartre um die Wette. Der Ingenieur bricht schließlich zusammen, als er Sartre am Flughafen abliefert. Doch auch an Sartre geht der Wodka nicht ohne weiteres vorüber, in Moskau angekommen, wünscht er sich einen Ruhetag, aus dem nichts wird. Simonov erwartet ihn zum Mittagessen. Diesmal ist es auch für Sartre zuviel. Die Folge sind schweres Herzklopfen und die Einweisung ins Krankenhaus.

Sartre ist kein gleichgültiger Konsument von Nahrungs- und Genussmitteln. Während des Krieges begnügt er sich allerdings mit Brot, wenn es nichts zu essen gibt. Das „Lebensmittel" Tabak, wie er ihn bezeichnet, ist ihm in dieser Zeit kostbarer als alles andere. Hat er nichts zu rauchen, wartet er auf weggeworfene Zigarettenstummel am Straßenrand oder unter den Stühlen im Café. Freudig berichtet er von fünfzig Gramm hellem Tabak, den er von einem Schweizer Verehrer erhält.

Liliane Siegel, die aus einfachen Verhältnissen stammt, erzählt, dass sie durch Sartre nicht nur Geschichtsbücher, Kriminalromane und anspruchsvolle Literatur kennenlernt, sondern auch gutes Essen und gute Weine. Schlechter Wein, so erzählt sie, weckt seinen Missmut. Spezialitäten wie Kaviar dagegen liebt er sehr. Auf die Frage, ob er dazu Toast wolle, antwortet er ihr: „Das hast du immer noch nicht begriffen, Kleine, du verschandelst ihn, wenn du ihn auf Brot tust. Wo ist der Wodka?"

Kaviar schätzt er, doch große Abscheu empfindet er vor Schalen- und Krustentieren wie Krebse, Langusten oder Muscheln. Nahrung also, die in einem Gegenstand versteckt ist. Simone de Beauvoir gesteht er: „Es ist vor allem die Tatsache des Herausziehens, die mich anwidert. Die Tatsache, dass das Fleisch des Tieres von der Muschel dermaßen abgedichtet ist, dass man Geräte benutzen muss um es herauszuziehen." Kein Wunder also, dass er sich bei seinen Meskalin-Rückfällen von Langusten verfolgt fühlt. Schon bei seinen Meskalinexperimenten in den 30ern, die er unter ärztlicher Aufsicht unternimmt, ist er schweren Halluzinationen ausgesetzt: ein abscheuliches Universum an Krabben, Tintenfischen, Skelett-Schuhen, Geier-Regenschirme neben greulichen Fratzen und grimassenschneidenden Wesen.

„Jede Nahrung ist ein Symbol", sagt Sartre. Vielleicht hängt seine Abscheu vor Austern und Krabben damit zusammen, dass er auch eine große Abneigung gegenüber dem Vorkulturellen, Archaischen empfindet. Das Land und das Landleben mag er nicht, er ist ein Mensch des Urbanen und Zivilisierten. Zu Hause fühlt er sich nur in der Stadt.

Überhaupt steht Sartre der Natur äußerst skeptisch gegenüber. Alles Natürliche, Rohe widert ihn an. Weder der Begriff des natürlichen Menschen noch die natürliche Gesellschaft ist für ihn positiv besetzt. Die Physiologie des Menschen, die Fleischlichkeit und ihre Einschränkungen, das Animalische – nichts davon ist großartig, sondern rau, feindlich, grausam. Das gilt auch für das andere Geschlecht: Frauen mit fetthaltigem, nährendem oder mit verschlingendem, vampirhaftem Fleisch erregen in ihm Abscheu. Alles solle kulturell verfeinert sein, ob Menschen oder Nahrung. In Restaurants, so Simone de Beauvoir, ist er „entschlossen auf Seiten des Gekochten", dem Rohen geht er aus dem Weg. Vor Chlorophyll, also Blattgrün, und Rohkost ekelt ihn. Für Deftiges ist er dagegen offen. Wenn Sartre sich geistig Platz macht für Schlemmerfreuden, dann erfreut er sich an schweren, fetten Würsten und Sauerkraut. Aber auch an Cassoulet oder reifem Münsterkäse. Freude hat er auch an Schweinebraten mit Kartoffelpüree und einem schweren, stopfenden Biskuitkuchen, was er jeden Sonntag bei seiner Mutter, einer gebürtigen Elsässerin, zu Mittag auf den Tisch bekommt. Der wöchentliche Besuch ist ein Ritual, das er sehr schätzt und dazu gehört, dass er sich immer wieder mal zum Klavier setzt und Beethoven, Bach oder Chopin spielt.

Die Ernährung findet bei Sartre auch in die Philosophie Eingang, wenn auch als Metapher. So soll er sich gegen nichts so sehr verwehrt haben wie gegen die Vorstellung, Erkenntnis sei ein dem Essen und Trinken vergleichbarer Vorgang. Bereits vor dem Krieg wettert Sartre, der in Paris Philosophie studierte, erstmals gegen jene Geistestradition, die er „essentialistisch", „Verdauungsphilosophie" oder „Ernährungsphilosophie" nennt. Gemeint ist die im beginnenden 20. Jahrhundert vorherrschende Denktradition, die den Prozess der Erkenntnis mit der Nahrungsaufnahme gleichsetzt, in der die reale Welt verdaut und als Begriffe wieder ausgeschieden wird.

Sartre ist ein streitbarer Philosoph, der besonders wegen seiner politischen Linksgerichtetheit und der damit verbundenen Parteinahmen und Agitationen unter anderem als Skandalphilosoph bezeichnet wird. Ein Skandal ist es auch, als er 1964 den Nobelpreis für Literatur ablehnt, weil er sich nicht vereinnahmen lassen will.

In den 70ern, dem letzten Jahrzehnt seines Lebens, ist es vorbei mit dem Schreiben, dem einzigen Ziel seines Lebens, wie er offen zugibt. Sartre erblindet, nachdem er die Sehkraft seines rechten Auges verlor, nun auch am gesunden linken. Sein 67-jähriger Körper, den er mit seinen Alkohol-, Nikotin- oder Amphetamin-Exzessen ausbeutete, ist verbraucht. Ohne Verbitterung blickt er auf diese Zeit zurück. In einem Interview lässt er wissen: „Mit meinem Beruf als Schriftsteller ist es vorbei …" Um die Menschen, die sich um ihn sorgen, weniger zu belasten, hört er mit dem Rauchen auf und beschließt auch noch einmal eine seiner speziellen Kuren. Ob er wirklich nur Pfeffersteak und grüne Bohnen isst, wie er sich fest vornimmt, sei dahingestellt. Dass er sich in seinen letzten Jahren tatsächlich diätetische Speisen vorsetzen lässt, macht ihm nicht mehr viel aus. „Im übrigen hat das Essen", kommentiert Sartre diesen Umstand, „keine große Bedeutung mehr."

Menü

Am Tag der Einladung sollte jeder Gast – ganz nach Sartres Art – sein Frühstück alleine einnehmen. Nur in Begleitung von Kaffee und Croissants. Beim Essen dann sind Freunde willkommen. Falls eine Auswahl zwischen Stadt und Land möglich ist, sollte der urbanen Umgebung der Vorzug gegeben werden. Sartre liebte es deftig, daher sei hier auch eine gehaltvolle französische Spezialität dargeboten: Cassoulet. Da Sartre dem Geistvollen nicht abgeneigt war, beginne man mit einem Aperitif, begleite den Eintopf mit kräftigem französischem Rotwein und schließe das Mahl – nach einem reifen Münsterkäse und aromatischem Weißwein (z. B. Gewürztraminer) aus dem Elsass als Dessert – mit einem Verdauungsschnaps. Beim Wein sollte darauf geachtet werden, dass er von ausgezeichneter Qualität ist. Auf Salat als Beilage kann getrost verzichtet werden.

Cassoulet

- 500 g getrocknete weiße Bohnen
- 250 g Lammfleisch (Haxe oder Schulter)
- 250 g Schweinefleisch (Haxe oder Schulter)
- 2 Enten- oder Gänsekeulen
- 4 Bratwürste (dünn)
- 100 g aufgeschnittener Bauchspeck mit Schwarte
- 1 Esslöffel Enten- oder Gänseschmalz
- Salz, Pfeffer
- 3 Zwiebeln
- 6 Knoblauchzehen
- 1 Esslöffel Tomatenmark
- 3 Zweige Thymian
- 3 Lorbeerblätter
- ½ Liter Fleischbrühe
- Weißwein

Es gibt für Cassoulet kein einheitliches Rezept. Welche Fleischteile dafür genommen werden, unterscheidet sich nach Gegend und Verfügbarkeit. Wichtig sind die weißen Bohnen. Die Garzeit dauert in der Regel mehrere Stunden oder auch Tage, denn die Kruste, die entsteht, sollte immer wieder untergehoben werden.

Hier wird eine Kurzform angeführt:
Die Bohnen über Nacht in kaltem Wasser einweichen, tags darauf ohne Salz fast weich kochen. Währenddessen Lamm- und Schweinefleisch würfeln. Nacheinander das Fleisch, die Keulen, Bratwürste und die Speckstreifen im Schmalz anbraten. Mit Salz abschmecken.

Zwiebel und Knoblauch hacken und kurz anrösten, bis sie glasig werden. Dann Tomatenmark, Thymian und die Lorbeerblätter dazugeben und mitrösten. Mit der Fleischbrühe aufgießen und 25 Minuten köcheln lassen. Die abgeseihten Bohnen dazugeben.

Die Zutaten lagenweise in einer ofenfesten Form (am besten im Tontopf) aufschichten. Zuerst die Speckstreifen mit Schwarte, dann 1/3 der Bohnen, die restlichen Zutaten und ganz oben wieder die Bohnen mit den Würsten. Mit Wein (oder zusätzlicher Brühe) bedecken und mit frischem Pfeffer würzen. Im Backofen bei 160 °C (Stufe 5–6) zwei bis drei Stunden garen. Die Kruste immer wieder vorsichtig einheben. Falls die Bohnen zu trocken sind, etwas Wein (oder Brühe) hinzufügen. In der Garform servieren.

Cassoulet eignet sich auch bestens zum Aufwärmen am nächsten Tag.

Die Rezepte

SUPPEN

Bouillon (vom Rind) ... 184
Brotsuppe ... 55
Kalbssuppe ... 85
Kraftbrühe für Literaten ... 120
Sagosuppe ... 103

VORSPEISEN/BEILAGEN

Birnensauce ... 56
Eier-Gile (Eierstich) ... 103
Linsensalat ... 170
Kartoffelplätzchen ... 104
Kartoffelsud ... 86
Linsen-Tajine mit Hirse ... 23
Maccaroni Pomodoro ... 203
Meer von Italien ... 221
Omelette au thon ... 121

HAUPTSPEISEN

Bayrischer Bohneneintopf ... 171
Böfflamott (Boeuf à la mode) mit Kartoffelplätzchen ... 104
Braten am Spieß ... 138
Cassoulet ... 250
Fondue ... 123
Gebackene Reisbällchen ... 221
Gebratener Kabeljau mit Kartoffelsud auf Feldsalat ... 86
Hühnerfrikassee mit Karfiol und Erbsen ... 154
Mortens Ente mit süßen Apfelhälften und Gelee ... 185
Osso Bucco mit Brokkoli ... 204
Otaheitischer (Tahitischer) Braten ... 139
Roastbeef ... 137
Seezunge an Birnensauce ... 56

NACHSPEISEN

Dänische Pflaumengrütze ... 186
Heidelbeerkuchen ... 105
Holunderblüten-Wein-Chaudeau ... 155
Pfefferkuchen (Lebkuchen) ... 205
Quittenmus mit Koriander ... 56
Teigbällchen mit Honig ... 24
Tomaten mit Erbsenfüllung ... 171
Vanillepudding mit Weinschaum ... 87
Verdauungslandung ... 222
Weinschaum ... 87

GETRÄNKE
Entscheider (Polygetränk) 222
Erfinderin (Polygetränk) 222
Götterwein 57
Salbeiwein 57
Schokolade 122
  Ambra-Schokolade 122
  Heiße Schokolade 122

Bibliographie

PYTHAGORAS (ca. 570–497 v. Ch.)
Albrecht, Michael von (Hg.): Iamblichus. De Vita Pythagorica. Wissenschaftliche Buchgesellschaft, Darmstadt 2002
Baltzer, Eduard: Pythagoras, der Weise von Samos. Heilbronn 1991
Bambakas, Konstantinos I.: Die Geburt der Philosophie. Artemis & Winkler, Düsseldorf 2006
Gorman, Peter: Pythagoras. Routledge & Kegan, London 1979
Riedweg, Christoph: Pythagoras. Leben, Lehre, Nachwirkung. Beck, München 2002
Thom, Johan C.: The Pythagorean „Golden verses". Brill, Leiden 1995

DIOGENES (gest. 323 v. Ch.)
Diogenes Laertius: Leben und Meinungen berühmter Philosophen. Meiner, Hamburg 1998
Luck, Georg (Hg.): Die Weisheit der Hunde. Texte der antiken Kyniker. Kröner, Stuttgart 1997
Onfray, Michel: Der Philosoph als Hund. Vom Ursprung des subversiven Denkens bei den Kynikern. Campus, Frankfurt/Main 1991
Overwien, Oliver: Die Sprüche des Kynikers Diogenes in der griechischen und arabischen Überlieferung. Steiner, Stuttgart 2002

Michel de MONTAIGNE (1533–1592)
MacLean, Ian: Montaigne als Philosoph. Fink, München 1998
Montaigne, Michel de: Essais. Eichborn, Frankfurt/Main 1998
Montaigne, Michel de: Tagebuch einer Reise durch Italien, die Schweiz und Deutschland in den Jahren 1580 und 1581. Insel, Frankfurt 1988
Schultz, Uwe: Michel de Montaigne. Rowohlt, Reinbek 1989
Starobinski, Jean: Montaigne. Denken und Existenz. Fischer, Frankfurt/Main 1989
Weigand, Wilhelm: Michel de Montaigne. Diogenes, Zürich 1985

Jean-Jacques ROUSSEAU (1712–1778)
Hentig, Hartmut von: Rousseau oder die wohlgeordnete Freiheit. Beck, München 2003
Pottle, Frederick A. (Hg.): James Boswell. Besuch bei Rousseau und Voltaire. EVA, Frankfurt/Main 1981
Rousseau, Jean-Jacques: Bekenntnisse. Insel, Frankfurt/Main 1997

Ritter, Henning (Hg.): Jean-Jacques Rousseau. Schriften. Fischer, Frankfurt/Main 1988
Schmidts, Ludwig (Hg.): Jean-Jacques Rousseau. Emil oder Über die Erziehung. Schöningh, Paderborn 1998

Immanuel KANT (1724–1804)
Dietzsch, Steffen: Immanuel Kant. Eine Biographie. Reclam, Leipzig 2003
Geier, Manfred: Kants Welt. Eine Biographie. Rowohlt, Hamburg 2004
Groß, Felix (Hg.): Immanuel Kant. Sein Leben in Darstellungen von Zeitgenossen. Wissenschaftliche Buchgesellschaft, Darmstadt 1993
Kühn, Manfred: Kant. Eine Biographie. Beck, München 2003
Schultz, Uwe: Immanuel Kant. Rowohlt, Hamburg 1992
Weischedel, Wilhelm (Hg.): Immanuel Kant. Werkausgabe. Suhrkamp, Frankfurt 1988

Georg Christoph LICHTENBERG (1742–1799)
Gumbert, Hans Ludwig: Lichtenberg in England. Harrassowitz, Wiesbaden 1977
Lichtenberg, Georg Christoph: Schriften und Briefe. Insel, Frankfurt/Main 1983
Promies, Wolfgang: Georg Christoph Lichtenberg. Rowohlt, Reinbek 1992
Sautermeister, Gert: Georg Christoph Lichtenberg. Beck, München 1993

Jean-Anthèlme BRILLAT-SAVARIN (1755–1826)
Brillat-Savarin, Jean-Anthèlme: Physiologie des Geschmacks oder Gedanken zur transzendentalen Gastronomie. Insel, Frankfurt/Main 1979
MacDonogh, Giles: Brillat-Savarin. The Judge and His Stomach. University Press, Cambridge 1992

Carl Friedrich von RUMOHR (1785–1843)
Dilk, Enrica Yvonne: Ein „practischer Aesthetiker". Studien zum Leben und Werk Carl Friedrich von Rumohrs. Olms, Hildesheim 2000
Dilk, Enrica Yvonne (Hg.): Carl Friedrich von Rumohr. Drey Reisen nach Italien. Olms-Weidmann, Hildesheim u.a. 2003
Dilk, Enrica Yvonne (Hg.): Carl Friedrich von Rumohr. Schule der Höflichkeit. Olms-Weidmann, Hildesheim 2003
Hauer, Thomas: Carl Friedrich von Rumohr und der Geist der bürgerlichen Küche. Dissertation, Universität Karlsruhe 2000
Rumohr, Carl Friedrich von: Geist der Kochkunst. Insel, Frankfurt/Main 1978

Arthur SCHOPENHAUER (1788–1860)
Gwinner, Wilhelm: Schopenhauer's Leben. Brockhaus, Leipzig 1878
Haffmans, Gerd (Hg.): Über Arthur Schopenhauer. Diogenes, Zürich 1981
Hübscher, Arthur (Hg): Arthur Schopenhauer. Der handschriftliche Nachlass. Waldemar Kramer, Frankfurt/Main 1966
Hübscher, Arthur (Hg.): Arthur Schopenhauer. Gesammelte Briefe. Bouvier, Bonn 1987
Hübscher, Arthur (Hg): Arthur Schopenhauer. Gespräche. Friedrich Frommann, Stuttgart 1971
Lütkehaus, Ludger (Hg.): Arthur Schopenhauer. Die Reisetagebücher. Haffmans, Zürich 1988

Safranski, Rüdiger: Schopenhauer und die wilden Jahre der Philosophie. Fischer, Frankfurt/Main 2001
Schopenhauer, Arthur: Philosophie für den Alltag. Manuscriptum, Marl 1997
Schopenhauer, Arthur: Philosophische Menschenkunde. Kröner, Stuttgart 1957
Schopenhauer, Arthur: Sämtliche Werke. Suhrkamp, Frankfurt/Main 1986
Stadt- und Universitätsbibliothek Frankfurt (Hg.): Schopenhauer und Frankfurt/Main. Stadt- und Universitätsbibliothek, Frankfurt/Main 1994

Ludwig FEUERBACH (1804–1872)
Bolin, Wilhelm: Ludwig Feuerbach. Sein Wirken und seine Zeitgenossen. Cotta, Stuttgart 1891
Schuffenhauer, Werner (Hg.): Ludwig Feuerbach. Gesammelte Werke. Akademie. Berlin 1967–2004
Grandt, Jens: Ludwig Feuerbach und die Welt des Glaubens. Westfälisches Dampfboot, Münster 2006
Lemke, Harald: Feuerbachs Stammtischthese oder zum Ursprung des Satzes: „Der Mensch ist, was er isst". Internetpublikation, Nürnberg 2004
Sass, Hans-Martin/Kusenberg, Kurt (Hg.): Ludwig Feuerbach in Selbstzeugnissen und Bilddokumenten. Rowohlt, Hamburg 1978
Spoerri, Theodor: Genie und Krankheit. Eine psychopathologische Untersuchung der Familie Feuerbach. Karger, Basel 1952
Winiger, Josef: Ludwig Feuerbach. Denker der Menschlichkeit. Aufbau, Berlin 2004

Sören KIERKEGAARD (1813–1855)
Garff, Joakim: Kierkegaard. dtv, München 2005
Hagemann, Tim (Hg.): Sören Kierkegaard. Berliner Tagebücher. Philo, Berlin 2000
Kierkegaard, Sören: Das Tagebuch des Verführers. Reclam, Stuttgart 1994
Kirmmse, Bruce H. (Hg.): Encounters with Kierkegaard. Princeton University Press, Princeton 1996
Richter, Liselotte (Hg.): Sören Kierkegaard. Werke in 5 Bänden. Europäische Verlagsanstalt, Hamburg 1991–1996
Rohde, Peter P.: Sören Kierkegaard in Selbstzeugnissen und Bilddokumenten. Rowohlt, Reinbek 1998

Friedrich NIETZSCHE (1844–1900)
Benders, Raymond J.: Friedrich Nietzsche. Chronik in Bildern und Texten. Hanser, München 2000
Colli, Giorgio (Hg.): Sämtliche Briefe. Kritische Studienausgabe in 8 Bänden. dtv, München 1986
Nietzsche, Friedrich: Sämtliche Werke in 15 Bänden. dtv, München 1999

Filippo Tommaso MARINETTI (1876–1944)
Appolonio, Umbro: Der Futurismus. Manifeste und Dokumente einer künstlerischen Revolution 1909–1918. DuMont, Köln 1972
Baumgarth, Christa: Geschichte des Futurismus. Rowohlt, Reinbek 1966
Demetz, Peter: Worte in Freiheit. Der italienische Futurismus und die deutsche literarische Avantgarde 1912–1934. Piper, München 1990

Marinetti, Filippo Tommaso: Die futuristische Küche. Klett-Cotta, Stuttgart 1983
Martin, Sylvia: Futurismus. Taschen, Köln 2005
Schmidt-Bergmann, Hansgeorg: Futurismus. Rowohlt, Hamburg 1993

Ludwig WITTGENSTEIN 1889–1951)
Bartley, William Warren: Wittgenstein, ein Leben. Goldmann, München 1999
Engelmann, Paul: Ludwig Wittgenstein. Briefe und Begegnungen. Oldenbourg, München 1970
Janik, Allan S./Veigl, Hans: Wittgenstein in Wien. Springer, Wien 1998
McGuiness, Brian(Hg.): Wittgenstein. Briefe. Suhrkamp, Frankfurt/Main 1980
McGuiness, Brian: Wittgensteins frühe Jahre. Suhrkamp, Frankfurt/Main 1992
Nedo, Michael (Hg.): Ludwig Wittgenstein. Wiener Ausgabe. Springer, Wien 1995
Nedo, Michael (Hg.): Ludwig Wittgenstein. Sein Leben in Texten und Bildern. Suhrkamp, Frankfurt/Main 1983
Pinsent, David Hume: Reise mit Wittgenstein in den Norden. Folio, Wien 1994
Schulte, Joachim (Hg.): Ludwig Wittgenstein. Werkausgabe. Suhrkamp, Frankfurt/Main 1993
Wittgenstein, Ludwig: Denkbewegungen. Tagebücher 1930–1932, 1936–1937. Haymon, Innsbruck 1997
Wuchterl, K./ Hübner, A.: Ludwig Wittgenstein mit Selbstzeugnissen und Bilddokumenten. Rowohlt, Hamburg 1998

Jean-Paul SARTRE (1905–1980)
Beauvoir, Simone de: Der Lauf der Dinge. Rowohlt, Reinbek 1993
Cohen-Solal, Annie: Sartre. 1905–1980. Rowohlt, Reinbek 1988
Danto, Arthur: Jean-Paul Sartre. Steidl, Göttingen 1993
König, Traugott (Hg.): Jean-Paul Sartre. Tagebücher. September 1939–März 1940. Rowohlt, Reinbek 1988
König, Traugott (Hg.): Jean-Paul Sartre. Briefe an Simone de Beauvoir und andere. Rowohlt, Reinbek 1988
Lévy, Bernard-Henri: Sartre. Der Philosoph des 20. Jahrhunderts. Hanser, München 2002
Rossum, Walter van: Simone de Beauvoir und Jean-Paul Sartre. Die Kunst der Nähe. Rowohlt, Reinbek 2001
Siegel, Liliane: Mein Leben mit Sartre. Claassen, Düsseldorf 1989